1x1 des Wissens

Allgemeinbildung

WELT-GESCHICHTE

Christa Pöppelmann

Compact Verlag

Chefredaktion: Dr. Angela Sendlinger
Redaktion: Alice Hassel
Produktion: Wolfram Friedrich
Abbildungen: Lidman Productions, Stockholm; pixelio, München;
Gruppo Editoriale Fabbri, Mailand; dpa-Picture-Alliance, Frankfurt
Compact Verlag, München
Titelabbildungen: Mauritius GmbH (1); IFA Bilderteam, München (1);
dpa-Picture-Alliance, Frankfurt (1);
von links nach rechts: Berliner Mauer; Totenmaske des Tutenchamun;
Dom von Mailand

Gestaltung: Axel Ganguin
Umschlaggestaltung: Inga Koch

ISBN 978-3-8174-6096-0
5460961

Besuchen Sie uns im Internet: www.compactverlag.de

Inhalt

Die Steinzeit

Homo erectus

Der Beginn der menschlichen Geschichte liegt im Dunkeln, denn Millionen Jahre alte Knochenfunde können keine Auskunft darüber geben, ab wann unsere Vorfahren ein menschliches Bewusstsein entwickelten und sich damit entscheidend von ihren nächsten Verwandten im Tierreich, den Affen, unterschieden. Die ältesten Skelettfunde, denen die Experten den Namen Homo (lat. Mensch) zugestehen, sind etwa 2,5 Millionen Jahre alt. Weil um diese Zeit vermutlich zum ersten Mal Steinwerkzeuge benutzt wurden, setzt man hier allgemein den Beginn der Steinzeit und damit der Geschichte überhaupt an.

Nach heutigem Forschungsstand stand die Wiege der Menschheit in Ostafrika. Dort spaltete sich vor ungefähr sieben Millionen Jahren die Entwicklung der Menschen und der Schimpansen auf. Spätestens vor vier Millionen Jahren ging der Australopithecus (griech., Südaffe) auf zwei Beinen. Und dort wurden auch die ältesten menschlichen Skelettteile gefunden, wie die des Homo rudolfensis in Kenia.

Die Benutzung von Werkzeugen kennt man jedoch auch von Affen. Der erste Mensch, der Werkzeuge wie Faustkeile oder Schaber selbst herstellte, war der Homo habilis (lat., der geschickte Mensch) vor etwa 2,1 Millionen Jahren. Etwa 300.000 Jahre später entwickelte sich dann der sehr mobile Homo erectus (lat., der aufrechte Mensch), der nicht nur Sammler war, sondern auch auf die Jagd ging und den Umgang mit dem Feuer lernte.

Auszug aus Afrika

Der Homo erectus war auch der erste Mensch, der Afrika verließ. Er besiedelte zunächst Asien und vor etwa 1,2 Millionen Jahren auch Europa. Die Alpen wurden vor rund 600.000 Jahren überschritten. Aber die damaligen Bewohner sind nicht die Vorfahren der heutigen Menschen. Die ältesten Skelettteile, die in Deutschland gefunden worden sind, stammen vom Homo heidelbergensis, einer frühen Menschenart, die etwa vor 600.000 bis 200.000 Jahren existierte. Von ihm stammt der Neandertaler ab, der bis etwa 30.000 v. Chr. in Europa, Nordafrika und dem Nahen Osten lebte. Nach heutigem Stand der Forschung ist der Neandertaler jedoch entweder ganz ausgestorben oder hat sich nur in sehr geringem Umfang mit dem Homo sapiens vermischt.

Der Homo sapiens

Die meisten Wissenschaftler gehen heute davon aus, dass alle modernen Menschen vom Homo sapiens (lat., der weise Mensch), abstammen, der sich vor etwa 160.000 Jahren in Ostafrika entwickelte und vor etwa 100.000 Jahren begann, sich nach Asien zu verbreiten. Genetische Mutationen wie eine hellere Haut erlaubten eine bessere Vitamin-D-Versorgung in sonnenarmen Gebieten. Die „weiße" Rasse hat sich wohl vor etwa 45.000 Jahren von den Vorfahren der Nordasiaten wie Sibirern oder Mongolen getrennt. In Mitteleuropa tauchte der Homo sapiens vor etwa 40.000 Jahren auf (Cro-Magnon-Mensch). Australien dagegen wurde schon vor etwa 60.000 Jahren besiedelt, Amerika erst vor etwa 15.000 bis 20.000 Jahren. Spätestens der Homo sapiens war fähig, sich mit Sprache zu verständigen. Ob es die früheren Menschen schon konnten, ist zweifelhaft.

Schmuck und Riten

Mit der Herstellung von Werkzeugen und dem Erzeugen von Feuer bewiesen die frühen Menschen eine planerische Intelligenz, die sie den Tieren überlegen machte. Weitere Indizien für ein spezifisch menschliches Denken sind Kunst- und Schmuckgegenstände sowie Bestattungsriten. Sie zeigen, dass sich die damaligen Menschen ihrer selbst bewusst waren, über sich nachdachten und Sinnfragen stellten, wie die nach der eigenen Sterblichkeit. Diese Entwicklung setzte jedoch viel später ein als der Gebrauch von Werkzeugen. Die ältesten gefundenen Zeichnungen, Kunst- und Schmuckgegenstände sind etwa 40.000 Jahre alt. Die berühmten Höhlenmalereien aus Lascaux und Altamira bringen es auf etwa 13.000 bis 17.000 Jahre.

Die Megalithkultur

Megalithgrab

Zu den spektakulärsten Zeugnissen der Steinzeit gehören die Großsteinbauten der Megalithkultur wie Stonehenge, die Stelenfelder von Carnac, die norddeutschen Hünengräber oder die Steintempel auf Malta. Sie wurden erst gegen Ende der Steinzeit, teilweise sogar schon in der Bronzezeit errichtet (zwischen 4.500 – 1.500 v. Chr.).
Über ihre Bedeutung weiß man nur wenig; über die Menschen, die sie errichteten, fast gar nichts.

Die neolithische Revolution

Höhlenmalerei einer Bisonjagd aus Altamira

Zu Beginn der Jungsteinzeit (griech. Neolithikum) tat sich im Nahen Osten Entscheidendes. Die Menschen begannen, mehr und mehr sesshaft zu werden. Aus Sammlern und Jägern wurden Ackerbauern und Viehzüchter. Damit änderte sich das Sozial- und Wirtschaftsleben derart, dass der australische Archäologe Vere Gordon Childe (1892–1957) dafür den Begriff von der „Neolithischen Revolution" als der ersten großen Umwälzung der Geschichte prägte.

Bis zum Ende der Weichsel-Würm-Eiszeit (um 15.000 v. Chr.) lebten die Steinzeitmenschen weitgehend als Nomaden, die aber keine eigenen Tiere besaßen, sondern den wilden Herden folgten, um sich von deren Fleisch zu ernähren. Dann sorgten vermutlich klimatische Veränderungen dafür, dass im Nahen Osten große Landstriche verödeten und das Weideland knapp wurde. Ab etwa 13.000 v. Chr. begannen die Menschen, an den Orten, wo sie sich öfters aufhielten, gezielt Samen auszustreuen und Tiere zu fangen und in Herden zu halten. Daraus entwickelten sich im Laufe der Zeit die Sesshaftigkeit und eine gezielte Landwirtschaft.

Der Fruchtbare Halbmond

Lange Zeit galt der Nahe Osten als die Region, in der die Landwirtschaft zuerst „erfunden" wurde. Inzwischen hat man auch anderswo Spuren von gezieltem Pflanzenanbau gefunden, die um die 15.000 Jahre alt sein könnten. Trotzdem bleibt die Ausnahmestellung des „Fruchtbaren Halbmondes", der sich sichelförmig auf dem Gebiet der heutigen Staaten Israel-Palästina, Jordanien, Syrien und Irak erstreckte. Nirgendwo sonst entwickelte sich eine derart komplexe Landwirtschaft, bei der Tiere sowohl Lieferanten von Kleidung und Nahrung waren, aber auch als Zugtiere genutzt wurden. Außerdem wurden in Verbindung mit der Landwirtschaft so bahnbrechende Erfindungen wie der Pflug oder Rad und Wagen gemacht. Und nicht zuletzt profitierten große Teile der Welt von dieser Entwicklung: Das agrarische Know-how des Nahen Ostens verbreitete sich nach Vorder- und Mittelasien, nach Afrika und um 5500 v. Chr.

Die ersten Städte

Erst eine Landwirtschaft, die Überschüsse an Nahrungsmitteln produzierte, machte es möglich, Städte zu versorgen. Als älteste Stadt der Welt gilt Jericho im Westjordanland. Nahe der heutigen Stadt gab es spätestens um 9000 v. Chr. eine Siedlung aus Steinhäusern. Um 7500 v. Chr. war Jericho etwa 40 Hektar groß und hatte den ersten steinernen Turm und die erste Stadtmauer, die man bislang gefunden hat. Etwa um diese Zeit entstand auch Çatal Hüyük im Zentrum Anatoliens, wo schätzungsweise 5000 bis 10.000 Menschen auf engstem Raum zusammenlebten.

auch nach Europa. Zumindest in Ostasien und im Hochland von Mexiko aber, vielleicht jedoch auch noch in anderen Regionen, entwickelte sich die Landwirtschaft ebenfalls unabhängig von äußeren Einflüssen.

Die Wasserbaugemeinschaften

Besonders revolutionär wirkten sich Sesshaftigkeit und bäuerliches Leben in den Einzugsbereichen der großen Flüsse aus. Sowohl Euphrat und Tigris im heutigen Irak als auch der Nil, der Indus und der chinesische Huangho (Gelbe Fluss) führten genug Wasser, um große Flächen fruchtbar zu machen. Doch der Bau von Kanälen, Dämmen und Reservoirs für Trockenzeiten überforderte die Kräfte des Einzelnen. Aus der gemeinschaftlichen Organisation dieser Aufgaben entstanden komplexe Gesellschaften, aus denen sich im Lauf der Zeit die ersten Hochkulturen entwickelten.

Schmuck aus der Jungsteinzeit

Die Gesellschaft ändert sich

Der Übergang von der Jäger- zur Bauerngesellschaft scheint jedoch nicht sofort zu tief greifenden sozialen Änderungen geführt zu haben. Grabbeigaben zeigen, dass in den frühen Ackerbaugesellschaften jedes Mitglied einer Sippe gleich viel wert war. Nichts deutet auf die Existenz von Sklaven oder „Chefs“ hin, und auch zwischen Frauen und Männern, ja sogar Kindern wurde kein Unterschied gemacht. Das änderte sich zuerst in den „Wasserbaugesellschaften“ an den großen Flüssen. Dort führte die notwendige Arbeitsteilung dazu, dass sich mächtige und weniger mächtige Gruppen entwickelten. In den anderen bäuerlichen Gesellschaften begannen die Männer mit der Einführung des Pfluges (ab etwa 4000 v. Chr.) und der Metallverarbeitung (ab etwa 3100 v. Chr.) eine dominierende Rolle zu spielen. ■

Mesopotamien

In Mesopotamien, dem Zweistromland rund um Euphrat und Tigris im heutigen Irak, entstand im 4. Jt. v. Chr. die erste Hochkultur der Menschheitsgeschichte. Die Wissenschaftler machen das vor allem an der Erfindung der Schrift um 3400 v. Chr. fest. Als Kernland der Reiche von Akkad, Assur und Babylon blieb Mesopotamien fast 2000 Jahre lang das Zentrum des Fortschritts.

Sumerischer Stadtstaat

Die gemeinsam betriebenen Wasserbau- und Bewässerungsprojekte an Euphrat und Tigris sorgten dafür, dass in Sumer, dem Süden Mesopotamiens, am Ende des 5. Jt. v. Chr. mehrere Städte wie Ur, Uruk, Eridu und Nippur entstanden. Sie waren politisch voneinander unabhängig und wurden von Priesterkönigen regiert. Der Tempel des jeweiligen Stadtgottes stellte das politische und wirtschaftliche Zentrum dar. In den Händen der Priesterschaft lagen die Gesetzgebung, die Rechtsprechung und die öffentliche Verwaltung. Der Tempel verpachtete das zur Stadt gehörende Land an Bauern, zog Abgaben von den Bürgern ein und fungierte später auch als Bank. Es waren Tempelbeamte, die um 3400 v. Chr. die Keilschrift erfanden, um einen besseren Überblick über ihre Vorräte zu haben.

Die Gesellschaft der sumerischen Stadtstaaten definierte sich zum ersten Mal nicht mehr über verwandtschaftliche Beziehungen. Es entstanden diverse Berufe, die unterschiedliches Ansehen und Einkommen mit sich brachten. Eine kleine Oberschicht übernahm die Macht, während zahlungsunfähige Schuldner zu Sklaven herabsanken. Neben praktischen Tätigkeiten gewannen Kunst und Wissenschaft an Bedeutung. Außerdem zog der Reichtum der Städte viele Zuwanderer an, vor allem Angehörige der arabischen Nomadenstämme, sodass die sumerische Sprache Ende des 3. Jt. v. Chr. durch eine semitische (Akkadisch) verdrängt wurde.

Fürsten übernehmen die Macht

Die Auseinandersetzungen der Stadtstaaten untereinander brachten es mit sich, dass im 3. Jt. v. Chr. die Macht allmählich von den Priestern in die Hände der Kriegsführer überging. Das *Gilgamesch-Epos*, das älteste literarische Werk der Welt, erzählt von dieser Umbruchszeit. Um 2335 v. Chr. gelang es dann einem Beamten namens Sargon, erst die Macht im Stadtstaat Kisch zu übernehmen, dann ein Bündnis aller sumerischen Städte zu erzwingen und schließlich umliegende Gebiete zu erobern. Unter seinem Enkel Naramsin (reg. um 2235–2218 v. Chr.) reichte das „Reich von Akkad" von Mesopotamien bis zum Mittelmeer. Es wurde jedoch nach seinem Tod von den Gutäern, einem Volk aus dem heutigen Iran, zerstört. Das nächste große Reich gründete Hammurabi, der Fürst der Stadt Babylon (1728–1686 v. Chr.). Dieses altbabylonische Reich vernichteten um 1530 v. Chr. die Hethiter. Um 1112 v. Chr. übernahmen dann die Fürsten der Stadt Assur die Macht in Mesopotamien und gründeten das Assyrische Reich, das zeitweise sogar Ägypten und Teile Anatoliens beherrschte und erst im Jahr 609 v. Chr. durch die iranischen Meder und den babylonischen Fürsten Nabopolasser (reg. um 626–606 v. Chr.) zerstört wurde.

Turm von Babel

Der Turm von Babel

Den in der Bibel erwähnten Turm von Babel gab es wirklich. Es handelte sich um eine fast 100 Meter hohe Zikkurat, eine typisch mesopotamische Stufenpyramide, die dem Stadtgott Marduk geweiht war. Sie wurde um 555 v. Chr. vollendet – zu einer Zeit, in der die Juden in Babylon in der Verbannung lebten. Zwar löste der Bau keine Sprachverwirrung aus, wie in der Bibel behauptet wird, aber Babylon war damals eine multikulturelle Stadt mit Handelsverbindungen bis nach Europa und Indien, in der Dutzende von Sprachen gesprochen wurden.

Babylon

Nabopolassers Sohn Nebukadnezar II. (reg. 605–562 v. Chr.) herrschte als König des neubabylonischen Reiches über die heutigen Staaten Irak, Syrien, Libanon und Israel-Palästina. Babylon war damals mit etwa 250.000 bis 400.000 Einwohnern die größte Stadt der Welt und die Drehscheibe des internationalen Handels. Zugleich war es aber auch eine sehr prächtige Stadt. So ließ Nebukadnezar die Hängenden Gärten errichten, eines der sieben Weltwunder. Unter Nebukadnezars Nachfolgern ging die Macht jedoch verloren. 539 v. Chr. wurde der letzte Statthalter Babylons, der Prinz Belsazar, vom Perserkönig Kyros II. (601–530 v. Chr.) besiegt.

Das alte Ägypten

Neben Mesopotamien war Ägypten die zweite große Hochkultur des Nahen Ostens. Doch im Gegensatz zum multikulturellen Reich am Euphrat war das alte Ägypten relativ abgeschlossen. Während seiner 3500-jährigen Geschichte gab es nur wenige Einflüsse von außen. Erst in seiner Spätzeit wurde es zum Spielball ausländischer Mächte.

Bauer am Nil

Die Geschichte Ägyptens war geprägt vom Nil. Zwischen Oktober und Juli überschwemmte er das Land an seinen Ufern. Während dieser Zeit mussten die Bauern ihre Dörfer verlassen und von ihren Vorräten leben. Nach der Überschwemmung blieb ein fruchtbarer Schlamm zurück, der jedoch nicht immer eine ausreichende Ernte im nächsten Jahr garantierte. Ab dem 5. Jt. v. Chr. bildeten sich deshalb entlang des Nils Kulturen, die gemeinsame Vorratshaltung und Bewässerungsmaßnahmen betrieben. Der Legende nach sollen die entstehenden Reiche in Ober- und Unterägypten um 3000 v. Chr. von König Narmer vereint worden sein. Etwa 200 Jahre später hatte sich ein streng organisierter Staat gebildet. An der Spitze stand ein gottgleicher König, der Pharao. Seine Beamten trieben einen Großteil der Ernte als Abgaben ein und verteilten sie je nach Bedarf an die Bevölkerung. Während der Überschwemmungszeiten arbeiteten die Bauern an öffentlichen Bauprojekten. Bereits König Djoser (reg. um 2700 v. Chr.) ließ sich eine 60 Meter hohe Pyramide als Grabmal errichten. Die Pyramiden von Giseh entstanden rund 200 Jahre später.

Altes und Mittleres Reich

Das ägyptische Reich zeichnete sich lange Zeit durch sehr stabile politische Verhältnisse aus. Mangels ernst zu nehmender Feinde in der Nachbarschaft gab es kaum Kriege, sondern nur kleinere Strafexpeditionen gegen die libyschen Beduinen oder die Kuschiten (Nubier) im Süden. Stattdessen widmeten sich die Ägypter intensiv der Kunst und Wissenschaft und perfektionierten ihr Verwaltungssystem und den Totenkult. Lediglich in der sogenannten „Ersten Zwischenzeit" zwischen Altem und Mittlerem Reich

Echnaton und Nofretete

Zu den faszinierendsten Herrschergestalten Ägyptens gehören aus heutiger Sicht Echnaton (reg. um 1350 – 34) und seine schöne Gemahlin Nofretete. Sie führten in Ägypten eine neue Religion ein, die Verehrung eines einzigen Gottes namens Aton, und einen neuen, sehr realistischen Kunststil. Ihre Reformen wurden jedoch nach Echnatons Tod schnell rückgängig gemacht, sodass die kurze Episode für die ägyptische Geschichte folgenlos blieb.

Nofretete und Echnaton

herrschte am Ende des 3. Jt. v. Chr. etwa 100 Jahre lang Anarchie. Danach verfiel die zentrale Macht erst im 17. Jh. v. Chr. wieder. Für kurze Zeit konnten sogar Einwanderer aus Asien, die Hyksos, die Macht übernehmen.

Höhepunkt und Verfall

Mit dem Pharao Amosis I., der die Hyksos um 1540 v. Chr. entmachtete, begann in Ägypten das Neue Reich. Die Pharaonen begannen nun eine aggressive Außenpolitik. Thutmosis I. (reg. um 1524–1518 v. Chr.) unterwarf Israel-Palästina und Syrien. Seine Nachfolger kämpften mit den Mesopotamiern und den Hethitern um die Vorherrschaft im Nahen Osten. Doch die großen Bauprojekte wie die Tempel von Abu Simbel und Karnak, die Ramses II. (um 1298–1213 v. Chr.) errichten ließ, ruinierten den Staatshaushalt. Die Macht der Pharaonen verfiel zusehends. Ab etwa 1000 v. Chr. regierten oft mehrere Lokalfürsten nebeneinander. Zeitweise übernahmen auch Dynastien aus Nubien oder Libyen die Macht. 671 bis 654 v. Chr. war Ägypten Teil des Assyrischen, ab 525 v. Chr. Teil des Persischen Reiches.

Die Ptolemäer

332 v. Chr. marschierte Alexander der Große in Ägypten ein und wurde mit offenen Armen empfangen. Nach seinem Tod fiel Ägypten an seinen General Ptolemäus I. (reg. 367–238 v. Chr.). Er und seine Nachfolger brachten die griechische Kunst und Kultur nach Ägypten und ließen z. B. die berühmte Bibliothek von Alexandria bauen. Doch die Ptolemäerkönige gerieten immer mehr in Abhängigkeit von Rom. Schließlich versuchte die letzte Königin Kleopatra VII. (um 69–30 v. Chr.), mit den römischen Machthabern Julius Caesar und Marcus Antonius eine Allianz gegen ihren Bruder zu schmieden. Mit ihrer militärischen Niederlage gegen den späteren Kaiser Augustus im Jahr 30 v. Chr. bei Actium wurde Ägypten römische Provinz. ■

Die Hochkulturen in Ostasien

Nur wenig später als in Mesopotamien und Ägypten entstanden auch in China und Indien erste Hochkulturen. Die sogenannte Indus-Kultur hatte intensive Handelskontakte nach Mesopotamien, während sich die erste chinesische Hochkultur am Huangho, dem Gelben Fluss, unabhängig von äußeren Einflüssen entwickelte.

Zeugnis chinesischer Hochkultur: die chinesische Mauer

Am Huangho im Nordosten Chinas wurde spätestens seit 5500 v. Chr. Ackerbau betrieben. Auch hier machte die Beherrschung des Flusses gemeinschaftliche Anstrengungen nötig. Nach chinesischer Überlieferung regierten um 3000 v. Chr. fünf „Gelbe Kaiser", mythologische Herrscher mit göttergleichem Status. Die Überreste von großen Palästen deuten tatsächlich auf sehr mächtige Herrscher in dieser Zeit hin. Außerdem war bereits ein sehr hohes handwerkliches Niveau erreicht. Vor allem in der Metallverarbeitung (Bronze, später Eisen) übertrafen die Chinesen die westlichen Hochkulturen bei Weitem. Das erste nachweisbare Herrschergeschlecht waren die Priesterfürsten der Shang-Dynastie, die ab dem 16. Jh. v. Chr. regierten. Unter ihrer Herrschaft entstand die chinesische Schrift. Sie wurden im 11. Jh. v. Chr. vom Geschlecht der Chou gestürzt, die nominell bis ins 3. Jh. v. Chr. regierten. De facto lag die Macht ab dem 8. Jh. v. Chr. in den Händen mehrerer Territorialfürsten, die sich untereinander bekriegten. In dieser Zeit der „Streitenden Reiche" entwickelte der Philosoph Konfuzius (551–479 v. Chr.) seine Vorstellungen von Respekt, Gehorsam und Pflichterfüllung.

Der Beginn des chinesischen Großreiches

Im Kampf der Territorialfürsten setzte sich schließlich der Herrscher von Ch'in durch und wurde unter dem Namen Shih Huang-di (259–210 v. Chr.) Kaiser eines Reiches, das in etwa den Osten des heutigen China umfasste. Er führte zahlreiche Reformen durch, agierte aber auch mit großer Brutalität. Im Jahr 206 v. Chr. wurde sein Sohn von der Dynastie der Han entmachtet, die bis 220 n. Chr. regier-

Die Terrakotta-Armee

Die Terrakotta-Armee

Der erste Kaiser von China, Shih Huang-di, ließ nicht nur die Chinesische Mauer erbauen, sondern auch eine gewaltige Grabanlage für sich selbst. Die berühmte Terrakotta-Armee, bestehend aus über 7000 lebensgroßen Tonfiguren, sollte dieses Grab bewachen. Obwohl die Armee schon 1974 gefunden wurde, ist man immer noch mit der Freilegung und Konservierung der Figuren beschäftigt, sodass das eigentliche Grab noch nicht geöffnet werden konnte.

te. Sie eroberte große Teile des heutigen Westchina, schuf einen zentralistisch regierten Staat, in dem die Beamtenschaft eine übermächtige Rolle spielte, machte die Lehre des Konfuzius zur Staatsideologie und nahm Handelskontakte mit dem Westen auf.

Rätsel am Indus

Die größte und rätselhafteste der frühen Hochkulturen war die am Indus im heutigen Pakistan und Nordwestindien. Um 2600 v. Chr. gab es dort etwa 1000 Städte, von denen Mohenjo-Daro und Harappa mit bis zu 100.000 Einwohnern die größten waren. Sie hatten einen rechtwinkligen Grundriss, mit gerade verlaufenden Straßenzügen. Die Architektur war sehr nüchtern und schmucklos, dafür gab es Bäder und Toiletten in Privathäusern, eine öffentliche Kanalisation und Thermen, die über eine ähnliche Warmluftheizung verfügten wie später die römischen. Dagegen wurden keine Gebäude gefunden, die den herkömmlichen Vorstellungen von einem Tempel oder Palast entsprechen. Da man außerdem die Schrift der Indus-Kultur, die etwa um 2000 v. Chr. entstanden war, noch nicht entziffern konnte und kaum Bilder oder Statuen gefunden wurden, weiß man so gut wie nichts über diese Kultur. Sicher ist nur, dass der Handel u. a. mit Mesopotamien eine große Rolle spielte. Selbst erzeugt haben die Inder wohl vor allem Baumwollstoffe und Schmuck. Ab 1900 v. Chr. verfielen die Städte langsam. Der Grund dafür ist jedoch unbekannt.

Die Arier

Nach dem Ende der Indus-Kultur übernahmen ab 1500 v. Chr. indogermanische Einwanderer aus dem Norden, die Arier, die Macht in Nordindien und Pakistan. Obwohl die Arier lange Zeit Nomaden blieben und nur relativ kleine Staaten bildeten, spielten sie eine wichtige Rolle für die Entstehung der indischen Kultur. Auf ihre heiligen Schriften, die Veden, gehen der Hinduismus und das indische Gesellschaftssystem mit seinen Kasten zurück.

Der frühe Fernhandel

Die frühen Hochkulturen, vor allem in Mesopotamien, verfügten zwar über landwirtschaftliche Überschüsse und ein hohes technisches und handwerkliches Wissen, aber nur über begrenzte Rohstoffe. Deshalb entwickelte sich schon früh ein ausgedehnter Fernhandel. Eine besondere Rolle spielten dabei die phönizischen Stadtstaaten an der Mittelmeerküste.

Phönizisches Handelsschiff

Das erste Fernhandelsgut der Geschichte waren Feuerstein und Obsidian, die sich besonders gut zu Werkzeugen verarbeiten ließen. Sie gelangten schon im 9. Jt. v. Chr. von Anatolien nach Mesopotamien, wobei es natürlich noch keine direkten Handelskontakte über diese Entfernung gab. Im 4. Jt. v. Chr. aber unterhielten die sumerischen Stadtstaaten wirtschaftliche Beziehungen zur Mittelmeerküste, nach Ägypten, in das iranische Hochland, nach Arabien und Indien. Die indischen Waren wurden von Experten, die sich mit den Monsunwinden auskannten, per Schiff in den heutigen Oman gebracht und dann über den Persischen Golf weitertransportiert.

Das Entstehen der großen Reiche von Akkad, Assur und Babylon führte auch dazu, dass der Handel intensiviert und die Handelsrouten gesichert wurden.

Die Bronzezeit

Der Beginn der Bronzezeit (um 3300 v. Chr.) gab dem Fernhandel einen zusätzlichen Schub. Zum einen ist Bronze eine Legierung aus Kupfer und Zinn. Während Kupfer relativ häufig ist, ist Zinn nur in wenigen Gegenden der Welt zu finden. Mesopotamien bezog es zunächst aus dem iranischen Hochland. Ab etwa 1600 v. Chr. war Cornwall der Hauptlieferant für Zinn.

Zum anderen war Bronze das attraktivste Handelsgut, das es bis dato in der Geschichte gegeben hatte. Alle Völker, die das neue Material kennenlernten, wollten es haben. Die Nordeuropäer beispielsweise, zu denen die Bronze um 1800 v. Chr. gelangte, tauschten sie gegen Bernstein ein. Auf diese Weise bildete sich zwischen Europa und dem Mittleren Osten ein Handelsraum, in dem nicht nur Güter, sondern auch technisches und kulturelles Wissen ausgetauscht wurden.

Die Phönizier

Eine zentrale Rolle für den Fernhandel spielten die Phönizier. Sie waren Abkömmlinge semitischer Nomaden, die an der libanesischen und syrischen Küste mehrere Stadtstaaten wie Byblos, Sidon und Tyros gegründet hatten. Bereits im 4. Jt. v. Chr. trafen sich hier die Küstenschiffe aus Ägypten und die Karawanen aus Mesopotamien. Um 1200 v. Chr. bauten die Phönizier seetüchtige Schiffe und konnten so das Mittelmeer, aber auch den Atlantik befahren, um Zinn aus den Minen Cornwalls zu holen. Zwar standen die Städte teilweise unter der Oberherrschaft babylonischer, assyrischer oder persischer Herrscher, da diese aber auf das seefahrerische Know-how der Phönizier angewiesen waren, behielten die Städte eine weitgehende Autonomie. Darüber hinaus verfügten die Phönizier auch noch über einige der begehrtesten Luxusprodukte der frühen Geschichte: den Purpurfarbstoff, das erste klare Glas und das Holz der Libanonzedern.

Minoischer Palast auf Knossos

Saba

Das Reich der berühmten Königin von Saba existierte etwa zwischen 1000 und 400 v. Chr. im Jemen. Von Saba aus führte die Weihrauchstraße ans Mittelmeer. Auf ihr wurden Luxusgüter wie Weihrauch aus dem Oman oder Gewürze aus Indien transportiert. Möglich geworden war dieser Handelsweg durch die Wüste mit der Domestizierung des Kamels Ende des 2. Jt. v. Chr.

Etwa ab dem 9. Jh. v. Chr. begannen die Phönizier im Mittelmeerraum zahlreiche Kolonien zu gründen, wie Karthago und die heutigen Städte Palermo, Cadiz und Lissabon. Um 600 v. Chr. sollen phönizische Seefahrer sogar Afrika umrundet haben.

Die Minoer

Der rege Austausch zwischen Europa und dem Nahen Osten sorgte dafür, dass der östliche Mittelmeerraum an Bedeutung gewann. Als erste europäische Hochkultur gilt die minoische, deren Herrscher ab etwa 2000 v. Chr. große Paläste auf Kreta errichteten. Da die ältere der beiden minoischen Schriften (Linear A) aber bis heute nicht entziffert ist, weiß man sehr wenig über diese Kultur. Vermutlich übten die Minoer eine Seeherrschaft innerhalb der griechischen Inseln aus und pflegten enge Handelsbeziehungen nach Ägypten, bis sie um 1450 v. Chr. von den benachbarten kriegerischen Mykenern vernichtet wurden. ■

Die Entstehung des Judentums

Glaubt man der Bibel, dann waren David und Salomo mächtige und weithin berühmte Könige. Tatsächlich jedoch tauchen sie in keiner ägyptischen oder assyrischen Quelle auf, sodass nicht einmal restlos geklärt ist, ob sie je existiert haben. Denn der Beginn der jüdischen Geschichte spielte sich in so kleinem Maßstab ab, dass die mächtigen Nachbarn damals überhaupt keine Notiz davon nahmen.

Die Israeliten gehörten zu den zahlreichen semitischen Nomadenstämmen, die den Nahen Osten in der Frühgeschichte bevölkerten. Um 1250 v. Chr. wanderten sie in das heutige Israel ein und begannen in der Folge, eine gemeinsame Identität zu entwickeln. Woher sie kamen, ist ungeklärt. Möglicherweise stammte ein Teil aus Ur in Chaldäa (dem früheren Sumer), wie es in der Bibel von dem Patriarchen Abraham behauptet wird. Auch der legendäre Auszug aus Ägypten unter Führung des Mose kann historische Wurzeln haben. Semitische Namen sind auf ägyptischen Sklavenlisten häufig zu finden. Außerdem soll Ramses II. (um 1298–1213 v. Chr.) „habiru" beim Bau von zwei Speicherstädten eingesetzt haben.

König Salomo, Mosaik

Entstehung und Zerfall des Reiches

Im Land Kanaan, das nach früher eingewanderten semitischen Stämmen, den Kanaanäern, benannt war, wurden die Israeliten sesshaft. Diese Zeit wird in der Bibel die „Richterzeit" genannt. Die „Richter" waren bedeutende Persönlichkeiten, die in Krisenzeiten, wie etwa kriegerischen Auseinandersetzungen, ihren Stamm führten. Im 12. Jh. v. Chr. begannen sich dann die Philister, ein indogermanisches Volk aus Südosteuropa, im Land Kanaan anzusiedeln. Die Auseinandersetzungen mit ihnen nahmen im 11. Jh. v. Chr. zu. Laut den beiden biblischen Büchern *Samuel* entschieden sich die zwölf israelitischen Stämme in dieser prekären Situation für die Errichtung eines Königtums, das erst Saul, dann David und Salomo innehatten. Dies könnte den historischen Tatsachen entsprechen. Allerdings gehen die Wissenschaftler davon aus, dass die israelitische Hauptstadt Jerusalem, die König David um 1000 v. Chr. von den kanaanäischen Jebusitern eroberte, keine 2000 Einwohner hatte. Laut biblischem Bericht soll das Reich schon im 10. Jh. v. Chr. in ein Nordreich namens Israel und ein Südreich namens Juda zerfallen sein.

Die babylonische Gefangenschaft

Das nördliche Israel wurde im Jahr 721 v. Chr. von den Assyrern erobert. Ein Teil der Bevölkerung wurde in andere Gebiete des assyrischen Reiches umgesiedelt. Das südliche Juda zahlte in der Folge mehrmals freiwilligen Tribut an die Assyrer, suchte aber auch den Beistand der Ägypter. 597 v. Chr. wurde Juda dann von den Babyloniern besiegt. Der Versuch, wieder bei Ägypten Schutz zu finden, endete damit, dass der babylonische König Nebukadnezar II. im Jahr 587 v. Chr. Jerusalem eroberte und die Oberschicht nach Babylon deportierte. 538 v. Chr. erlaubte der Perserkönig Kyros II. den Juden die Rückkehr. Nach der Eroberung Persiens durch Alexander den Großen im Jahr 333 v. Chr. wurde Israel Teil verschiedener hellenistischer Reiche, im Jahr 66 v. Chr. römische Provinz.

Schriftliche Zeugnisse des Babylonischen Exils: Die biblische Geschichte vom Turmbau zu Babel

Der andere Gott

Unklar ist auch, ab wann sich die Religion der Israeliten fundamental von der ihrer Nachbarn zu unterscheiden begann. Während man sonst im Nahen Osten nach dem Prinzip „Sicher ist sicher" meist auch den Gottheiten anderer Völker huldigte, begannen die Israeliten an einen „eifersüchtigen" Gott zu glauben, der keine anderen Götter neben sich duldete, dafür aber mit seinem „auserwähltem Volk" einen persönlichen Bund geschlossen hatte. Die meisten Wissenschaftler gehen davon aus, dass erst Ende des 8. Jh. v. Chr. daraus ein Monotheismus wurde, der Glaube, dass nur ein einziger Gott existiert.

Das Alte Testament

Man schätzt, dass die Niederschrift der Bücher aus dem Alten Testament (hebr. Tanach) in etwa im 9. Jh. v. Chr. begann. Aber erst im Babylonischen Exil wurde die verbindliche Aufzeichnung der mündlichen Erzählungen ein großes Anliegen der Priester und Gelehrten. Die theologische Entwicklung während des Exils war so stark, dass man nach der Rückkehr teilweise keinen gemeinsamen Nenner mehr mit den „Daheimgebliebenen" wie den Samaritern fand.

Die Indoeuropäer

Im Jahr 1786 stellte der britische Sprachwissenschaftler William Jones die These auf, dass Lateinisch, Griechisch und die indische Sprache Sanskrit eine gemeinsame Wurzel haben müssten. In der Folge zeigte sich, dass fast alle europäischen Sprachen mit Sanskrit, Persisch und einigen weiteren orientalischen Sprachen verwandt sind. Auf diese Weise stieß man auf ein Volk, dessen eigentlichen Namen man nicht kennt und das man deshalb behelfsweise als Indoeuropäer oder Indogermanen bezeichnet.

Im Gegensatz zu den alten Hochkulturen hinterließen die einfach lebenden Ackerbauern oder Viehnomaden nur wenige archäologische Spuren. Man muss sie deshalb an der Form ihrer Töpferwaren, ihrer Waffen oder Begräbnisriten auseinanderhalten. Bei den Indoeuropäern gibt die Sprache weiteren Aufschluss. Anhand der Worte, die in den verschiedenen indoeuropäischen Sprachen gleiche Wurzeln haben, kann man rekonstruieren, dass es sich um Viehnomaden handelte, die jedoch auch Ackerbau betrieben, Pferde und Wagen nutzten, aber noch kein Metall kannten, patriarchale Gesellschaftsstrukturen hatten und in einem gemäßigten Klima lebten. Über die Urheimat der Indoeuropäer wird immer noch gestritten, aber die meisten Wissenschaftler gehen heute davon aus, dass das Volk ursprünglich in den südrussischen Steppen lebte und möglicherweise mit der dort entdeckten Kurgankultur (russ. Kurgan = Grabhügel) identisch ist.

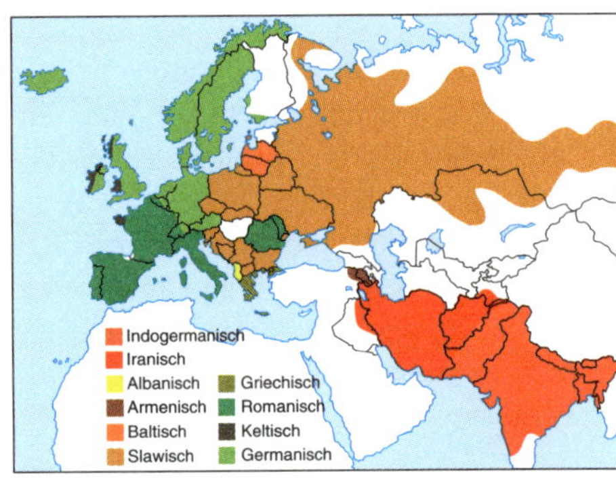

Auswanderung nach Indien und Europa

Man vermutet, dass Klimaverschlechterungen im 3. Jt. v. Chr. mehrere Wanderbewegungen der Indoeuropäer auslösten. Früher stellte man sich diese Wanderungen gerne wie die späteren Hunnenzüge vor: Die Indoeuropäer drangen in weit entfernte Länder ein, eroberten diese und zwangen der sesshaften Bevölkerung ihre Kultur auf. Heute geht man davon aus, dass sich die indoeuropäische Kultur wesentlich langsamer verbreitete. Mög-

Zeus, Jupiter, Thor

Eine markante Gemeinsamkeit zwischen den indoeuropäischen Völkern war der Glaube an einen mächtigen Wettergott. In der germanischen Mythologie tauchte er als Donar oder Thor auf, in der griechischen als Zeus und in der römischen als Jupiter. Bei den Kelten hieß er Taranis, bei den Slawen Perun, bei den Balten Perkunas, bei den indischen Ariern Dyaus Pita und bei den Hethitern Tarhunna.

Zeus

licherweise übernahmen sogar Völker Sprache und Kultur, ohne dass es zu nennenswerter genetischer Vermischung kam. Es ist also nicht sicher, ob und inwieweit die Arier, die um 1500 v. Chr. nach Indien einwanderten, Nachfahren der Indoeuropäer waren. Sicher ist nur, dass sie eine indoeuropäische Sprache sprachen und es in ihrer Kultur viele Parallelen zu anderen indoeuropäischen Kulturen gab. Gleiches gilt für die Streitaxtleute (auch Schnurkeramiker genannt), die etwa um 2200 v. Chr. in Mitteleuropa auftauchten. In der Folge wurde in Europa weniger Ackerbau und mehr Viehzucht betrieben. Dafür betete man mehr männliche Götter an und bestattete die Oberhäupter der Clans prunkvoller als „gewöhnliche" Menschen. In Europa gehen sowohl Griechisch als auch alle germanischen, romanischen und slawischen Sprachen auf die Indoeuropäer zurück.

Ausgestorbene Völker

Die Wanderungen der Indoeuropäer haben in der Frühgeschichte für eine ganze Reihe von Umwälzungen gesorgt. So wanderte eine Gruppe in der zweiten Hälfte des 3. Jt. v. Chr. in Anatolien ein und ließ sich dort nieder. Als Hethiter wurden sie um 1500 v. Chr. zur dritten Großmacht im Nahen Osten neben Babylon und Ägypten. Ihre Kultur unterschied sich in einigen Dingen von der der nichtindoeuropäischen Völker. So verdankten die Hethiter ihre zeitweise militärische Überlegenheit ihren schnellen Streitwagen. Ihre Gesellschaft beruhte auf einer Art Lehenssystem, ähnlich dem, welches es später im Mittelalter in Europa gab. Sklaven waren nicht völlig rechtlos, Könige ebenfalls an Gesetze gebunden und selbst mit den Göttern schloss man eine Art Verträge.

Um 1200 v. Chr. wurde das Hethiterreich jedoch durch die sogenannten Seevölker vernichtet. Auch diese waren Indoeuropäer, vermutlich aus der Ägäis oder vom Balkan, die aus noch ungeklärten Ursachen nach Anatolien wanderten, Ägypten angriffen oder sich in Kanaan ansiedelten (Philister). ■

Die griechischen Stadtstaaten

Im Verlauf des 2. Jt. v. Chr. wanderten mehrere indoeuropäische Stämme wie die Achäer, Ionier und Dorer nach Griechenland ein und verdrängten gegen Ende des Jahrtausends ältere Kulturen wie die der Mykener, Pelasger oder der Kykladenbewohner. In der Folge entwickelten sich Stadtstaaten wie Athen, Sparta und Korinth sowie eine einheitliche griechische Kultur, die als Beginn der abendländischen Zivilisation angesehen wird.

Etwa von 1700 bis 1200 v. Chr. waren die Mykener die dominierende Bevölkerung Griechenlands. Raubzüge und eine militärische Überlegenheit ließen sie sehr reich werden. In ihren Palästen fand der deutsche Archäologe Heinrich Schliemann (1822–90) große Schätze. Mit ziemlicher Sicherheit waren es die Mykener, die um 1200 v. Chr. Troja vernichteten – aber wohl nicht wegen der schönen Helena, sondern aus wirtschaftlich-politischen Gründen. Kurze Zeit später endete die mykenische Palastkultur. Lange Zeit glaubten die Wissenschaftler, sie wäre durch die einwandernden Dorer vernichtet worden. Inzwischen tendiert man zu der Meinung, dass es andere Gründe für den Niedergang der mykenischen Fürstentümer gab und die Dorer erst danach allmählich das entstandene Machtvakuum füllten. Um 1000 v. Chr. begannen die indoeuropäischen Stämme in Griechenland und an der heute türkischen Ägäisküste Stadtstaaten zu bilden. Insgesamt aber gibt es aus der Zeit zwischen 1200 bis 750 v. Chr. wenig Zeugnisse, weshalb diese Zeitspanne oft auch als die „Dunklen Jahrhunderte“ der griechischen Geschichte bezeichnet wird. Am deutlichsten zeigt sich der Übergang von einer Kultur zur anderen an veränderten Bestattungsriten und Keramikwaren (geometrischer Stil). Die fehlenden Zeugnisse beweisen aber auch, dass Griechenland, das unter den Mykenern den Handel in der Ägäis kontrolliert haben dürfte, während dieser Epoche relativ arm und isoliert war.

Mykenische Ruinenstätte

Akropolis in Athen

Der Aufstieg der Städte

Im 8. Jh. v. Chr. erlebten die griechischen Städte dann einen regelrechten Boom. Sie hatten sich zu gut organisierten, leistungsfähigen Gemeinschaften entwickelt, die nun auch wieder Kontakte zu den Hochkulturen des Nahen Ostens, vor allem den phönizischen Städten, aufnahmen. Von den Phöniziern hatte man auch die Schrift übernommen. Um 750 v. Chr. entstanden die beiden großen Versepen des Homer, *Ilias* und *Odyssee*, denen die Wissenschaftler eine identitätsstiftende Bedeutung für eine gemeinsame griechische Kultur zuschreiben. In der Zeit zwischen 750 und 500 v. Chr., die in der Wissenschaft als archaische Epoche Griechenlands bezeichnet wird, führten ein starkes Bevölkerungswachstum und wiederholte Diktaturen (Tyrannis) in einigen Staaten auch zur Gründung zahlreicher griechischer Städte am Schwarzen Meer (Trapzon, Sochumi), in Nordafrika (Tripolis, Ceuta), Kleinasien (Byzanz), Südfrankreich (Marseille, Nizza), Süditalien (Neapel, Syrakus, Paestum, Tarent), Dalmatien (Split) und dem Libanon (Tripolis).

Delphi und Olympia

Eine Klammer zwischen den oft zerstrittenen griechischen Stadtstaaten bildete die gemeinsame Religion. Die wichtigsten Heiligtümer waren das Orakel von Delphi, das im 8. Jh. v. Chr. einen großen Aufschwung nahm, und die Olympischen Spiele zu Ehren des Göttervaters Zeus, die nach heutigem Wissen im Jahr 776 v. Chr. zum ersten Mal stattfanden.

Athen

Die griechischen Stadtstaaten waren politisch ganz unterschiedlich organisiert. Sparta z. B. wurde von zwei Königen regiert, deren Macht aber durch den Ältestenrat und die Volksversammlung eingeschränkt wurde. In Korinth übernahmen im 7. Jh. v. Chr. Tyrannen die Macht, die allerdings nicht besonders brutal und durchaus zum Wohl der Stadt agierten. Die folgenreichste Entwicklung gab es jedoch in Athen, das möglicherweise die älteste Stadt Europas ist. Dort kam es ab dem 7. Jh. v. Chr. zu starken Spannungen zwischen Adel und Bevölkerungsmehrheit. Bedeutende Gesetzgeber wie Drakon (geb. um 650 v. Chr.), Solon (um 640–559 v. Chr.) und Kleisthenes (um 570–507 v. Chr.) führten Reformen durch, die das Volk immer stärker an der politischen Macht beteiligten, sodass es schließlich zur Demokratie (griech. Volksherrschaft) kam.

Das Perserreich

Als der Perserkönig Kyros II. im Jahr 539 v. Chr. Babylon eroberte, entstand das größte Reich, das es in der Geschichte bis dato gegeben hatte. Der gesamte Nahe und Mittlere Osten stand unter der Herrschaft der persischen Könige. Im 5. Jh. v Chr. stieß diese gewaltige Macht dann mit den aufstrebenden griechischen Stadtstaaten zusammen.

Tor von Persepolis, Hauptstadt des antiken Perserreichs

Im 7. Jh. v. Chr. waren die Perser und die mit ihnen verwandten Meder noch Nomaden im iranischen Hochland gewesen. Bedroht durch das mächtige Assyrerreich schufen die Meder jedoch binnen kürzester Zeit ein straff organisiertes Königtum und besiegten im Jahr 614 v. Chr. zusammen mit dem Babylonierkönig Nabopolassar die Assyrer. Im 6. Jh. v. Chr. einte Fürst Kyros II. (reg. um 559–529 v. Chr.) auch die persischen Stämme, besiegte um 550 v. Chr. die Meder, 547 v. Chr. Krösus, den sagenhaft reichen Fürsten der anatolischen Lyder, und 539 v. Chr. nahezu kampflos die Babylonier. Sein Sohn Kambyses II. (reg. 529–522 v. Chr.) eroberte Ägypten. Dessen Cousin Darius I. (reg. 522–486 v. Chr.) dehnte das Reich im Osten bis zum Indus aus und regierte damit über rund zehn Millionen Menschen, die auf fast fünf Millionen Quadratkilometern lebten. Darius' große Leistung war es, aus diesem Riesenreich tatsächlich ein Staatswesen gemacht zu haben. Er ließ eine Vielzahl von Straßen bauen und errichtete ein Nachrichtensystem mit Postreitern und Signaltürmen. Er vereinheitlichte die Verwaltung, das Rechtswesen und das Steuersystem, führte eine allgemein gültige Währung und standardisierte Maße ein. Als Verkehrssprache setzte sich Aramäisch durch. Aber er gestattete den unterworfenen Völkern ihre Bräuche, ihre Religion und auch viele traditionellen Gesetze. Korruption und Auflehnung wurden jedoch gnadenlos bestraft.

Die Perserkriege

Zum persischen Weltreich gehörten auch die griechischen Städte an der türkischen Ägäisküste. Diese versuchten im Jahr 500 v. Chr., angeführt durch den Tyrannen Aristagoras von Milet (gest. 497 v. Chr.), einen Aufstand gegen die persische Oberhoheit, wurden aber geschlagen. Darius I. behandelte die aufständi-

Die Religion des Zarathustra

Spätestens um 600 v. Chr., vielleicht aber auch schon früher, gründete der Priester Zarathustra eine monotheistische Religion, den Zoroastrismus oder Parsismus. Während bis dahin die meisten Götter launische Wesen waren, die mit Opfern besänftigt werden mussten, forderte Ahura Mazda (Herr der Weisheit) von seinen Anhängern ein ethisch einwandfreies Leben. Darius I. war ein überzeugter Anhänger dieser Religion.

schen Städte relativ milde, startete aber eine Strafaktion gegen Athen und die kleine Stadt Eretria auf Euböa, die die Rebellen mit ein paar Schiffen unterstützt hatten. Eretria wurde 490 v. Chr. zerstört, doch die Athener konnten das persische Heer in der Schlacht bei Marathon schlagen. Darius I. nahm dieses Scheitern hin, da er wichtigere Probleme zu lösen hatte.

Darius I.

Sein Sohn Xerxes I. (reg. 486–465 v. Chr.) aber plante die Unterwerfung Griechenlands. Obwohl die Athener inzwischen eine starke Flotte gebaut und einen Bund mit Sparta geschlossen hatten, wurden sie 480 v. Chr. in den Schlachten an den Thermopylen und bei Artemision geschlagen. Die Perser besetzten die Region Attika und nahmen Athen ein. Der griechische Feldherr Themistokles (um 525–429 v. Chr.) jedoch hatte die Stadt zuvor evakuieren lassen und die Flotte bei der Insel Salamis verschanzt. Als nun die riesige persische Flotte in die Meerenge von Salamis eindrang, behinderten sich die persischen Schiffe gegenseitig und die Griechen konnten sie am 28. September 480 v. Chr. in einer der spektakulärsten Seeschlachten der Geschichte vernichten. Im darauffolgenden Sommer besiegten dann schätzungsweise 30.000 bis 40.000 Griechen 50.000 bis 60.000 Perser bei Platäa. Daraufhin entschloss sich Xerxes I. zum Rückzug.

Der Niedergang

Xerxes I. wurde im Jahr 456 v. Chr. von seiner Palastwache ermordet. Seine Nachfolger erwiesen sich größtenteils als unfähig und grausam. Doch die von Darius I. geschaffenen Strukturen waren so stabil, dass das Reich noch einige Zeit funktionierte. Im 4. Jh. v. Chr. jedoch kam es zu wirtschaftlichen Problemen und Unruhen. ■

Der Peloponnesische Krieg

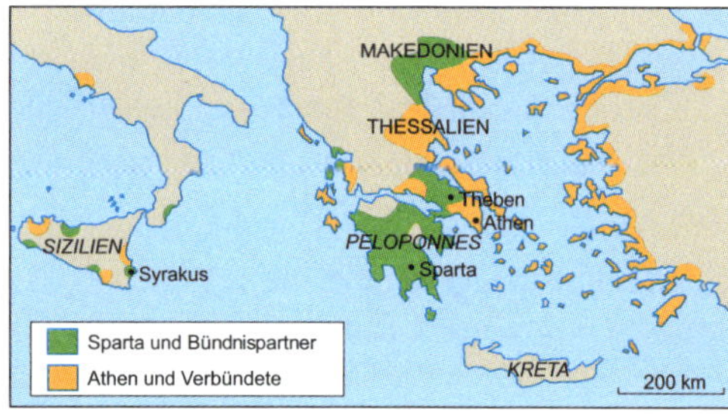

Nach dem Sieg über die Perser stand Athen auf dem Höhepunkt seiner Macht. Zum Schutz gegen weitere persische Angriffe gründete es im Jahr 478/477 v. Chr. mit mehreren griechischen Städten den Attisch-Delischen Seebund. Doch mit der Zeit vertiefte sich die Kluft zwischen dem Bund und dem von Sparta geführten Peloponnesischen Bund. 431 v. Chr. kam es zum offenen Krieg.

Der Sieg der Griechen bei Platäa im Jahr 479 v. Chr. beendete den Feldzug des persischen Königs Xerxes I. Es folgte jedoch kein Friedensschluss. Im Gegenteil: Die griechischen Städte in Kleinasien und auf den Kykladen nutzten die Gelegenheit, um erneut gegen die persische Herrschaft zu rebellieren. Das griechische Heer kam ihnen zu Hilfe und eroberte 478 v. Chr. Byzanz. Oberbefehlshaber war wie schon beim Sieg von Platäa der Spartaner Pausanias (gest. um 467 v. Chr.). Nach dem Sieg führte sein autokratisches Auftreten zu Spannungen zwischen den Verbündeten, die schließlich damit endeten, dass Sparta sich aus der antipersischen Allianz zurückzog. Das eigentliche Motiv der Spartaner war jedoch, dass ihnen die Sicherung ihrer eigenen Stellung auf dem Peloponnes wichtiger war als die Fortsetzung des Kampfes gegen die Perser. Athen reagierte mit der Gründung des Attisch-Delischen Seebundes, in dem es von Anfang an eine dominierende Stellung einnahm. Das Bündnis blieb auch nach dem Friedensschluss der Athener mit Persien im Jahr 449 v. Chr. bestehen.

Athen und Sparta

In dieser Zeit entwickelten sich Athen und Sparta kulturell extrem unterschiedlich. Athen erlebte sein klassisches oder „goldenes“ Zeitalter. Der Politiker und Heerführer Perikles (um 490–429 v. Chr.) setzte in der Volksversammlung Reformen durch, die den Stadtstaat endgültig zur Demokratie machten. Die besten

Künstler und Wissenschaftler lebten in der Stadt, z. B. Aischylos (525–456 v. Chr.), der Erfinder des Theaters, der Philosoph Sokrates (469–399 v. Chr.) oder der Bildhauer Phidias (um 500–432 v. Chr.), der mit der Zeusstatue von Olympia eines der sieben Weltwunder schuf. Sparta dagegen wurde zum Militärstaat. Die Spartaner hatten um 1000 v. Chr. die Bevölkerung der Regionen Messenien und Lakonien im Süden des Peloponnes versklavt. Spartanische Familien lebten vom Ertrag großer Landgüter in diesen Regionen. Nach mehreren Aufständen der Sklaven (Heloten) militarisierten die Spartaner ihr ganzes Leben. Männer lebten im Alter von sieben bis 30 Jahren in Militäranstalten, schwächliche Kinder wurden ausgesetzt, Fremde, auch andere Griechen, in Sparta ungern gesehen. Die Verwaltung der Familiengüter war Sache der Frauen. Wissenschaft und Kunst gab es fast gar nicht mehr.

Der Krieg bricht aus

Bereits im 6. Jh. v. Chr. hatte Sparta mit den meisten anderen Städten des Peloponnes einen Bund geschlossen. 457 v. Chr. trat Athens Nachbarstadt Theben bei und nahm spartanische Hilfe für einen Feldzug gegen die Region Phokis (rund um Delphi) in Anspruch. Daraufhin griff Athen aufseiten von Phokis in das Kampfgeschehen ein und konnte die Spartaner zunächst wieder aus seinem Einflussbereich vertreiben.

431 v. Chr. stießen die Bündnisse erneut zusammen. Zum einen half Athen der Kolonie Kerkyra (Korfu) gegen seine Mutterstadt Korinth, zum anderen verhängte Athen eine Seeblockade gegen Megara. Sowohl Korinth wie Megara aber waren Mitglieder des Peloponnesischen Bundes. Es kam zu einem äußerst brutal geführten Krieg der beiden Bündnissysteme, der die gesamte Ägäis, aber auch griechische Kolonien in Süditalien betraf. Ein Friede von 421 v. Chr. hielt nur neun Jahre. Erst 404 v. Chr. konnte der inzwischen von Persien unterstütze Peloponnesische Bund Athen vollständig besiegen.

Die Akropolis

Bei der Einnahme Athens durch die Perser im Jahr 480 v. Chr. war auch die Kultstätte der Göttin Athene auf dem Burgberg der Stadt, der Akropolis, zerstört worden. Im Jahr 448 v. Chr. begann Perikles den Wiederaufbau. Er engagierte die besten Künstler der Zeit wie Phidias, um ein ganzes Ensemble von Athene-Heiligtümern errichten zu lassen. Der Haupttempel, der Parthenon, gilt als der schönste aller griechischen Tempel. Um den Bau zu finanzieren, verwendete Perikles die Kasse des Attisch-Delischen Seebundes.

Der Parthenon in Athen

Der Aufstieg der Makedonen

Der Peloponnesische Krieg hatte nicht nur die Verlierer, sondern auch die Sieger geschwächt. In dieser Situation verstand es König Philipp II. von Makedonien meisterhaft, die Vielzahl kleiner innergriechischer Konflikte auszunutzen und 338 v. Chr. die Hegemonie über ganz Griechenland zu übernehmen. Sein Sohn Alexander der Große eroberte dann das marode Perserreich.

Nach dem Sieg im Peloponnesischen Krieg bemühte sich Sparta zunächst um eine Hegemonie über Griechenland. Doch dies führte dazu, dass die strenge innere Ordnung des Militärstaates erschüttert wurde. Außerdem hatten die Spartaner den Persern als Gegenleistung die griechischen Städte Kleinasiens versprochen, waren aber nicht gewillt, diese Zusage einzuhalten. In der Folge lagen sie sowohl mit Persien im Krieg als auch mit ihren enttäuschten Bündnispartnern Theben und Korinth, die sich 395 v. Chr. mit Athen verbündeten. Die ständigen Angriffe Thebens und eine geglückte Rebellion der versklavten Messenier im Jahre 369 v. Chr. führten dazu, dass Sparta jegliche Bedeutung verlor.

Philipp II., makedonische Münze

Philipp II. von Makedonien

In all diesen Auseinandersetzungen spielten die Makedonen im nordgriechischen Hinterland, die von vielen Griechen als halbe Barbaren angesehen wurden, so gut wie keine Rolle. Die makedonischen Könige hatten sich vor allem mit den benachbarten Illyrern und ihrem eigenen Adel auseinanderzusetzen. Dies änderte sich schlagartig im Jahr 359 v. Chr., als Philipp II. (um 382 – 336 v. Chr.) die Macht übernahm. Philipp, der als Geisel im Haus eines thebanischen Feldherrn aufgewachsen war, schaffte es, seinen Adel hinter sich zu bringen, das makedonische Heer zum schlagkräftigsten Griechenlands zu machen und seine Gegner virtuos gegeneinander auszuspielen. Auf diese Weise konnte er seinen Machtbereich schrittweise ausweiten. 338 v. Chr. holten Athen und Theben zum entscheidenden Schlag aus, verloren aber die Schlacht von Chaironeia. Philipp II. behandelte vor allem Athen recht milde, schloss 337 v. Chr. mit den griechischen Stadtstaaten den Korinthischen Bund und rief einen allgemeinen Frieden aus. Um das Bündnis zusammenzuschweißen, plante er einen Krieg gegen das immer schwächer werdende Perserreich, wurde aber 336 v. Chr. von einem Leibwächter ermordet. Schon in der Antike kam der Verdacht auf, dass Philipps Sohn Alexander oder seine Mutter Olympias (376–316 v. Chr.) hinter dem Attentat steckten.

Alexander der Große

Alexander der Große

Alexander (356–323 v. Chr.) war beim Tod seines Vaters bereits ein erfolgreicher Heerführer. Mithilfe der Armee übernahm er schnell die Macht und schlug Revolten der Thraker und Illyrer nieder. Eine Erhebung der griechischen Städte konnte er im Keim ersticken, indem er Theben restlos vernichten ließ. 334 v. Chr. begann er den Feldzug gegen Persien mit der Eroberung Anatoliens. Im November 333 v. Chr. gelang ihm bei Issos an der Grenze zwischen Anatolien und Syrien der entscheidende Sieg über den persischen König Darius III. (um 380–330 v. Chr.) und sein etwa dreimal so starkes Heer. Anschließend nahm er den Nahen Osten ein. Widerstand gab es nur in den Städten Tyros und Gaza, die er dafür grausam bestrafen ließ. Ägypten kapitulierte ohne Kampf. Im Oktober 331 v. Chr. konnte er Darius III. bei Gaugamela im Norden des heutigen Irak zum zweiten Mal besiegen und verfolgte ihn bis Baktrien im heutigen Nordafghanistan, wo der Perserkönig von seinem eigenen Satrapen (Statthalter) Bessos ermordet wurde. Um den persischen Adel für sich zu gewinnen, startete Alexander einen Rachefeldzug gegen Bessos und führte persische Gebräuche in seinem Gefolge ein. Als die makedonischen Truppen meuterten, ließ er auch engste Gefolgsleute ermorden. Danach wollte er an die asiatische Ostküste vorstoßen, kam aber wegen des starken Monsunregens nur bis kurz hinter den Indus. Nach der Rückkehr nach Babylon starb er im Jahr 323 v. Chr. an einem Fieber. ■

Aristoteles

Der vielleicht bedeutendste Philosoph und Naturwissenschaftler der Antike, Aristoteles (384–322 v. Chr.), war als Sohn eines Leibarztes von Alexanders Großvater Amyntas III. (reg. um 390–369 v. Chr.) aufgewachsen. Aristoteles selbst war von 343 bis 336 v. Chr. der Lehrer und Erzieher Alexanders.

Der Hellenismus

Der elf Jahre dauernde Eroberungsfeldzug Alexanders des Großen brachte die griechische Kultur bis nach Indien. Zwar zerfiel sein Reich nach seinem Tod gleich wieder, doch die griechische wurde zur dominierenden Kultur der antiken Welt. Politisch endete der Hellenismus mit der Eroberung durch die Römer. Kulturell hatte das Griechische auch im Römischen Reich, vor allem in den Ostprovinzen, weiter großen Einfluss.

Bereits zu Lebzeiten hatte Alexander einige seiner Generäle als Verwalter von Teilen seines Reiches eingesetzt: Perdikkas (gest. 321 v. Chr.) in Asien, Antipatros (um 397–319 v . Chr.) in Griechenland, Antigonos I. (um 382–301 v. Chr.) in Kleinasien und Ptolemäus I. (um 367–um 283 v. Chr.) in Ägypten. Als Alexander starb, war seine Hauptfrau Roxane schwanger, doch als Perdikkas ihrem Sohn das Erbe seines Vaters sichern wollte, verbündeten sich die anderen Diadochen (griech. Nachfolger) gegen ihn. Perdikkas wurde im Jahr 321 v. Chr. getötet, und die Verbündeten wählten Antipatros zum Reichsverweser. Asien gaben sie an Seleukos I. (um 358–281 v. Chr.). Als Antipatros zwei Jahre später starb, brachen die sogenannten Diadochenkriege aus, die sich bis 281 v. Chr. hinzogen. In deren Verlauf ließ Antipatros' Sohn Kassandros (350–297 v. Chr.) Alexanders ganze Familie – seine Mutter, zwei Ehefrauen und zwei Söhne – ermorden. Trotzdem ging er am Ende leer aus. Die Ptolemäer dagegen konnten sich in Ägypten behaupten, und die Seleukiden gewannen zu Asien noch Kleinasien dazu. Die Nachkommen des Antigonos sicherten sich Makedonien.

Die Diadochenreiche

Von den entstandenen Reichen existierte das in Makedonien am kürzesten. In ihrem Bemühen, eine Hegemonie über ganz Griechenland zu errichten, gerieten die Antigoniden mit dem aufstrebenden Rom in Konflikt und wurden im Jahr 168 v. Chr. besiegt. Das Seleukidenreich dage-

Die Diadochenreiche

gen zerbröckelte Stück für Stück. Schon während der Diadochenkriege konnten einheimische Herrscher die indischen Provinzen für sich gewinnen. Später war es vor allem ein iranisches Nomadenvolk, die Parther, welches zentrale Teile eroberte und damit zur Großmacht zwischen Europa und Ostasien mit Kontrolle über die Seidenstraße wurde. Im Westen dagegen wurden mehr und mehr Provinzen wie Pergamon, Armenien oder Israel (Makkabäeraufstand) selbstständig. Im Jahr 63 v. Chr. schließlich eroberte der römische Feldherr Pompejus (106–48 v. Chr.) den Rest des Seleukidenreiches und machte ihn zur römischen Provinz Syria. Am längsten hielt sich das Ptolemäerreich, das im Jahr 30 v. Chr. von den Römern eingenommen wurde.

Pergamon

Der berühmte Pergamon-Altar in Berlin stammt aus einem kleinen, aber feinen Reich, das von 261 – 133 v. Chr. rund um die Stadt Pergamon (heute Bergama) an der türkischen Ägäisküste existierte. Pergamon, wo angeblich das Pergament erfunden wurde, als Ägypten keinen Papyrus mehr lieferte, war dank eines Asklepios-Heiligtums einer der mondänsten Kurorte der antiken Welt, hatte die zweitgrößte Bibliothek nach Alexandria und einige der schönsten hellenistischen Bauwerke. Als ihre Könige 133 v. Chr. ausstarben, verschenkten sie ihr Reich an Rom, was Pergamon eine blutige Eroberung ersparte.

Der Pergamon-Altar

Die Kultur des Hellenismus

Mit der Ausbreitung des Hellenismus wurde Griechisch zur allgemein verstandenen Verkehrssprache zwischen Mittelmeer und Indus. Deshalb wurde auch das Neue Testament in Griechisch geschrieben. Außerdem wurden die Errungenschaften der griechischen Kunst, Philosophie und Naturwissenschaft allgemein bekannt. Gepflegt wurden sie vor allem in der Universität von Alexandria, wo die größten Gelehrten der Zeit wie Archimedes (um 287–212 v. Chr.) oder Euklid (365–300 v. Chr.) studierten. Die dortige Bibliothek besaß zu ihrer Blütezeit rund 700.000 Schriftrollen. Auch die griechische Architektur kam überall in Mode, veränderte sich aber. Formen, die vorher ausschließlich dem Tempelbau dienten, wurden nun für Paläste und repräsentative öffentliche Gebäude verwendet. Diese Tendenz zur Repräsentation gehörte ebenso wie der zentralistische Verwaltungsapparat der Diadochenreiche zum orientalischen Erbe des Hellenismus. ■

Die Entstehung des Buddhismus

Dominierende Religion in Indien war seit der Zeit der Arier der Hinduismus. Dieser wurde ab etwa 800 v. Chr. völlig von den Brahmanen, der Priesterkaste, dominiert. Im 6. und 5. Jh. v. Chr. entwickelten mehrere spirituelle Lehrer Gegenkonzepte, die dem Gläubigen einen direkten Zugang zu den Geheimnissen der Religion gewährten. Der wichtigste unter ihnen war Siddhartha Gautama, der erste Buddha.

Siddhartha Gautama wurde um 563 v. Chr. als Prinz im heutigen Nepal geboren und gehörte damit der zweithöchsten Kaste an. Im Alter von 29 Jahren soll er den Palast auf der Suche nach dem Sinn von Leben, Leiden und Sterben verlassen und sechs Jahre als Asket gelebt haben. Dabei lernte er von brahmanischen Eremiten die extremsten Formen der Meditation und Askese (Yogi-Praxis). All dies befriedigte ihn jedoch nicht. Erst als er in tiefster Versenkung unter einer Pappelfeige saß, kam angeblich die Erleuchtung über ihn.

Seine Erkenntnis: Leiden entsteht aus Begierden und kann nur durch eine restlose Aufhebung jeden Begehrens beendet werden. Um das zu schaffen, dient ein „achtteiliger Pfad“: rechte Erkenntnis, rechte Gesinnung, rechtes Wort, rechte Tat, rechter Lebenserwerb, rechtes Streben, rechte Achtsamkeit, rechtes Sichversenken.

Religion ohne Götter

Siddhartha Gautama, der sich nun Buddha (der Erleuchtete) nannte, begann seine Lehre zu verbreiten. Vieles davon entsprach der hinduistischen Vorstellungswelt. Auch Buddha ging davon aus, dass der Mensch immer wiedergeboren wird und dabei die Essenz all seiner guten und schlechten Taten, das Karma, mit sich nimmt. Auch sein Ziel war die Erlösung aus diesem Kreislauf der Wiedergeburt

Buddha

Jainismus

Jainistisches Kloster in Ellora

Etwas früher als Buddha gründete Mahavira (599 – 527 v. Chr.), ein anderer indischer Prinz, den Jainismus, in dem es ebenfalls in der Macht des einzelnen Menschen steht, sich aus dem Kreislauf der Wiedergeburten zu befreien. Dafür ist jedoch ein sehr strenges Leben nötig: völlige Gewaltlosigkeit gegen alle Lebenswesen, absolute Ehrlichkeit und weitgehender (für Mönche und Nonnen absoluter) Verzicht auf Besitz und Sex. Der Jainismus blieb deshalb immer eine Minderheitenreligion, die heute etwa sechs Millionen Anhänger hat.

und ein „Verwehen" im Nirwana. Sowohl im Hinduismus wie im Buddhismus dienen Meditation und ein richtiges Leben dazu, dieses Ziel zu erreichen. Ein richtiges Leben im Hinduismus aber bedeutet, sich neben ethischen Werten den Normen seiner Kaste oder Geschlechterrolle zu fügen, die religiösen Gebote zu befolgen, die Vermittlung der Brahmanen zu suchen, um die richtigen Rituale durchzuführen und von den Gurus die richtigen Techniken der Askese und Meditation zu lernen.

Buddha dagegen lehrte, dass jeder Mensch, ungeachtet von Kaste, Geschlecht und Bildung, fähig ist, zur Erleuchtung zu gelangen. Eine Vermittlung der Priester ist dazu nicht nötig, das Vorbild spiritueller Meister allenfalls eine Hilfestellung. Was rechtes Leben ausmacht, muss der Buddhist in sich selbst finden, nicht in irgendwelchen äußeren Normen. Selbst Götter sind für diese Selbsterlösung nicht notwendig, auch wenn später diverse buddhistische Richtungen traditionelle Götter integriert bzw. Buddha vergöttlicht haben.

Ashoka

Nach Buddhas Tod um das Jahr 483 v. Chr. begannen seine Schüler seine Lehre in Indien zu verbreiten. Um 261 v. Chr. wurde der indische König Ashoka (reg. um 268 – 233 v. Chr.) Buddhist. Sein Großvater Chandragupta Maurya (reg. 321 – 298 v. Chr.) hatte zunächst das nordindische Fürstentum Magadha und später die indischen Teile des Seleukidenreiches erobert. Danach schloss er ein Bündnis mit Seleukos I. (um 358 – 281 v. Chr.). Das beinhaltete neben einem Waffenstillstand auch kulturellen Austausch, der wohl zur Einführung einer Schrift und des Geldwesens in Indien führte. Ashoka führte die Eroberungen kompromisslos weiter und regierte schließlich nahezu über das ganze heutige Pakistan und Indien mit Ausnahme des äußersten Südens. Mit der Konversion zum Buddhismus begann er eine Friedenspolitik, förderte die Verbreitung der neuen Religion in ganz Indien und schickte sogar Delegationen in die hellenischen Diadochenreiche. ■

Die Römische Republik

Der Sage nach wurde Rom im Jahr 753 v. Chr. von den halbgöttlichen Zwillingen Romulus und Remus gegründet. Tatsächlich ist die Stadt wohl etwa 200 Jahre älter. Lange Zeit stand sie unter der Oberherrschaft der Etrusker. Um 500 v. Chr. wurde der letzte König verjagt. Es entstand die Römische Republik, die Keimzelle des späteren Weltreiches.

Italien wurde um das Jahr 1000 v. Chr. von mehreren indoeuropäischen Stämmen besiedelt, darunter den Latinern, den vermutlichen Gründern Roms. Die wichtigste Rolle spielte jedoch zunächst ein nicht indoeuropäisch sprechendes Volk, dessen Herkunft im Dunkeln liegt: die Etrusker. Sie waren dank großer Erzvorkommen sehr reich und durch ihre Handelskontakte mit den Phöniziern kulturell den anderen Stämmen weit überlegen. Ab dem 8. Jh. v. Chr. dehnten sie ihre Herrschaft in Mittelitalien und den angrenzenden Meeresgebieten immer weiter aus. Um 600 v. Chr. eroberten sie auch Rom. Der Sage nach regierten sechs etruskische Könige über Rom, von denen die letzten drei tatsächlich gelebt haben. Im Jahr 509 v. Chr. (der Sage nach) – oder eventuell etwas später – stürzten die Römer den tyrannischen Tarquinius Superbus (gest. um 495 v. Chr.). Danach erwehrten sie sich, wohl mithilfe der griechischen Kolonien in Süditalien, der Etrusker.

Symbol der Stadt Rom: Die Wölfin mit Romulus und Remus

Die Anfänge der Republik

Vermutlich gab es in Rom schon zu etruskischer Zeit eine scharfe Trennung zwischen den adeligen Patriziern und dem gewöhnlichen Volk, der „Plebs“. Nach dem Sturz der Könige übernahm der Adelsrat, der Senat, die Macht. Der Legende nach wurden sofort zwei Konsuln als neue Regenten der Stadt gewählt. Wahrscheinlich dauerte es jedoch länger, bis sich die sehr komplexen politischen Strukturen der Römischen Republik etabliert hatten. Es gab jedoch zwei Grundprinzipien, die wohl

Die römische Infrastruktur

Ebenfalls ein Erbe der Etrusker waren die technischen Fähigkeiten der römischen Bauingenieure. Bereits im 6. Jh. v. Chr. entstand die Cloaca Maxima, der zentrale Abwasserkanal von Rom, 312 v. Chr. ließ der Zensor Appius Claudius die erste große Wasserleitung, die Aqua Claudia, und die erste gepflasterte Überlandstraße, die Via Appia, errichten. In der Kaiserzeit lieferten allein die Wasserleitungen der Stadt Rom täglich 150.000 Kubikmeter Trinkwasser: für die Armen über öffentliche Brunnen, für die Reichen über private Hausanschlüsse. Das römische Straßennetz umfasste etwa 85.000 Kilometern mit rund 2000 Brücken.

Via Appia

aus der unmittelbaren Konfrontation mit der Diktatur der Könige resultierten: Alle Ämter wurden nur für ein Jahr vergeben und doppelt besetzt, sodass die beiden Amtsinhaber sich gegenseitig in Schach halten konnten. Die Ämter waren nicht vergütet und blieben allein dadurch der Oberschicht vorbehalten. Gewählt wurde vom Volk, aber innerhalb von Stämmen und Centurien, die dann – wie heute bei der Präsidentenwahl in den USA – geschlossen für den Kandidaten der Mehrheit stimmten.

Außenpolitisch weitete die junge Republik ihre Macht kontinuierlich in vielen kleineren Kriegen auf die umliegenden italischen Stämme aus, denen die Römer dank der etruskischen Herrschaft technisch und kulturell weit überlegen waren.

Die Ständekämpfe

Innenpolitisch wurde die Republik immer wieder durch den Gegensatz zwischen Plebejern und Patriziern erschüttert. Zum einen forderten die Plebejer einen Zugang zu den öffentlichen Ämtern und eine rechtliche Gleichstellung mit den Patriziern, zum anderen einen Schutz vor der Schuldknechtschaft, die es erlaubte, zahlungsunfähige Gläubiger zu versklaven. Dieses Los jedoch traf viele Plebejer, da sie durch die ständigen Kriege immer wieder zum Militärdienst verpflichtet wurden und ihrer Arbeit nicht nachgehen konnten. 494 v. Chr. reagierten die Plebejer zum ersten Mal mit einem Generalstreik. Sie verließen die Stadt und legten damit das öffentliche Leben lahm. Daraufhin wurde das Amt der Volkstribune geschaffen, die gegen ungerechte Maßnahmen der patrizischen Regierung ihr Veto einlegen konnten. 445 v. Chr. wurde das Heiratsverbot zwischen beiden Klassen abgeschafft, 366 v. Chr. erzwangen die Plebejer den Zugang zum Konsulat, 326 v. Chr. die Abschaffung der Schuldknechtschaft. ■

Der Aufstieg Roms zur Großmacht

Im Jahr 264 v. Chr. beherrschte Rom nahezu den ganzen italienischen „Stiefel". Doch nun stieß die Republik mit DER Macht im westlichen Mittelmeer zusammen, der phönizischen Kolonie Karthago. Mit den Punischen Kriegen engagierte sich Rom erstmals außerhalb Italiens und mischte sich in das Spiel der damaligen Großmächte ein.

Ruinen von Karthago

Der Auslöser des ersten Punischen Krieges war ein Hilferuf der sizilianischen Stadt Messina, die sich im Konflikt mit dem mächtigeren Syrakus befand. Karthago entschloss sich, Messina beizustehen. Darauf entschied sich auch Rom zum Eingreifen, weil man den mächtigen Rivalen nicht unmittelbar vor der eigenen Haustüre agieren lassen wollte. Es begann ein Krieg, der zunächst meist indirekt ausgetragen wurde. Rom eroberte mit Karthago verbündete sizilianische Städte, während Karthago die Küstenregionen Unteritaliens plünderte. Unterdessen rüstete Rom seine bis dato klägliche Marine auf und konnte 260 v. Chr. die Karthager mit einer völlig neuen Taktik besiegen: Anstatt die Schiffe des Gegners mit einem Rammsporn zu versenken, stürmte man sie über Enterbrücken. In der Folge gewannen die Römer mehrere Schlachten, scheiterten aber mit einem Überfall auf Karthago selbst. Nach sehr verlustreichen Kriegsjahren konnte Rom Karthago im Jahr 241 v. Chr. mit letzten Kräften in einer Seeschlacht besiegen und ging danach auf das Friedensangebot des Gegners ein.

Mit Elefanten über die Alpen

Im Jahr 218 v. Chr. brachen die Römer – über die Gründe müssen die Historiker spekulieren – einen zweiten Krieg gegen Karthago vom Zaun. Sie behaupteten, die von den Karthagern eroberte spanische Stadt Sagunt habe unter römischem Schutz gestanden, drohten eine Vergeltungsaktion an und forderten die Auslieferung des verantwortlichen Feldherrn Hannibal (um 247–183 v. Chr.). Der antwortete mit dem Coup, der ihn berühmt gemacht hat. Anstatt den Angriff der Römer abzuwarten, zog er mit seinem Heer nach Frankreich, überquerte mit schätzungsweise 38.000 Soldaten und 37 Kriegselefanten die Alpen und griff Rom an. Dabei suchte er Bündnisse mit italienischen Stämmen und brachte Rom mehrere Niederlagen bei, vor allem 216 v. Chr. bei Cannae, wo rund 50.000 römische Soldaten fielen. Für einen Angriff auf Rom waren die Karthager aber zu schwach. Die folgenden 13 Jahre blieb Hannibal in Italien, bemühte sich um Bundesgenossen und lieferte sich immer wieder Gefechte mit Rom.

Hannibal

Entscheidung in Afrika

206 v. Chr. entschloss sich der römische Feldherr Scipio Africanus Major (236–183 v. Chr.) zu einer Invasion in Afrika. Zusammen mit numidischen Verbündeten brachte er Karthago derart in Bedrängnis, dass Hannibal aus Italien zurückgerufen wurde. Trotzdem gelang Scipio 202 v. Chr. bei Zama der entscheidende Sieg. Karthago musste seine außenpolitische Souveränität aufgeben. Doch bei den Römern saß das Trauma „Hannibal" tief. So soll der Politiker Cato (234–149 v. Chr.) am Ende jeder seiner Reden gefordert haben, dass Karthago zerstört werden müsse. Als sich die Karthager 150 v. Chr. gegen Plünderungen der Numidier zur Wehr setzten, wertete Rom dies als Vertragsverletzung, belagerte Karthago drei Jahre lang und zerstörte es 146 v. Chr. restlos.

Intervention in Griechenland

Bereits nach dem Sieg bei Zama wurde Rom aber auch in Griechenland aktiv. Aus einer Strafaktion gegen illyrische Piraten entwickelte sich über die Jahre ein Konflikt mit Makedonien. Immer öfter griff Rom aufseiten der anderen griechischen Staaten in interne Konflikte ein. 168 v. Chr. wurde Makedonien endgültig besiegt, 146 v. Chr. auch das restliche Griechenland, das bis dato unter dem „Schutz" Roms gestanden hatte, zur Provinz gemacht. Damit war Rom zur beherrschenden Macht im ganzen Mittelmeerraum geworden. ■

Archimedes

Ein Opfer der Punischen Kriege wurde der berühmte Wissenschaftler Archimedes (um 287–212 v. Chr.). Seine Heimatstadt Syrakus wurde zum Spielball zwischen Rom und Karthago. In Zweiten Punischen Krieg entschied sich Syrakus für die Seite Karthagos. Dank der Katapulte des Archimedes konnte es den Römern drei Jahre lang standhalten. Bei der Einnahme wurde der geniale Erfinder dann von einem römischen Soldaten erschlagen.

Der römische Bürgerkrieg

Außenpolitisch stand Rom im Jahr 133 v. Chr. glänzend da, innenpolitisch brodelte es. Was als sozialer Konflikt zwischen Oberschicht und Volk begann, wurde im Laufe der Zeit zu einer Auseinandersetzung zwischen mächtigen Heerführern, denen es nur noch um ihre persönlichen Interessen ging.

Kulturell und wirtschaftlich brachten die römischen Eroberungen des 2. Jh. v. Chr. einen enormen Aufschwung für die Republik. Aus dem eroberten Griechenland gelangten nicht nur Beutestücke, sondern auch Fachkräfte wie Lehrer, Künstler und Wissenschaftler nach Rom. Der alte Adel und auch viele Neureiche, z. B. Heereslieferanten, wurden mit riesigen, von Sklaven bewirtschafteten Landgütern reich. Die Kleinbauern und die städtische Mittelschicht waren dagegen weiterhin zum Militärdienst gezwungen. Wer zu arm war, sich eine Ausrüstung zu kaufen, blieb zwar verschont, sah sich aber auf dem Arbeitsmarkt der Konkurrenz der vielen billigen Sklaven aus den eroberten Gebieten ausgesetzt.

Die Reformen der Gracchen

Im Jahr 133 v. Chr. versuchte der Volkstribun Tiberius Sempronius Gracchus (162–133 v. Chr.) eine Bodenreform zugunsten der Kleinbauern und des städtischen Proletariats durchzusetzen. Hinter Gracchus, der selbst aus einer adeligen Familie stammte, standen weitere Politiker, die den Reformbedarf erkannten, die Popularen. Ihre Gegner, die keine Veränderungen wollten, vor allem nicht zugunsten des Volkes, nannten sich Optimaten. Als Tiberius Gracchus sich – gegen das Gesetz – als Volkstribun wiederwählen lassen wollte, hetzten die Optimaten ihre Anhänger gegen ihn auf und Gracchus und 300 seiner Anhänger wurden erschlagen. Zwölf Jahre später wiederholte sich das Ganze: Diesmal starben Gracchus' jüngerer Bruder Gaius (153–121 v. Chr.) und rund 3000 Popularen.

Gaius Marius

Gaius Marius

Die Wende kam mit Gaius Marius (156–86 v. Chr.). Dieser wurde durch Siege über den

Numidierkönig Jugurtha und die germanischen Kimbern und Teutonen so populär, dass er siebenmal zum Konsul gewählt wurde und Reformen im Sinn der Popularen durchführen konnte. Dazu gehörte vor allem die Umwandlung des römischen Heeres in eine Berufsarmee. Das Heer stand nun auch den Armen offen. Veteranen wurden mit Landschenkungen finanziell abgesichert. Im Jahr 88 v. Chr. schlugen die Optimaten zurück. Der zum Konsul gewählte Lucius Cornelius Sulla (um 138–78 v. Chr.) marschierte mit einer Armee in Rom ein und verjagte seine politischen Gegner.

Sulla

Zwei Jahre später konnte er zusammen mit Pompeius dem Großen (106–48 v. Chr.) eine Diktatur errichten. Dabei zeigte sich auch eine Schwäche von Marius' Heeresreform: Da über die Altersversorgung der Soldaten der Heerführer entschied, konnten diese „ihre“ Truppen als eine Art Privatarmee benutzen und taten das in den kommenden Auseinandersetzungen auch kräftig.

Der Kampf der Mächtigen

Nachdem Sulla die Anführer der Popularen hatte ermorden lassen und seine politischen Ziele wie die Einschränkung der Macht der Volkstribunen erreicht hatte, trat er 79 v. Chr. zurück. In dieses Machtvakuum stießen zwei Militärführer: Crassus (um 115–3 v. Chr.) und Pompeius der Große. Sie nutzten ihre Verdienste – Crassus hatte Spartakus besiegt, Pompeius die Seeräuber, König Mithridates von Pontos und den letzten Seleukiden – und die Macht ihrer Armeen, um sich auch politisch durchzusetzen. Als der Senat sich im Jahr 60 v. Chr. weigerte, Pompeius Veteranen mit Land zu versorgen, schlossen der und Crassus mit einem Aufsteiger aus dem Lager der Popularen ein Triumvirat: ein Bündnis, das verhindern sollte, dass der Senat irgendwelche Beschlüsse fällte, die ihnen nicht passten. Der dritte Mann war Gaius Julius Caesar.

Pompeius

Spartakus

Die innenpolitischen Probleme der späten Römischen Republik führten auch zu mehreren Rebellionen der Sklaven. Die ersten beiden größeren Sklavenkriege brachen 136 und 103 v. Chr. auf Sizilien aus. Der thrakische Gladiator Spartakus aber, der im Jahr 73 v. Chr. mit 70 Gefährten aus der Gladiatorenschule von Capua ausbrach, bedrohte Rom. Mit einem zeitweise auf 100.000 Mann angewachsenen Heer brachte er Rom zahlreiche Niederlagen bei, bevor ihn Crassus im Jahr 71 v. Chr. besiegen konnte.

Caesar und Augustus

Die Römische Republik wurde nie offiziell abgeschafft. Doch Caesar und nach ihm sein Großneffe Augustus nötigten den Senat durch ihre Macht, ihnen die Befugnisse eines Alleinherrschers zu übertragen. Spätestens im Jahr 27 v. Chr. war Rom damit de facto zur Monarchie geworden. Allerdings herrschte auch wieder innerer Frieden.

Gaius Julius Caesar (100–44 v. Chr.) war ein angeheirateter Großneffe des Marius. Während der Diktatur des Sulla verließ er Rom und machte in Asien Militärkarriere. Im Jahr 73 v. Chr. kehrte er zurück und begann seine politische Laufbahn. 13 Jahre später erschien er den beiden mächtigen Männern Roms, Crassus und Pompeius, ein geeigneter Bündnispartner. Mit ihrem Einfluss und Geld sorgten sie dafür, dass er zum Konsul gewählt wurde und danach für ungewöhnlich lange Zeit, nämlich für zehn Jahre, zum Statthalter (Prokonsul) von Illyrien und Gallien, das er vollständig eroberte – eine Leistung, die er in seinem Buch *De bello gallico* ausführlich und literarisch gekonnt dokumentierte. Allerdings verlor er die Unterstützung von Pompeius, dem er zur mächtig geworden war.

Gaius Julius Caesar

Die Überquerung des Rubikon

Aus Angst, in Rom politisch ausgebootet zu werden, entschloss sich Caesar im Jahr 49 v. Chr. zum Staatsstreich. Er überschritt mit seinen Truppen den Fluss Rubikon, was verboten war, und marschierte auf Rom zu. Pompeius und viele seiner Parteigänger flohen. Caesar wurde zum Konsul gewählt. In mehreren Feldzügen besiegte er Pompeius, dessen Söhne und Truppen des römischen Senats. Da diese Truppen nicht in Rom standen, fanden die Schlachten um die Macht in Rom in den verschiedensten Provinzen des Reiches statt. Im Jahr 46 v. Chr. ließ sich Caesar vom Senat zum Diktator ernennen. Er startete ein Reformprogramm, dessen bekanntester Teil die Einführung des julianischen Kalenders ist, der den alten Mondkalender ablöste. Am 15. März 44 v. Chr. wurde er dann von einer Gruppe Verschwörer, die ihn beschuldigten das Königtum anzustreben, ermordet.

Marcus Antonius

Die Verschwörer hatten eigentlich damit gerechnet, als Retter der Republik gefeiert zu werden. Doch Caesars Parteigänger Marcus Antonius (um 83–30 v. Chr.), der damals Konsul war, gelang es, die Volksmassen aufzuwiegeln, sodass die Mörder aus der Stadt flohen. Andere Gegner Caesars wie der Redner Cicero (106–43 v. Chr.) wurden umgebracht. Seine neue Macht musste Antonius jedoch notgedrungen mit Caesars Neffen Octavian (63 v. Chr.–14 n. Chr.) teilen, der sich auf die Veteranen seines Onkels stützte. Im Jahr 42 v. Chr. konnten beide die Verschwörer bei Philippi in Makedonien militärisch schlagen. In der Folge herrschte Antonius über den Ostteil des römischen Reiches, Octavian über den Westen. Im Jahr 31 v. Chr. zerbrach die Allianz der beiden. Octavian nutzte Antonius skandalöse Affäre mit Königin Kleopatra und eroberte Ägypten, worauf das berühmte Liebespaar Selbstmord beging.

Kleopatra

Kleopatra

Caesar lernte die attraktive und kluge Herrscherin Ägyptens kennen, als er im Jahr 48 v. Chr. Pompeius verfolgte. Seine Liebschaft mit ihr war ein deftiger Skandal, hatte aber politisch keine große Bedeutung. Für Antonius jedoch bedeutete Kleopatra den Ruin. Da er ihre Kinder zu Königen römischer Provinzen krönte, konnte Octavian ihm Landesverrat vorwerfen.

Der Alleinherrscher

Damit war Octavian im Jahr 30 v. Chr. de facto Alleinherrscher in Rom. Tatsächlich rief er ein feierliches Ende des Bürgerkriegs aus und füllte den gelichteten Senat mit verdienstvollen Leuten seiner Wahl. Diese verliehen ihm dafür im Jahr 27 v. Chr. den Ehrentitel Augustus („der Erhabene"), übertrugen ihm auch formell die Macht über das Militär, die er längst besaß, und gewährten ihm auf Lebenszeit eines der beiden Konsulämter, die Macht des Volkstribunen und das Amt des Pontifex Maximus (Oberpriester). Innerer Frieden, außenpolitische Erfolge und eine kulturelle Blüte im „Augusteischen Zeitalter" ließen anfängliche Widerstände schwinden. Im Jahr 13 übertrug Augustus alle seine Befugnisse auch auf seinen Stiefsohn Tiberius (42 v. Chr.–37 n. Chr.), ohne dass es zu Protesten kam. Damit war Rom de facto zur Erbmonarchie geworden. ■

Die Anfänge des Christentums

Die vier Evangelien berichten ausführlich über das Leben von Jesus von Nazareth. In anderen zeitgenössischen Werken kommt er gar nicht oder nur als Randnotiz vor. Trotzdem geht die Mehrheit der Historiker davon aus, dass Jesus eine historische Person war. Allerdings waren weder Wanderprediger noch gekreuzigte Aufrührer im damaligen Israel eine Seltenheit. Doch kein anderer hatte ein solches Nachleben.

Jesus Christus, Mosaik

Obwohl sich die Zeitrechnung am Geburtsjahr von Jesus orientiert, wurde er vermutlich schon einige Jahre vor dem Jahr 0 geboren. Er wuchs in Galiläa in einfachen Verhältnissen auf, besuchte aber wohl – wie seine spätere Argumentationsweise nahelegt – eine Toraschule. Um das Jahr 28 begann er als Wanderprediger umherzuziehen, zunächst nur in seiner Heimatregion rund um den See Genezareth. Er rief zu einem ethisch einwandfreien Leben, Armut, Gewaltlosigkeit und radikaler Nächstenliebe auf, die selbst vor den eigenen Feinden nicht haltmacht. All das begründete er damit, dass Gott die Menschen „am Ende der Zeit" nach ihren Taten zu ewigem Leben oder ewiger Verdammnis verurteile. Er selbst bezeichnete sich meist als „Menschensohn", nannte Gott oft seinen Vater und sagte, der Weg zu Gott führe über ihn. Die Evangelien berichten auch von mehreren Wundern, vor allem Krankenheilungen. Ähnliches wird in jüdischen Quellen auch über andere Prediger aus dieser Zeit erzählt, z. B. über einen gewissen Rabbi Hillel.

Tod am Kreuz

Im Jahr 30 oder etwas später zog Jesus mit seinen Anhängern nach Jerusalem in Judäa und predigte dort. Judäa galt damals als unruhigste römische Provinz und wurde seit dem Jahr 6 nicht mehr durch einheimische Könige von Roms Gnaden wie Herodes (um 74–4 v. Chr.), sondern direkt durch römische Statthalter regiert. Es gab diverse politische Bewegungen gegen diese Besatzung, die auch in der Bibel erwähnt werden, wie die Zeloten. Laut den Evangelien wurde Jesus zunächst auf Betreiben des jüdischen Establishments (Hohepriester und Hoher Rat) gefangen genommen, möglicherweise wegen einer Vertreibung der Händler aus dem Tempel. Da die Evangelien in diesem Punkt aber widersprüchlich und möglicherweise historisch nicht korrekt sind, lässt sich über die genaue Rolle des Hohen Rates nichts Verlässliches sagen. Verurteilt und als Aufrührer gekreuzigt wurde Jesus von Pontius Pilatus, der von 26 bis 36 römischer Statthalter von Judäa war und von dem Historiker Philon von Alexandria (um 15 v. Chr.–um 40 n. Chr.) als sehr grausamer Regent beschrieben wird.

Kreuzigung Jesu

Paulus

Unter den Anhängern von Jesus verbreitete sich sehr schnell die Überzeugung, er sei von den Toten auferstanden. Sie begannen im jüdischen Gebiet, aber auch in Syrien (Damaskus) zu missionieren, was teilweise zur Verfolgung durch die Juden führte. Einer der Verfolger war Paulus (Saul) von Tarsus, der jedoch um das Jahr 33 durch ein persönliches Bekehrungserlebnis zum eifrigsten Missionar des neuen Glaubens wurde. Er wirkte zunächst in Syrien und Kilikien (Südtürkei) und etwa ab 46 v. Chr. in Kleinasien, Griechenland und Zypern. Dort gründete er vor allem in den großen Handelsstädten wie Korinth, Ephesos und Thessaloniki Gemeinden, die er so lange betreute, bis sie auf eigenen Füßen stehen konnten. Kontakt hielt er in Missionsbriefen, in denen er auch begann – als Interpret der Lehre Jesu – eine christliche Theologie zu entwickeln. Um das Jahr 60 reiste er nach Rom, wo es spätestens seit 49 eine Gemeinde gab. Der Überlieferung nach wurde er im Jahr 64, während der ersten großen Christenverfolgung unter Kaiser Nero (reg. 54–68) hingerichtet. Eine weitere große Verfolgung gab es unter Kaiser Domitian (reg. 81– 96). ■

Die Evangelien

Die meisten Wissenschaftler sind der Meinung, dass die vier Evangelien erst nach dem jüdischen Aufstand und der anschließenden Zerstörung des Tempels durch die Römer im Jahr 70 geschrieben wurden. Eine kritische Prüfung der Texte deutet auch darauf hin, dass keiner der Verfasser Jesus noch persönlich gekannt hat, auch wenn die christliche Tradition die Apostel Matthäus und Johannes als Evangelisten ansieht. Die ältesten Texte des Neuen Testaments sind die Paulus-Briefe.

Das römische Kaiserreich

Tiberius

Nach der Blütezeit unter Augustus erlebte das römische Volk unter seinen unmittelbaren Nachfolgern Skandale, Angst und Schrecken: Tiberius und Claudius waren schwache Persönlichkeiten, Caligula und Nero geisteskranke Tyrannen. Doch das römische Kaiserreich erwies sich jahrhundertelang als stabil genug, derartige „Cäsaren" zu überstehen.

Augustus' Stiefsohn Tiberius (reg. 14–37) litt zwar unter Verfolgungswahn und scheiterte an der Eroberung Germaniens (Schlacht im Teutoburger Wald), konnte aber außenpolitisch den Status quo halten und erwies sich innenpolitisch als kluger und sparsamer Verwalter. Der verschwenderische und sadistische Caligula (reg. 37–41) wurde relativ schnell von seiner Leibgarde beseitigt.

Caligula

Claudius (reg. 41–54) war trotz aller persönlichen Unzulänglichkeiten politisch fähig und konnte das Reich um England, Thrakien, Mauretanien und Noricum erweitern. Während Neros Herrschaft (reg. 54–68) konnte sein Feldherr Vespasian mehrere Aufstände niederschlagen. Nach Neros Vertreibung aus Rom (durch Senat und Leibwache) und dessen anschließendem Selbstmord wurde der bodenständige und unbestechliche Vespasian (reg. 68–69) selbst Kaiser. Er reorganisierte das Heer, führte innenpolitische Reformen durch, sicherte die Provinzen und brachte den maroden Staatshaushalt durch strenge Sparpolitik wieder ins Lot. Dabei gelang es ihm, noch mehr Kompetenzen an sich zu binden als seine Vorgänger.

Die Adoptivkaiser

Mit dem Spanier Trajan (reg. 98–117) kam der erste Kaiser aus einer römischen Provinz an die Macht. Er wurde durch einen sehr respektvollen Umgang mit dem Senat und einen feierlichen Eid auf die Römische Republik (die pro forma noch immer bestand) populär, aber auch durch eine rege Bautätigkeit in Rom, von der jedoch nur die Trajanssäule und der

Trajansmarkt, eine antike Shopping-Mall, erhalten sind. Vor allem aber war er ein fähiger General und eroberte Armenien, Mesopotamien und das Dakerreich an der unteren Donau. Damit erlangte das römische Imperium seine größte Ausdehnung. Sein adoptierter Nachfolger Hadrian (reg. 117–138) gab Teile Mesopotamiens wieder auf, da er ihre Verteidigung als zu aufwendig einschätzte. In seine Regierungszeit fallen auch die brutale Niederschlagung des Bar-Kochbar-Aufstandes in Judäa und die anschließende Vernichtung des israelischen Judentums. Unter dem Stoiker Mark Aurel („Philosophenkaiser", reg. 161–180) kam es zu mehreren schweren Angriffen auf einzelne Provinzen des Reiches: 161–166 durch die Parther im Osten, 167–180 durch die germanischen Stämme der Markomannen und Quaden sowie die iranischen Sarmaten an der mittleren Donau.

Die Cäsaren

Augustus, Tiberius und Caligula trugen als Verwandte Caesars dessen Namen. Unter Claudius wurde „Cäsar" dann zum Herrschertitel. Obwohl sich aber sowohl der deutsche Kaiser wie der russische Zar davon ableiten, war „Augustus", nicht „Cäsar" der wichtigste Ehrentitel der römischen Kaiser. In der späten Kaiserzeit bürgerte es sich sogar ein, nicht die amtierenden Herrscher, sondern ihre designierten Nachfolger als Cäsaren zu bezeichnen.

Diese Probleme blieben unter seinem Nachfolger bestehen, dazu kamen die Schreckensherrschaften unter seinem Sohn Commodus (reg. 180–192) und unter Caracalla (reg. 211–217).

Mark Aurel

Das Reich in der Krise

In den Jahren 235–285 wurde das Römische Reich dann von den sogenannten Soldatenkaisern regiert, die von Truppenteilen als neue Herrscher ausgerufen wurden. Teilweise gab es mehrere nebeneinander. Zudem wurde es immer schwieriger, die Provinzen des Imperiums zu sichern. Zu schaffen machten dem Reich vor allem Überfälle der germanischen Stämme und der Parther im Osten. Die Aufwendungen für das Militär begannen die Erträge der Provinzen zu übersteigen und führten zur Inflation. Diokletian (reg. 284–305) stellte erstmals für das wirtschaftlich inzwischen völlig marode Reich einen Staatshaushalt auf, erfand zahlreiche Sondersteuern und führte ein Höchstpreisedikt ein, das im gesamten Reich Warenpreise und Löhne unter Androhung der Todesstrafe genau festschrieb. Allerdings kam es danach zu einem Boom der Schwarzarbeit. Erfolgreicher waren Diokletians Heeres- und Verwaltungsreform. ■

Der Zerfall des römischen Imperiums

Unter Konstantin I., dem Nachfolger des Diokletian, erlebte das Römische Reich noch einmal eine kurze Blütezeit, bevor der Mehrfrontenkrieg gegen die Germanen an Rhein und Donau, die Perser im Osten und im Inneren gegen die zahlreichen Usurpatoren, die die Macht an sich reißen wollten, die jeweiligen Kaiser mehr und mehr überforderte. 395 zerfiel das Reich endgültig in einen Ost- und einen Westteil.

Zu den weniger geglückten Reformen des Diokletian gehörte die Tetrarchie (Vierkaiserherrschaft). Sie sah vor, dass gleichzeitig ein Kaiser über den Ostteil und einer über den Westteil herrschten, die jeweils einen designierten Nachfolger, einen Cäsaren, an ihrer Seite hatten. Konstantin der Große (um 280–377) wurde von den Truppen seines Vaters Constantius Chlorus (um 250–306) als dessen Nachfolger ausgerufen. Die drei übrigen Kaiser akzeptierten das. Nach dem Tod des einen (Galerius, um 250–311) verbündete sich Konstantin mit dem anderen (Licinius, um 265–325) gegen den dritten (Maximus Daia, gest. 313). Dann bekämpfte er Maxentius (um 278–312), der ebenso wie er von seinen Truppen zum Kaiser gemacht worden war. Der Sieg über ihn an der Milvischen Brücke war es angeblich, der Konstantin für das Christentum gewann. Er herrschte danach über den Westteil des Reiches, Licinius über den Osten. Doch schon 314 begannen Auseinandersetzungen, die 324 mit dem Tod des Licinius endeten. Konstantin gelang es, die Reichsgrenzen zu sichern und die Reformen des Diokletian (um 240–um 315) zu vollenden.

Konstantin I.

Das Christentum

Konstantins folgenreichste Tat aber war, dass er das bis dato verfolgte Christentum im Jahr 313 mit dem Mailänder Toleranzedikt legalisierte. Ob er selbst Christ geworden ist, ist nicht sicher, doch er förderte das Christentum deutlich mehr als andere Religionen. Unter seinen Nachfolgern wurde das Reich dann endgültig christlich, nur sein Neffe Julian Apostata („der Abtrünnige“, 332–363) versuchte

Konstantinopel

Im Jahr 324 beschloss Konstantin der Große, aus dem strategisch günstig gelegenen Städtchen Byzantion eine neue Hauptstadt zu machen. In nur sechs Jahren wurde das „Nova Roma", das neue Rom, aus dem Boden gestampft. Erst nach seinem Tod nannte man die Stadt Konstantinopel (Stadt des Konstantin).

Byzantion, einst Konstantinopel, heute Istanbul

noch einmal, eine neohellenistische, stark philosophisch geprägte Religion zu etablieren. 391 machte Kaiser Theodosius das Christentum dann zur alleinigen Staatsreligion. Heidnische Kulte wie z. B. die Olympischen Spiele wurden verboten.

Der Weg zur Teilung

Aus den Thronstreitigkeiten nach Konstantins Tod ging sein Sohn Constantius II. (317–362) als Sieger hervor. Der ständige Mehrfrontenkrieg um die Sicherung der Grenzen und die Bewahrung der Macht führte dazu, dass er den Westen vernachlässigte, was Franken und Alemannen ausgedehnte Beutezüge in Gallien ermöglichte. Sein tatkräftiger Nachfolger Julian Apostata konnte einige Krisenherde eindämmen. 363 jedoch unternahm der sonst sehr kluge Julian eine schlecht vorbereitete Großoffensive gegen die Perser (Parther), die ihm das Leben kostete. In der Folge wurde das Reich wieder von mehreren Kaisern gleichzeitig regiert, um der Bedrohung an allen Fronten Herr zu werden. Doch die einsetzende Völkerwanderung verschärfte die Probleme. Kaiser Valens (328–378) wurde von den Goten in der Schlacht bei Adrianopel (Edirne) getötet, Kaiser Gratian (359–383) während eines Aufstandes in Lyon ermordet und sein Bruder Valentian II. (371–392) von seinem fränkischen Heermeister Arbogast (gest. 394) politisch entmündigt. Der letzte Kaiser, der sich noch einmal halbwegs durchsetzen konnte, war Theodosius I. (347–395). Ihm gelang es, die an der Donau eingefallenen Goten zu Bundesgenossen zu machen, sich mit den Persern auf eine Teilung Armeniens zu einigen, die Revolten des Arbogast und des britischen Heerführers Magnus Maximus (um 335–388) niederzuwerfen und die innenpolitischen Strukturen wieder etwas zu stabilisieren. Als er starb, übergab er die Macht an seine Söhne Arcadius und Honorius, die bereits seine Mitregenten waren. Es war damals ein normaler Vorgang, im Rückblick aber das Ende des römischen Kaiserreiches. ■

Die Völkerwanderung

Ende des 4. Jh. löste der Einfall der Hunnen in Europa eine Fluchtbewegung germanischer Stämme aus, die als Völkerwanderung bezeichnet wird. Auf der Suche nach neuen Siedlungsgebieten erschütterten sie das geschwächte Römische Reich und machten ihm im Westen tatsächlich ein Ende.

Bereits früher hatte es – wohl aufgrund von Klimaverschlechterungen – größere Wanderbewegungen in Europa gegeben. Besonders um 500 v. Chr. war es zu entscheidenden Veränderungen gekommen. Die germanische Kultur breitete sich von Skandinavien und Norddeutschland nach Mitteleuropa aus und verdrängte dort die keltische, die aber plötzlich in ganz Westeuropa von Spanien bis zu den Britischen Inseln, entlang der Donau und im Zentrum Anatoliens (Galatien) zu finden war. Die Illyrer, früher zwischen Polen und Ungarn ansässig, breiteten sich an der Adriaküste zwischen Venedig und Albanien aus. Allerdings weiß man weder, wie viele Menschen damals tatsächlich auf Wanderschaft gingen, noch, ob sich die neuen Kulturen friedlich durchgesetzt hatten oder aufgezwungen worden waren. Vor allem in Westeuropa übernahmen wohl Völker die hoch entwickelte keltische Kultur, ohne dass sich deswegen in nennenswertem Umfang Kelten bei ihnen angesiedelt hätten.

Völkerwanderung nach dem Einfall der Hunnen

Die Hunnen

Im 2. Jh. führte ein Zug der Goten vom Weichselraum an die Schwarzmeerküste zu Überfällen der verdrängten Langobarden und Markomannen auf römische Provinzen entlang der Donau. Danach wurde es an Rhein und Donau eigentlich nie wieder ruhig. Im Jahr 375 kam aber ein neuer Faktor dazu. Die Goten wurden von hunnischen Reiterhorden überfallen, deren Pfeilhagel aus vollem Galopp sie nichts entgegenzusetzen hatten. Ein Teil floh, ein anderer unterwarf sich. Sehr viel weiß man über die Invasoren auch heute noch nicht: Sie waren Reiterhirten aus den zentralasiatischen Steppen, wahrscheinlich mehrere Völker, die sich unter turksprachigen Führern zusammengeschlossen hatten. Möglicherweise flohen auch sie vor Klimaverschlechterungen und einer Verknappung des Weidelandes. Ihr König Attila (gest. 453) unterwarf ein Reich, das vom Kaspischen Meer bis etwa auf die Höhe von Magdeburg und Regensburg reichte. Nach Attilas Tod jedoch zerfiel es innerhalb von zehn Jahren.

Neue Reiche

Die germanischen Völker, die vor dem Druck der Hunnen nach Süden auswichen, stießen auf ein schwaches Römisches Reich. Sowohl Kaiser Arcadius (um 377–408) im Osten als auch sein Bruder Honorius (384–423) im Westen versuchten, die Germanen zu Verbündeten zu machen und sich ihrer militärisch zu bedienen. Im Osten gelang dies teilweise, im Westen nicht. Dabei hatte Kaiser Honorius zunächst Glück. Sein Heermeister Stilicho (um 365–408), halb Römer, halb Vandale, besiegte den Heerführer Ostroms, den Westgoten Alarich (um 370–410). Doch Honorius misstraute Stilicho und ließ ihn und Tausende germanische Söldner samt ihren Familien umbringen. Daraufhin eroberte Alarich Rom. Anschließend ließen sich die Westgoten jedoch von Honorius anwerben, einen Usurpator in Gallien zu besiegen. Als aber versprochene Verpflegung ausblieb, fielen sie über die Vandalen her, die inzwischen in Spanien lebten. 418 gründeten sie in Südfrankreich und Spanien ein eigenes Reich. Die Vandalen wichen nach Nordafrika aus, ließen sich dort nieder und plünderten 455 ihrerseits Rom.

Hunnenkönig Attila

Dort rebellierten 476 die germanischen Söldner unter ihrem Führer Odoaker (um 433–493) und setzten den letzten weströmischen Kaiser Romulus Augustulus (um 460–511) ab. Der oströmische Kaiser Zenon (reg. 474–491) erkannte Odoaker zuerst als seinen Statthalter im Westen an, schickte aber 488 seinen gotischen Heerführer Theoderich (um 451–526) nach Italien. Dieser besiegte Odoaker und gründete – ohne sich um Zenon zu kümmern – das Ostgotenreich mit Ravenna als Hauptstadt. ■

Das Nibelungenlied

Das berühmte Nibelungenlied spielt in der Zeit der Völkerwanderung. Attila taucht dort als König Etzel auf. Wie sein literarisches Vorbild residierte er an der Donau, herrschte über die Ostgermanen und war mit einer Germanin (Ildiko) verheiratet. Auch den Burgundenkönig Gunther gab es. Er fiel 435 in die römische Provinz Belgica ein und wurde zur Strafe von Rom mithilfe hunnischer Verbündeter vernichtet.

Das Reich von Byzanz

Byzanz – nach dem alten Namen seiner Hauptstadt Konstantinopel – nennt man heute das oströmische Reich nach der Teilung von 395 bis zu seiner Eroberung durch die Türken im Jahr 1453. Die Kaiser von Byzanz verstanden sich jedoch als römische Kaiser. Und zwar nicht als oströmische, sondern als DIE römischen Kaiser. Doch kulturell und politisch entfernten sie sich immer mehr von Westeuropa.

Auch das oströmische Reich wurde durch die Völkerwanderung in Mitleidenschaft gezogen. Der Westgotenkönig Alarich (um 370 –410) beispielsweise diente unter Kaiser Theodosius als brauchbarer Heerführer. Nach dessen Tod sah er sich aber ungerecht behandelt, betrachtete das Bündnis als hinfällig und verwüstete Griechenland. Doch anstatt gegen ihn vorzugehen, besänftigte ihn die oströmische Regierung mit Siedlungsland in Illyrien und einem neuen Feldherrenposten. Außerdem gelang es Kaiser Theodosius II. (reg. 408–450), einen Frieden mit den persischen Sassaniden zu schließen, der 60 Jahre lang hielt. Im Gegensatz zum Westreich hatte Ostrom während der Völkerwanderungszeit einige starke, politisch fähige Kaiser wie Markian (reg. 450–457), Zenon (reg. 474–491) und Anastasios (reg. 491–518), der durch Verwaltungs- und Finanzreformen die Staatseinnahmen in ungeahnte Höhen trieb.

Kaiser Justinian I.

Justinian I.

Nach dem Tod des Anastasios setzte sich ein thrakischer Feldherr einfacher Herkunft als Kaiser durch: Justin I. (reg. 518–527). Bereits während seiner Amtszeit hatte sein gebildeter Neffe, der spätere Kaiser Justinian (reg. 527–565) großen Einfluss. Justinian I. war ein ungeheuer tatkräftiger Mensch. Innenpolitisch machte er sich vor allem um das Rechtswesen verdient. Der *Codex Iustinianus*, den er erstellen ließ, eine Sammlung römischer Rechtsgrundsätze und eigener Erlasse, hatte noch bis in die Renaissance hinein Bedeutung. Daneben

Die Mosaiken von Ravenna

Die meisten der berühmten byzantinischen Goldmosaiken in Ravenna entstanden, als die Stadt ostgotisch war. Theoderich ließ sich zwar von den Byzantinern politisch nichts sagen, schätzte aber ihre Kunst. Die Kirche San Vitale, in der sich sehr bekannte Darstellungen von Justinian und seiner Gattin Theodora befinden, wurde jedoch erst nach der Eroberung gebaut.

Theodora, Mosaik in der Kirche San Vitale

zentralisierte er die Verwaltung und schaffte endgültig Relikte römischer Zeit wie das Amt des Konsuls ab. Sehr aktiv mischte er sich auch in die Religionspolitik ein und ging sowohl gegen Heiden wie unliebsame christliche Strömungen (z.B. Arianer) rigoros vor. Als Herrscher von Gottes Gnaden betrachtet er sich selbst und nicht etwa den Papst als oberste kirchliche Autorität.

Kampf um Rom

Außenpolitisch war Justinian I. bestrebt, das römische Gesamtreich wieder herzustellen. 533 eroberte er das Vandalenreich in Afrika, 552 Teile des westgotischen Reiches in Südspanien. Am bekanntesten aber ist seine Eroberung des Ostgotenreiches, gerne als „Kampf um Rom" bezeichnet. König Theoderich dem Großen (reg. 489–526) war es gelungen, eine friedliche Koexistenz zwischen Goten und Römern zu erreichen und die Errungenschaften der römischen Zivilisation zu erhalten. Der Kurs seiner Tochter Amalasuntha (gest. 535), nach seinem Tod Regentin für ihren zehnjährigen Sohn Athalrich (526–534), war vielen gotischen Adeligen zu römisch. Die Ermordung Amalasunthas gab Justinian einen willkommenen Anlass, militärisch einzugreifen. Der Krieg gegen die Goten zog sich jedoch bis 552 hin, war äußerst grausam und verwüstete ganz Italien. Auch die letzten Reste römischer Kultur wurden vernichtet. Kurz nach Justinians Tod nahmen die Langobarden Oberitalien ein. Außerdem musste Byzanz den persischen Sassaniden Tribute zahlen, um die Ostgrenze des Reiches zu sichern.

Der Niedergang beginnt

Die Kriege des Justinian, aber auch seine Bauwut, deren glänzendes Zeugnis die Hagia Sophia ist, bescherten seinen Nachfolgern leere Kassen. Sie mussten ständige Einfälle slawischer Stämme auf dem Balkan hinnehmen und verloren die östlichen Provinzen des Reiches an die Perser. Zwar konnte Kaiser Herakleios (reg. 610–641) die Sassaniden schlagen und verlorenes Gebiet zurückerobern, danach aber waren sowohl Byzanz wie die Perser so geschwächt, dass sie zur Beute der Araber wurden. ■

Der Balkan

Eine der Regionen, die am stärksten von Hunnensturm und Völkerwanderung betroffen waren, war das südliche Osteuropa. Doch auch nach den Hunnen kamen weitere Völker aus dem Osten, die für ständige Unruhe in der Region sorgten. Später kämpften die neu entstandenen Balkanreiche um ihre Unabhängigkeit von Ungarn und Byzanz, aber rivalisierten auch untereinander.

Thrakien

In der Antike war der Balkan von indoeuropäischen Stämmen bewohnt, vor allem von Thrakern, und Illyrern. Die Thraker hatten kulturelle Gemeinsamkeiten mit den griechischen Stämmen. Zeitweise bildeten sich auch größere Reiche wie das der Odrysen im 5. Jh. v. Chr. im heutigen Bulgarien. Die Thraker waren Viehnomaden, aber durch ausgedehnte Handelskontakte auch sehr reich, wie der Fund von mehreren Goldschätzen belegt. So hatten sie Kontakt zu den Skythen, einem iranischen Reitervolk in den südrussischen Steppen, das wiederum Handel mit Persien und sogar China trieb. Zwischen dem 2. Jh. v. Chr. und dem 2. Jh. n. Chr. wurde Südosteuropa dann von den Römern erobert. Im Römischen Reich gehörten die Balkanprovinzen zu den stabilsten, und die Thraker waren als besonders tapfere Kämpfer geschätzt.

Flüchtlinge aus dem Osten

Nach dem Überfall der Hunnen auf die Goten (375) siedelten die römischen Kaiser die Westgoten in Thrakien an, konnten sie aber nicht versorgen, worauf sich die Goten auf Kosten der Bevölkerung schadlos hielten und mit der Zeit – unter dem Druck der Hunnen – ihre Plünderungen immer weiter nach Süden verlegten. Im 6. Jh. entstand dann in Zentralasien das Reich der Göktürken. Vor deren Druck flohen die Awaren nach Westen, setzten sich im heutigen Ungarn fest und machten die slawischen Stämme, die sich nach dem Abzug der Germanen in Osteu-

Alte Sprachen

Die Sprache der Rumänen geht auf das Alltagslatein zurück, das in der römischen Provinz Dakien gesprochen wurde. Wie sich diese Sprache halten konnten, darüber streiten die Historiker; zumal es im Mittelalter keinen rumänischen Staat gab, sondern erst ab dem 13. Jh. die beiden rumänischsprachigen Fürstentümer Moldau und Walachei. Das ehemalige Dakien aber gehörte als Siebenbürgen zu Ungarn. Rumänisch war dort offiziell verboten. Noch rätselhafter ist die Sprache der Albaner. Die meisten Forscher nehmen an, dass sie sich aus dem Illyrischen entwickelte.

ropa ausgebreitet hatten, tributpflichtig. Diese begannen auf den Balkan auszuweichen. Teilweise wurden sie auch gezielt von den byzantinischen Kaisern als „Grenzposten" gegen das Awarenreich angeworben. Im 7. Jh. entstand dann in den südrussischen Steppengebieten das Khanat der türkischen Chasaren. Vor diesen flohen die ebenfalls turksprachigen Bulgaren auf den Balkan. Im 9. Jh. konnte Karl der Große die Awaren besiegen, dafür kam mit den Ungarn ein weiteres vertriebenes asiatisches Volk in den Donauraum und setzte sich dort dauerhaft fest. Damit war auch die ständige Einwanderung auf den Balkan beendet.

Bulgarien und Kroatien

In der Folge wurde der Einfluss des Byzantinischen Reiches auf dem Balkan immer schwächer. Schon 681 misslang es den Kaisern, die Bulgaren zu besiegen, und sie mussten das Khanat an der Donau als Verbündeten anerkennen. Dieses konnte sich ausbreiten und nahm allmählich die slawische Kultur an. 864 ließ sich Khan Boris I. Michael (gest. 907) taufen und führte in seinem Reich das griechisch-orthodoxe Christentum ein.

Seine größte Macht hatte das bulgarische Reich unter seinem Sohn Simeon dem Großen (864–927), der über die heutigen Staaten Bulgarien, Rumänien, Makedonien und große Teile Serbiens herrschte. Er bedrohte auch Kroatien und Byzanz, die sich aber erfolgreich zusammenschlossen. Dafür ernannten die Kaiser den kroatischen Fürsten Tomislav (um 910–um 928) zum König. 1102 starb das Königshaus jedoch aus, Kroatien fiel an Ungarn und wurde 1527 habsburgisch. Das hatte zur Folge, dass es zwar zeitweise von den Türken besetzt, aber nie Teil des türkischen Reiches wurde wie die anderen Balkanstaaten. Während Bulgarien durch den Konflikt mit Byzanz immer schwächer wurde, konnte ab dem 12. Jh. Serbien zum mächtigsten Balkanstaat aufsteigen und Bosnien, Montenegro, Teile Albaniens und Makedoniens erobern. ■

Kirche in Bulgarien

Das Frankenreich

Während die Völkerwanderung die Südhälfte Europas in Mitleidenschaft zog, konnte sich im Norden nahezu ungestört eine neue Macht ausbreiten: die Franken. Der Dynastie der Merowinger gelang es, ein Reich zu erobern, das weite Teile von West- und Mitteleuropa einnahm. Als sich die Merowinger im 7. Jh. dann vornehmlich gegenseitig bekriegten, ergriffen ihre Verwalter die Initiative.

Taufe von Chlodwig

Die Franken waren kein einzelner Stamm, sondern – wie auch die Alemannen – ein Zusammenschluss aus mehreren germanischen Stämmen, der sich im Verlauf des 3. Jh. am Niederrhein gebildet hatte und immer wieder römisches Gebiet überfiel. Die Römer machten sie notgedrungen zu Verbündeten (foederati), zahlten ihnen also Sold, damit sie nicht mehr römisches Gebiet, sondern das anderer germanischer Stämme plünderten. So war der erste Merowingerkönig Childerich (gest. 481) gleichzeitig Statthalter der römischen Provinz Belgica II und König über ein Reich, das im Westen bis zur Rhön reichte. Während er die Reste des römischen Galliens getreu dem Bündnis verteidigte, eroberte sein Sohn Chlodwig (466–511) sie kurzerhand. Weitere Beute Chlodwigs waren das Reich der Alemannen im heutigen Baden-Württemberg und die französischen Teile des Westgotenreiches. Innenpolitisch schaltete er alle anderen fränkischen Kleinkönige aus und schmiedete eine neue Elite aus einigen Vertrauten und der gallisch-römischen Oberschicht. Auch die römischen Verwaltungsstrukturen nutzte er, soweit sie noch intakt waren. Um das Jahr 500 konvertierte er zum Christentum und ließ sich vom oströmischen Kaiser Anastasios (reg. 491–518) als rechtgläubiger Verbündeter legitimieren. Vom Papst forderte er als „Lohn" das Entscheidungsrecht in fränkischen Kirchenangelegenheiten.

> **Bonifatius**
>
> Schon die Merowingerherrscher förderten die Missionierung der heidnischen Ostgebiete, da sie sich dadurch eine stärkere Anbindung an das Reich erhofften. Der bedeutendste unter diesen Missionaren war Bonifatius (um 672–um 755) während der Regierung Karl Martells. Er gründete zahlreiche Klöster und Bistümer (u. a. Regensburg, Eichstätt, Würzburg, Erfurt), die als kulturelle Zentren große Bedeutung gewannen.

Chlodwigs Erben

Chlodwig vererbte sein Reich seinen vier Söhnen, die es noch ausdehnen konnten. Sie eroberten die Reiche der Thüringer und Burgunden und nötigten die Bayern, sich „freiwillig“ unter ihre Oberhoheit zu stellen. Diese bestand vor allem in Militärhilfe und Tributzahlungen. Ansonsten blieben die Strukturen und Traditionen der einzelnen Völker unangetastet. Die Gewohnheit der Merowinger, das Reich immer unter alle Söhne aufzuteilen, führte aber zur einer Vielzahl von Verwandtenmorden und ständigen Teilungen. Im Laufe der Zeit kristallisierten sich zwei größere Reiche heraus: Neustrien im Westen, das dank des römischen Erbes wirtschaftlich und kulturell bedeutender war, und Austrien im Osten. Ein besonders erbitterter Bürgerkrieg zwischen beiden Reichsteilen herrschte von 575–613, als die Königinnen Brunhilde und Fredegunde im Namen ihrer unmündigen Kinder regierten – ein Streit, der sich im Nibelungenlied niedergeschlagen hat. Ab 679 herrschte dann weitgehend Anarchie, und viele tributpflichtige Völker erklärten sich für unabhängig.

Die Meier übernehmen die Macht

Karl Martell, Schlacht bei Poitiers

Diese Situation nutzte ein gewisser Pippin (um 635–714). Er war Hausmeier, d. h. Reichsverwalter oder Kanzler, von Austrien und wird zur Unterscheidung von seinem Großvater Pippin „der Mittlere“ genannt. Er eroberte 687 Neustrien und machte seinen Sohn Grimoald (um 680–714) zum dortigen Hausmeier. Die Merowingerkönige blieben im Amt, wurden aber vollkommen in den Hintergrund verbannt. Nach Pippins Tod konnte sich sein Sohn Karl Martell (686–741) das Meieramt sichern. Er reformierte das Heer, indem er eine gepanzerte Reitertruppe aus adeligen Vasallen schuf, besiegte die Araber bei Tours und Poitiers (732) und bekämpfte außerdem aufständische Burgunder, Friesen, Sachsen, Alemannen und Thüringer sowie die innenpolitische Opposition. Sein Sohn Pippin der Kurze (714–768) verbannte den letzten Merowinger ins Kloster und ließ sich 751 vom Papst zum König der Franken salben.

Die Entstehung des Islam

Erzengel Gabriel diktiert Mohammed den Koran

Die arabische Halbinsel war bis ins 7. Jh. vor allem von Beduinen bewohnt. Zwar konnten einzelne Stämme als Verbündete der feindlichen Großmächte Rom und Persien – eher kurzlebige – Reiche gründen, doch weltpolitisch spielte die Gegend keine Rolle. Das änderte sich, als ein Kaufmann aus Mekka begann, eine neue Religion zu verbreiten.

Dank der Weihrauchstraße war Mekka, die Heimatstadt des späteren Propheten Mohammed (um 570–632), eine reiche und kulturell hoch entwickelte Handelsstadt. Regiert wurde sie vom Stamm der Koreischiten, zu dessen – eher ärmerem – Zweig der Haschemiten Mohammed gehörte. Nach eigener Aussage begann der Engel Gabriel, ihm im Alter von 40 Jahren die Suren des Koran zu diktieren, die er an seine Umgebung weitergab. Als er jedoch nach vier Jahren Lehrtätigkeit die Bilderverehrung und die Vielgötterei (Polytheismus) der damaligen arabischen Stammesreligionen angriff, zog er sich die Feindschaft vieler Mitbürger, vor allem der Oberschicht, zu. 622 verließ er mit seinen Anhängern Mekka und siedelte in das 320 Kilometer entfernte Yathrib über, das später Medina genannt wurde. Dieser Auszug (Hidschra) markiert den Beginn der islamischen Zeitrechnung.

Die Etablierung des Islam

In Medina schloss Mohammed zunächst ein Bündnis mit den jüdisch-arabischen Stämmen gegen die Polytheisten, später sah er sie als Bedrohung an und vertrieb sie. Außerdem begannen er und seine Anhänger Beutezüge gegen Mekka, die sich zum Krieg ausweiteten. 630 konnten die Moslems Mekka dann fast ohne Gegenwehr erobern und auch die benachbarten Beduinenstämme besiegen. Bis zu Mohammeds Tod war fast die gesamte arabische Halbinsel muslimisch. Dies gelang vor allem, weil Mohammed Gewalt zwischen Moslems streng verbot, sodass die bei den Beduinen üblichen Raubzüge sich automatisch gegen die „Ungläubigen" richteten.

Wie Jesus predigte Mohammed ein Jüngstes Gericht über alle Menschen. Um ins Paradies zu gelangen, sei vor allem die

„Hingabe an Gott“ (arab. Islam) entscheidend. Fehlern gegenüber könne Allah gnädig sein, nicht aber bei mangelndem Glauben. Ausgedrückt wird dieser Glaube in dem Bekenntnis: „Ich bezeuge, dass es keine Gottheit außer Allah gibt und dass Mohammed sein Gesandter ist.“

Die Schia

Nach Mohammeds Tod einigte sich die Mehrheit seiner Anhänger auf seinen Freund und Schwiegervater Abdallah Abu Bakr (573–634) als Nachfolger (Kalifen), danach auf Omar ibn al-Khattab (592–644) und Osman ibn Affan (574–656). Nach dessen Tod wurde Mohammeds Schwiegersohn Ali ibn Abi Talib (um 598–661) vierter Kalif. Seine Ernennung war jedoch umstritten, und es kam schnell zu kriegerischen Auseinandersetzungen zwischen ihm und Muawiya ibn Abu Sufyan (603–680), der von Mohammeds Witwe Aischa (gest. 678) unterstützt wurde. Nach Alis Tod wählte Aischas Partei, die ein erbliches Kalifenamt ablehnte, Muawiya zum fünften Kalifen, während Alis Partei (Schia Ali) seinen Sohn Hasan (625–670) für den rechtmäßigen Nachfolger hielt. Der aber verzichtete, um eine Spaltung zu vermeiden. Als jedoch nach Muawiyas Tod dessen Sohn Yazid (644–683) das Kalifenamt übernahm und damit die Dynastie der Omaijaden begründete, nahm Alis zweiter Sohn Husein (627–680) den Kampf auf, wurde aber bei Kerbala besiegt und ermordet. Damit war die Spaltung der Muslime in Sunniten (arab. sunna = überlieferte Norm) und Schiiten vollzogen.

Die Spaltung der Muslime

Mekka

Die Kaaba in Mekka war schon in vorislamischer Zeit ein bedeutendes Heiligtum. Als Mohammed 630 seine Heimatstadt eroberte, ließ er alle Götterstatuen aus dem Gebäude entfernen, das er als ein Werk Abrahams ansah. Jeder Muslim muss einmal in seinem Leben nach Mekka pilgern. Außerdem sind die Gebetsnischen aller Moscheen auf die Kaaba hin ausgerichtet.

Die Ausbreitung

Die schnelle Verbreitung des Islam wurde durch die Schwäche der beiden Großmächte Byzanz und Persien begünstigt, die einander bis an den Rand ihrer Kräfte bekriegt hatten. Schon unter den ersten drei Kalifen, vor allem durch Omar, wurden der gesamte Nahe Osten, der heutige Iran, Libyen und Ägypten erobert. Unter den Omaijaden, die bis 755 regierten, kamen das westliche Nordafrika, Spanien und der Osten des ehemaligen Perserreichs dazu. ■

Die Karolinger

Im 8. Jh. waren die Päpste nicht nur Bischöfe von Rom, sondern aufgrund vieler Schenkungen auch Großgrundbesitzer. Dieser Besitz wurde 753 durch die Langobarden bedroht. Als Papst Stephan II. erkannte, dass vom oströmischen Kaiser keine Hilfe zu erwarten war, wandte er sich an den Frankenkönig Pippin. Damit entstand eine Allianz zwischen den Franken und den Päpsten, die Weihnachten 800 zu einem Überraschungscoup führte: Leo III. krönte Karl den Großen zum Kaiser.

Karl der Große

Karl der Große (748–814) erbte das Frankenreich nach dem Tod seines Vaters Pippin im Jahr 768 zusammen mit seinem Bruder Karlmann, der jedoch drei Jahre später starb. Karl ließ sich daraufhin zum König des Gesamtreiches krönen und überging Karlmanns Sohn Pippin. Dessen Mutter suchte Hilfe beim Langobardenkönig Desiderius (reg. 757–774), der Papst Hadrian I. (reg. 772–795) bedrängte, Pippin zu krönen. Der Papst rief Karl den Großen zur Hilfe, der das Langobardenreich eroberte und mit Hadrian die päpstlich-fränkische Allianz erneuerte.

Karl der Große

In der Folge machte Karl die slawischen Gebiete im heutigen Ostdeutschland und Böhmen tributpflichtig und unterwarf Bayern, Friaul, Kärnten, Nordspanien und – nach dreißig Jahren Kampf – auch Sachsen (das heutige Niedersachsen). Dabei ging es meist darum, Konfliktherde an den Grenzen auszuschalten. Die Sachsen z. B. unternahmen regelmäßige Raubzüge auf fränkisches Gebiet, und Karl schlug mit aller Brutalität zurück.

Aachen

Vermutlich waren es die schwefelhaltigen Quellen, die schon in Römerzeiten gerne genutzt wurden, die Karl den Großen veranlassten, 789 in Aachen mit dem Bau einer „Altersresidenz" und einer architektonisch einzigartigen Kirche zu beginnen. Otto I. machte Aachen dann 936 zum Krönungsort der deutschen Könige. Es war jedoch nicht die Reichshauptstadt. Eine solche gab es nicht.

Karls historische Verdienste sind aber weniger seine Eroberungen als die Organisation des Reiches. Er teilte es in 98 Gaugrafschaften auf, die er mit verlässlichen Grafen besetzte. Sie und andere Kronvasallen wie Bischöfe und Reichsäbte bekamen ihr Land und ihre Machtbefugnisse vom König „geliehen". Dafür schuldeten sie ihm Treue und Gefolgschaft. Gleiches taten die Kronvasallen mit den Aftervasallen (Rittern und Äbten), die wiederum Land an hörige Bauern verliehen, die dafür Abgaben schuldig waren. Diese Bindung durch gegenseitige Verpflichtungen hatte vermutlich uralte indoeuropäische Wurzeln. Ein ähnliches System hatte es schon bei den Hethitern gegeben.

An den Grenzen schloss Karl mehrere Grafschaften zu Marken zusammen, die einem Markgrafen unterstanden, der aus eigener Vollmacht ein Heer aufstellen durfte. Die organisatorischen Fäden liefen in Karls Hofkanzlei zusammen, die er mit gebildeten Klerikern besetzte. Daneben fand auch ein kultureller Aufschwung, die sogenannte „karolingische Renaissance" statt.

Im Jahr 800 kam Karl erneut dem Papst zur Hilfe – diesmal gegen den römischen Adel. Nachdem Karl den Streit hatte schlichten können, krönte ihn Leo III. (reg. 795–816) während des Weihnachtsgottesdienstes zum römischen Kaiser. Karl behauptete später, davon überrascht worden zu sein, was ihm die wenigsten Historiker abnehmen. Vermutlich hatten beide Seiten verabredet, mit einem Wiederaufleben des weströmischen Kaiserreichs ein Gegengewicht zu Byzanz zu schaffen.

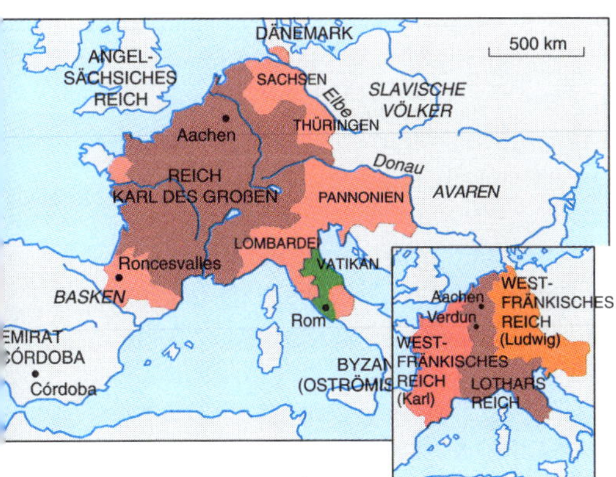

Reich Karls des Großen

Die Teilung des Reiches

Da Karl der Große mit Ludwig dem Frommen (778–840) nur einen überlebenden Sohn hatte, blieb das Frankenreich nach seinem Tod zunächst ungeteilt. Unter dessen vier Söhnen aber brachen Kämpfe aus, die zu diversen Teilungen und wechselnden Koalitionen führen. Nach dem (natürlichen) Tod einiger Brüder und Neffen kam es 869 endlich zur Einigung: Karl der Kahle (823–877) bekam den Westen, Ludwig der Deutsche (um 806–876) den Osten.

Das fränkische Königreich war jedoch keine Erb-, sondern eine Wahlmonarchie. Jede Krönung bedurfte der Zustimmung der Reichsversammlung. Als 911 die ostfränkische Linie der Karolinger ausstarb, wählten die Adeligen nicht den westfränkischen Karolinger zu ihrem König, sondern den Grafen Konrad von Niederlahngau. Damit war ein endgültiger Bruch zwischen den beiden karolingischen Reichshälften vollzogen.

Das mittelalterliche Kaiserreich

Das mittelalterliche Kaisertum, das mit der Krönung Karls des Großen entstand, war kein Reich mit einem klar umrissenen Territorium oder gar einer Verfassung, sondern ein ideologisches Phänomen. Mit der Krönung eines Kaisers verliehen die Päpste einem Herrscher den Anspruch, oberster weltlicher Herr der gesamten Christenheit zu sein. Was dieser Anspruch wirklich wert war, zeigte die Realität.

Leo III. krönt Karl den Großen

Nach Ludwig dem Frommen trugen nur zwei Karolinger den Kaisertitel. Mit der Reichsteilung schien die Idee des allumfassenden Kaisertums zunächst begraben. Vor allem im ostfränkischen Reich, ärmer und kulturell rückständiger als der Westen mit seinem römischen Erbe, waren die alten Stammesstrukturen noch ausgeprägt. 911 entstand ein Verbund von Herzogtümern: Sachsen, Franken, Schwaben, Bayern und ab 925 auch Lothringen. Ein Verfahren für die Königswahl gab es nicht. Der zweite deutsche König, Heinrich von Sachsen (876–936), musste sich erst gegen den Widerstand Bayerns und Schwabens durchsetzen.

Otto I.

Die Idee des Kaisertums nahm Heinrichs Sohn Otto I. (912–973) wieder auf, den sein Vater bereits zu Lebzeiten als Nachfolger durchgesetzt hatte. Er ließ sich in Aachen zum König krönen und heiratete 951 Adelheid (um 931–999), die Witwe des italienischen Königs Lothar II. (um 928–950). Damit erbte er nach langobardischer Tradition den Anspruch auf die italienische Krone. Die oberitalienischen Adeligen jedoch hatten bereits den Markgrafen Berengar II. von Ivrea (um 900–906) gewählt. 952 einigte man sich zunächst. Berengar erhielt Italien von Otto als Lehen. 960 riefen aber sowohl der Papst wie mehrere Bischöfe Otto gegen Berengar zur Hilfe. Otto ließ sich als Preis für sein Eingreifen zum Kaiser krönen. Seitdem beanspruchten die deutschen Könige Italien und damit auch das Anrecht auf die Kaiserkrönung als ihr Erbe. Faktisch musste dieser Anspruch jedes Mal neu durchgesetzt werden, was im Verlauf des Mittelalters zu vielen äußerst blutigen und verlustreichen Italienzügen führte.

Kaiserkrone Ottos I.

Als deutscher König hatte Otto mit mehreren Rebellionen seiner engsten Familienangehörigen zu kämpfen. Sein verlässlichster Partner war sein Bruder Brun (925–965), der Erzbischof von Köln, was dazu führte, dass sich Otto bei der inneren Organisation des Reiches vor allem auf die Bischöfe stützte, die keine eigenen Erben hatten und zudem viel gebildeter als die weltlichen Fürsten waren. Außenpolitisch schlug er Rebellionen der tributpflichtigen Slawen nieder und unterstellte deren Gebiete östlich der Elbe seinen Markgrafen. Vor allem aber gelang es ihm, 955 in der Schlacht auf dem Lechfeld die Ungarn zu besiegen.

Das Reich und sein Name

Das mittelalterliche Kaiserreich wird oft als Heiliges Römisches Reich Deutscher Nation bezeichnet. Das ist jedoch historisch falsch. Als Erbe des weströmischen Reiches wurde es zunächst nur als Römisches Reich bezeichnet. Erst nach der Stauferzeit Mitte des 13. Jh. hielt man es für nötig, von einem Heiligen Römischen Reich zu sprechen. Der Zusatz „Deutscher Nation" tauchte noch einmal 200 Jahre später auf.

Otto III.

Nach Ottos Tod begann sich die Situation in Europa zu verändern. Bis dahin war das Deutsche Reich im Norden und Osten von heidnischen Völkern wie Wikingern, Slawen, Awaren und Ungarn umgeben, die man schon allein deshalb zu unterwerfen suchte, weil sie immer wieder Raubzüge auf dem Reichsgebiet unternahmen und dabei ganze Dörfer niedermachten. Kurz vor der Jahrtausendwende entstanden jedoch in Böhmen, Polen, Ungarn und Dänemark christliche Königreiche.

Ottos Enkel Otto III. (980–1002) wurde mit drei Jahren Kaiser und übernahm im Alter von 14 Jahren die Regentschaft. Dem jungen Idealisten schwebte vor, Rom wieder zur Hauptstadt des Kaiserreiches zu machen und dort über einen freundschaftlichen Bund christlicher Königreiche zu regieren. Aus diesem Antrieb heraus erließ er Boleslav I. von Polen (967–1025) und Stephan I. von Ungarn (969–1038) die Tributzahlungen und gab Privilegien auf. Die deutschen Fürsten – und auch viele Historiker – hatten dafür wenig Verständnis. Nach Ottos frühem Tod setzte sein Großcousin Heinrich II. (973–1024) wieder auf nüchterne Machtpolitik.

Die Kirche im Mittelalter

Kloster Cluny

Die Biografien der mittelalterlichen Päpste, die je nach Machtverhältnissen von den Kaisern oder vom römischen Adel gewählt wurden, lesen sich teilweise wie eine Verbrecherkartei. Im 11. Jh. verbreitete sich aber vom Kloster Cluny in Burgund aus, eine Reformbewegung, die wieder die ursprünglichen christlichen Ideale anmahnte. Allerdings forderte sie auch eine Unabhängigkeit der Kirche, die mit der Machtpolitik der weltlichen Herrscher in Konflikt geraten musste.

In Deutschland war 1024 nach dem Aussterben der Ottonen das Geschlecht der fränkischen Salier an die Macht gekommen. Der erste König, Konrad II. (990–1039), war ein überaus pragmatischer Mann. Er kümmerte sich vor allem um die Rechtspflege und erkaufte sich äußeren Frieden, indem er den Königen von Ungarn und Dänemark umstrittene Grenzgebiete zugestand. Bischofsposten und Abteien verkaufte er an den, der ihm am meisten zahlte. Dieser Ämterkauf (Simonie) war damals übliche Praxis. Dies aber lehnten die Reformer von Cluny strikt ab. Konrads frommer Sohn, Heinrich III. (1017–56), förderte die Reformen, indem er mit Leo IX. (1002–54) einen cluniazensisch gesinnten Papst einsetzte. Doch diese Maßnahme erwies sich als Bumerang für das Reich.

Der Investiturstreit

Im Jahr 1073 prallten Heinrichs Sohn Heinrich IV. (1050–1106) und der neue Papst Gregor VII. (um 1020–85) aufeinander. Beide waren problematische Naturen – Heinrich von einer schweren Jugend gezeichnet, Gregor ein Fanatiker. Ihre Auseinandersetzung eskalierte an der sogenannten Laieninvestitur. Die deutschen Könige waren seit jeher gewohnt, ihre Bischöfe persönlich auszuwählen. Dieses Recht wollte Gregor ihnen streitig machen. Da die Bischöfe aber auch wichtige Reichsfürsten waren, hätte dies massive Folgen für das Reich gehabt. Zwischen Kaiser und Papst kam es zu wüsten Beschimpfungen und gegenseitigen Rücktrittsforderungen, die 1076 dazu führten, dass Gregor Heinrich mit dem Kirchen-

Neue Orden

Franz von Assisi

Der große Zulauf der „Ketzer" brachte Papst und Bischöfe zur Erkenntnis, dass sie das Bedürfnis der Menschen nach einer „bibelgerechteren" Religion ernst nehmen mussten. 1223 erkannte Papst Honorius III. (um 1160 – 1227) den Orden des kirchenintern durchaus umstrittenen Franz von Assisi (um 1181 – 1226) an. Weitere Reformorden dieser Zeit waren die Karmeliten (1150), die Dominikaner (1220) und die Augustiner-Eremiten (1256).

bann belegte. Der scherte sich zunächst nicht darum, doch als immer mehr Wanderprediger das Volk gegen den „verdammten Kaiser" im Speziellen und die Obrigkeit im Allgemeinen aufwiegelten, forderten die deutschen Fürsten von Heinrich, den Bann loszuwerden. Indem er 1077 als reuiger Büßer nach Canossa zog, gelang ihm das auch.

Gang nach Canossa

Der Streit war jedoch nicht beigelegt. Erst unter Heinrichs Sohn Heinrich V. (1081 – 1125) wurde im Wormser Konkordat ein Kompromiss gefunden. Die Kirche wählte ihre Würdenträger selbst, der König aber verfügte über das kirchliche Lehensgut und konnte damit missliebigen Kandidaten den Geldhahn zudrehen.

Die Ketzerverfolgung

Die Reformideen von Cluny führten aber auch zu einer neuen Volksfrömmigkeit. Die Diskrepanz zwischen den Lehren des Evangeliums und dem Leben vieler Kleriker ließ bei den Menschen, die ernsthaft um ihr ewiges Seelenheil fürchteten, Zweifel und im Extremfall sogar eine Ablehnung der offiziellen Kirche aufkommen. Es entstanden Sekten wie die Katarer, die meistens sehr asketisch lebten, die Rolle der Laien stärkten und auch soziale Missstände aufgriffen. Betroffen waren vor allem Oberitalien und Frankreich, aber auch das deutsche Rheinland. Sowohl kirchliche wie weltliche Obrigkeit reagierten rigoros. Die südfranzösischen Katarer wurden in drei „Kreuzzügen" zwischen 1208 und 1244 vernichtet. 1224 ordnete der Stauferkaiser Friedrich II. (1194 – 1250) die Todesstrafe für hartnäckige Ketzer an. 1235 setzte Papst Gregor IX. (um 1167 – 1241) die Inquisition ein. Diese sollte vor allem Ketzer bekehren. Nur wer trotz dreimaliger Belehrung auf seinen Ansichten beharrte, galt als Ketzer. Doch fanatische „Ketzerjäger" kümmerten sich nicht um die Regel und wendeten die ab 1252 erlaubte Folter hemmungslos an. ■

Die Kreuzzüge

Kampf um Jerusalem

Im November 1095 fand in der französischen Stadt Clermont eine kirchliche Synode statt. Für den vorletzten Tag kündigte Papst Urban II. ein großes Ereignis für die Christenheit an. Vor dem Stadttor, wo sich Tausende Neugierige versammelt hatten, malte er die Bedrängnis der Christen im Heiligen Land aus und rief dazu auf, Jerusalem mit Waffengewalt zu befreien. Als Lohn versprach er den Ablass aller Sünden. In der aufgeheizten frommen Stimmung des 11. Jh. stieß die Idee auf fanatische Begeisterung.

Bis 637 hatten Jerusalem und der Nahe Osten zum Reich von Byzanz gehört, dann eroberten es die Araber. Im Jahr 1071 änderte sich die Lage erneut. Der Nahe Osten wurde von einem ebenfalls muslimischen Turkvolk aus den Steppen jenseits des Aralsees erobert, den Seldschuken. Diese tolerierten – anders als Papst Urban (um 1042–99) es in seiner Kreuzzugrede darstellte – die Christen im Heiligen Land, dehnten ihre Eroberungsfeldzüge aber auf das byzantinische Kleinasien aus. In dieser Situation rief Kaiser Alexios I. (1048–1118) den Papst zu Hilfe. Vermutlich stellte er ihm in Aussicht, dass die seit 1054 eigenständige griechisch-orthodoxe Kirche wieder die päpstliche Oberhoheit anerkennen würde. Außerdem war der Kreuzzugsgedanke nicht ganz neu. Bereits Papst Gregor VII. (um 1020–85) hatte davon geträumt, höchstpersönlich an der Spitze eines Heeres Jerusalem zu erobern.

Der erste Kreuzzug

Auf besonders offene Ohren stieß Urbans Aufruf bei der Unterschicht. Im Frühjahr 1096 machten sich an die 100.000 Arme in Richtung Jerusalem auf. Sie kamen vor allem aus Südfrankreich, Flandern und dem Rheinland, wo es kurz zuvor Hungersnöte gegeben hatte. Auf ihrem Zug plünderten sie viele Städte. Dabei kam es auch zu den ersten Pogromen gegen die Juden, die man der Kumpanei mit den Moslems verdächtigte. Das Volksheer kam bis Anatolien, wo es von den Seldschuken vernichtet wurde. Etwas später brach das „richtige" Kreuzfahrerheer auf. Es war gut 50.000 Mann stark und bestand hauptsächlich aus normannischen und französischen Kleinadeligen, die sich im Orient Chancen erhofften, die ihnen zu Hause nicht offenstanden. Ein Großteil der Kreuzfahrer kam um, am Ende aber wurde Jerusalem erobert, und es entstanden vier Kreuzfahrerstaaten: das Königreich Jerusalem unter Gottfried von Bouillon (um 1060 – 1100), das Fürstentum Antiochia und die Grafschaften Edessa und Tripolis. Bei der Eroberung waren die Kreuzfahrer allerdings extrem grausam vorgegangen. Die Bewohner Jerusalems, Moslems, Juden und sogar einheimische Christen wurden niedergemetzelt, und bei der Belagerung von Antiochia sollen die hungernden Kreuzfahrer sogar gefangene Feinde gegessen haben.

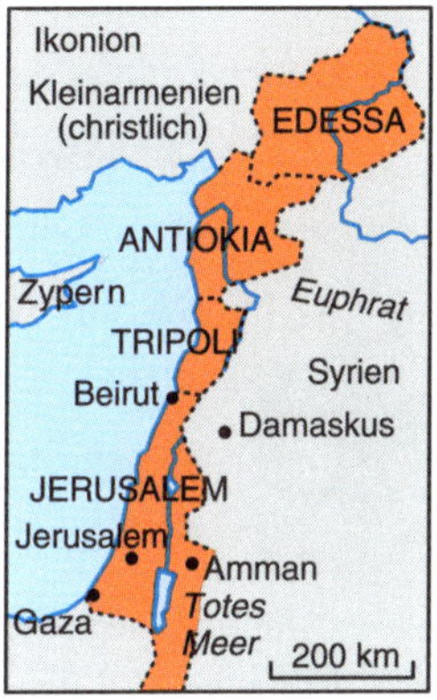

Die Kreuzfahrerstaaten

Gegen Griechen, Heiden und Juden

1144 wurde die Grafschaft Edessa von den Türken erobert. Das löste den zweiten Kreuzzug aus, der Edessa aber nicht zurückerobern konnte. Auch diesmal gab es Plünderungen und Judenpogrome durch Volksheere. 1188 eroberte Sultan Saladin (um 1137 – 93) die übrigen Kreuzfahrerstaaten. Diesmal nahmen die Könige Philipp II. von Frankreich (1165 – 1223), Richard Löwenherz von England (1157 – 99) und Kaiser Friedrich Barbarossa (1122 – 90) teil. Barbarossa starb jedoch schon auf dem Hinweg, und Richard Löwenherz wurde auf dem Heimweg gekidnappt und von Friedrichs Sohn Heinrich VI. (1165 – 97) nur gegen Lösegeld freigelassen. Die Rückeroberung Jerusalems scheiterte, nur um Akkon und auf Zypern entstanden neue Kreuzfahrerstaaten. Der vierte Kreuzzug (1202–04) endete mit der Einnahme von Konstantinopel, im fünften (1217–21) missglückte die Eroberung Ägyptens. Bereits vorher waren militärische Aktionen gegen die heidnischen Slawen, die Ketzer oder jüdische Gemeinden als Kreuzzüge bezeichnet worden. Bis ins 15. Jh. trug dann alles den Namen Kreuzzug, wozu der Papst seinen Segen gab. ■

Saladin

Saladin war zunächst Feldherr in Diensten der türkischen Zengiden-Dynastie. In ihrem Auftrag eroberte er 1169 Ägypten und wurde dessen Sultan. 1174 entmachtete er den minderjährigen Zengiden-Herrscher in Syrien. Nach der Eroberung Jerusalems gewährte er den Christen freien Abzug. Durch diese und ähnliche ritterliche Taten wurde er im Westen sehr populär.

Die Staufer

Im Jahr 1127 fand in Würzburg anlässlich der Schwertleite von Kaiser Friedrich Barbarossas Söhnen das erste Turnier auf deutschem Boden statt. Überhaupt ähnelte erst die Stauferzeit dem gängigen Mittelalterbild mit seinen edlen Rittern und stolzen Burgen. Doch hinter der glanzvollen Fassade des Hochmittelalters verbargen sich gewaltige politische Probleme.

Ritterturnier

Nach dem Aussterben der Salier hatten die deutschen Fürsten den sächsischen Herzog Lothar von Süpplingenburg (1075–1137) zum neuen König gewählt. Nach dessen Tod entschieden sie sich für den fränkischen Herzog Konrad von Staufen (1093–1152) und nicht für Lothars mächtigen Schwiegersohn Heinrich den Stolzen (um 1108–39), den Herzog von Bayern und Sachsen. Hier wurde der Grundstock für die Konflikte zwischen Staufern und Welfen gelegt. Konrads Nachfolger war dann sein Neffe Friedrich I. (1122–90), genannt Barbarossa.

Friedrich Barbarossa

Barbarossa ist bis heute der populärste der mittelalterlichen Kaiser. Ihn historisch gerecht zu beurteilen, fällt aber nicht leicht, denn er regierte in äußerst schwierigen Zeiten. Die Fürsten waren es inzwischen gewohnt, sich ihre Zustimmung zur kaiserlichen Politik mit Privilegien abkaufen zu lassen. Doch Friedrich hatte weniger zu vergeben als seine Vorgänger. Außenpolitisch hatte die alte Allianz mit den Päpsten durch den Investiturstreit schwer gelitten. Frankreich, das sich in dieser Frage weit problemloser mit Rom geeinigt hatte und zudem die Kreuzzüge stärker unterstützt hatte, drohte dem Kaiserreich den Rang abzulaufen. Außerdem hatten die Päpste neue „Beschützer“ in den kriegerischen Normannen, Nachfahren der Wikinger, die Ende des 11. Jh. die Araber (Sarazenen) aus Unteritalien vertrieben hatten.

In Deutschland gelang Barbarossa – wenn auch unter Zugeständnissen – eine Ordnung des Reiches. Er setzte sich gegen seine Feinde durch, selbst gegen seinen rebellischen Cousin Heinrich den Löwen (1129–95). Er reformierte das Recht und sorgte durch ein einheitliches Münzwesen für einen Aufschwung von Handel und Handwerk. In Italien führte der Versuch, seine Finanzprobleme durch eine regelmäßige Steuer von den reichen oberitalienischen Städten zu lösen, jedoch zu langwierigen Kämpfen, die von beiden Seiten mit äußerster Brutalität geführt wurden. Am Ende setzte er sich aber durch und konnte auch noch die normannische Erbin für seinen Sohn Heinrich VI. (1165–97) sichern.

Friedrich II.

Heinrich VI. regierte ein Reich, das von Schleswig bis Sizilien reichte, und hatte hochfliegende Pläne. Er wollte das Kaiserreich zu einer zentralistischen Erbmonarchie nach französischem Vorbild machen und seinen Bruder Philipp auf den Thron von Byzanz bringen. Sein Tod bescherte Deutschland erst einmal 15 Jahre Bürgerkrieg zwischen einem Staufkönig, Philipp von Schwaben (um 1179–1208) und einem Welfenkönig, Otto IV. (um 1175–1218). 1212 holte die Stauferpartei dann Heinrichs sechszehnjährigen Sohn Friedrich aus Sizilien. Das deutsche Volk feierte ihn als Märchenprinz. Friedrich II. (1194–1250), schon von seinen Zeitgenossen „Stupor Mundi“ (das Erstaunen der Welt) genannt, war attraktiv, unglaublich gebildet und ein Freigeist. 1229 „eroberte“ er Jerusalem nur durch Verhandlungen mit Saladins Neffen al-Kamil (1180–1238). Doch er residierte fast ausschließlich in Sizilien und erkaufte sich ruhige Zustände in Deutschland durch Zugeständnisse an die Fürsten. Dabei fiel er sogar dem Regenten, seinem eigenen Sohn Heinrich (1211–42), in den Rücken, was diesen schließlich zur Rebellion veranlasste. Außerdem verfeindete er sich mit den Päpsten. Nach seinem Tod ließen diese mithilfe des französischen Prinzen Karl von Anjou (1226–85), der dafür Unteritalien erhielt, alle seine legitimen und illegitimen Nachkommen ausrotten, als letzten seinen Enkel Konradin (1252–68), den sie in Neapel enthaupteten. ■

Friedrich II.

Die Kyffhäuser-Legende

Der schillernde Friedrich II. beschäftigte noch lange die Nachwelt. Unter anderem wurde erzählt, dass er im Kyffhäuser im Harz schlafe und irgendwann die Herrlichkeit des Reiches zurückbringe. Im 16. Jh. wurden all diese Mythen und die Verehrung dann auf seinen „deutscheren“ und konventionelleren Großvater Friedrich Barbarossa übertragen.

Handel und Städte im Mittelalter

Zur Karolingerzeit war Deutschland noch ein relativ stark bewaldetes Land mit wenigen weit verstreuten Dörfern und Klöstern. Städte gab es vor allem im alten Römergebiet, Kaiserpfalzen an strategisch wichtigen Punkten auf den Reiserouten der Herrscher. In der Stauferzeit jedoch blühten die Städte und der Handel auf.

Dem wirtschaftlichen Aufschwung ging im 11. Jh. eine agrarische Revolution voraus. Technische Neuerungen wie der Räderpflug oder die Egge machten die Landwirtschaft viel effektiver. Dies führte zu einer Ausweitung der landwirtschaftlichen Fläche, einem Bevölkerungswachstum, einer Vielzahl neuer Dörfer und steigendem Wohlstand. Im 12. Jh. wurde aus dem agrarischen ein allgemeiner Aufschwung. Viele Dörfer wurden zu Städten und bekamen das Recht verliehen, Märkte abzuhalten. Vor allem auf ihren eigenen Ländereien in Schwaben förderten die Stauferkaiser die Städtegründungen.

Zunftzeichen in Salzburg

Handwerker und Patrizier

Im Jahr 1099 entstand in Mainz die erste Zunft. Die Weber schlossen sich zusammen und stellten Regeln für ihr Handwerk auf. Das Zunftwesen griff schnell um sich, teils noch gegen den Widerstand der städtischen Oberschicht, die eine Verschwörung witterte. Mit der Zeit war es jedoch kaum noch möglich, als Handwerker außerhalb einer Zunft zu existieren. Die Zünfte regelten den Wettbewerb untereinander, die Qualität der Waren und die Ausbildung der Gesellen. Sie übernahmen die gemeinsame Vertretung nach außen, aber auch die Versorgung in Not geratener Mitglieder. Der Preis dafür war eine starke Reglementierung, oft bis ins Privatleben hinein. Im 13. Jh. gab es dann in den meisten Städten auch eine Patrizierschicht, der vor allem die reichen

Kaufmannsfamilien angehörten. Da die Landesherren zunehmend auf die wirtschaftliche Potenz der Städte angewiesen waren, hatte der „Stadtadel" auch politische Macht. Das galt vor allem für die rund 80 Reichstädte, die nur der Krone unterstanden. Im 15. Jh. äußerte sich der spätere Papst Pius II. (1405–64) enthusiastisch über die Pracht der deutschen Städte. Allerdings waren die hygienischen Verhältnisse so katastrophal, dass die Städte auf einen ständigen Zuzug angewiesen waren. Deshalb setzte sich der Rechtsgrundsatz durch „Stadtluft macht frei", d. h. ein Höriger, der ein Jahr in der Stadt gelebt hatte, durfte nicht mehr von seinem Grundherrn zurückgefordert werden.

Der Sturz des Löwen

1176 bat Kaiser Friedrich Barbarossa seinen Cousin Heinrich um Waffenhilfe in Italien. Der forderte als Preis dafür, dass er seine Geschäfte vernachlässigen sollte, die Silberstadt Goslar. Doch damit hatte er zu hoch gepokert. Der beleidigte Kaiser verhängte die Reichsacht über ihn. Heinrich aber hatte sich unter den sächsischen Adeligen so viele Feinde gemacht, dass sie in Scharen von ihm abfielen. Er wurde auf drei Jahre verbannt und erhielt danach nur Braunschweig-Lüneburg zurück. Den Rest seiner Länder teilte der Kaiser unter treuen Gefolgsleuten auf.

Die Hanse

Einer der geschicktesten Wirtschaftspolitiker des Mittelalters war Heinrich der Löwe (1129–95), Herzog von Sachsen und Bayern. Unter seiner Herrschaft kam es in Sachsen, Ostholstein und Mecklenburg zu einem wirtschaftlichen Aufschwung. Als erster deutscher Machthaber hatte er den Ostseeraum im Blick, wo schwedische Wikinger 863 das Reich von Kiew gegründet hatten und im 10. Jh. die skandinavischen Königreiche entstanden waren. 1161 gewährte Heinrich gotländischen Kaufleuten Privilegien in Sachsen, dafür durften sächsische Kaufleute in Gotland eine Kolonie nach eigenem Recht gründen. Gotland wurde zur Drehscheibe des Ostseehandels, und zu Beginn des 13. Jh. entstanden im ganzen Ostseeraum, aber auch in älteren Handelsstädten wie Bergen, Brügge oder Hamburg Kaufmannskolonien, die die Rechte und Interessen ihrer Mitglieder nach außen vertraten. Aus dem Zusammenschluss der Kaufleute entwickelte sich ein Bund der Handelsstädte, der nie offiziell gegründet worden war und auch keine feste Mitgliedschaft kannte. In der zweiten Hälfte des 14. Jh. war diese Hanse (germ. Schar) aber so stark, dass sie erfolgreich Krieg gegen Dänemark führte. Danach verlor sie langsam ihre Macht, bis sie sich Ende des 17. Jh. auflöste. ■

Die mittelalterliche Hanse in Hamburg

Die Ostkolonisation

Heinrich der Löwe

Auf vielen Karten des mittelalterlichen Kaiserreichs ist keine feste Ostgrenze eingezeichnet, sondern nur ein schraffierter Einflussbereich. Das entspricht den historischen Tatsachen. Das Land zwischen Elbe und Oder war von slawischen Stämmen besiedelt, die die deutschen Kaiser zu unterwerfen suchten. Dabei gingen immer wieder bereits eroberte Gebiete verloren. Doch im 12. Jh. erreichte die Kolonisation der Ostgebiete eine neue Qualität.

1

1147 ließen sich Heinrich der Löwe (1129–95), Albrecht der Bär (um 1100–70) und einige andere norddeutsche Fürsten vom Papst die Erlaubnis erteilen, nicht am zweiten Kreuzzug teilzunehmen, sondern die slawischen Wenden zwischen Elbe und Oder zu unterwerfen. Der Kreuzzug selbst bestand aus einer Reihe ziemlich planloser Massaker. Danach aber begann Heinrich mit einer systematischen Eroberung und Kolonisation von Ostholstein und Mecklenburg, und Albrecht der Bär von Brandenburg. Beide gingen bei der Unterwerfung äußerst grausam vor, danach aber förderten sie den Aufschwung der Gebiete. Heinrich der Löwe setzte in Mecklenburg sogar die slawische Obotriten-Dynastie wieder ein. Sowohl Heinrich wie Albrecht und der Markgraf des schon seit längerem unterworfenen Meißen, Konrad von Wettin (um 1098–1157), förderten auch den Zuzug deutscher Siedler. Diese erhielten noch nicht urbar gemachtes Land zugeteilt. Eine Zwangstaufe der Slawen forderte nur Heinrich der Löwe, was allerdings eine schnellere Vermischung von deutscher und slawischer Bevölkerung zur Folge hatte.

Der Deutsche Orden

Ab dem 10. Jh. beteiligten sich auch die polnischen Fürsten an der Unterwerfung benachbarter heidnischer Stämme. 1226 rief der polnische Herzog Konrad von Masowien (um 1187–1247) den während des 3. Kreuzzugs gegründeten Deutschen Orden gegen die baltischen Pruzzen zur Hilfe. Dafür musste er ihnen die Ansiedlung auf dem eroberten Land gestatten. Der Deutschordenstaat war ein straff durchorganisierter, wirtschaftlich potenter Musterstaat, der sein Territorium durch die Eroberung des Baltikums immer weiter ausdehnte. 1386 heiratete jedoch die polnische Erbin Hedwig

(1373–99) den litauischen Großfürsten Jagiello (1348–1434). Als der Deutsche Orden seine gewaltsamen „Missionierungen“ in Litauen trotzdem nicht einstellte, kam es 1410 zur Schlacht von Tannenberg, die der Orden verlor. In der Folge rebellierten preußische Adelige und Städte gegen die Willkürherrschaft des Ordens. Sie unterstellten sich als „Preußischer Bund“ den polnischen Königen, was einen 13-jährigen Krieg zur Folge hatte, den der Orden verlor. Westpreußen wurde polnisch, Ostpreußen durfte der Orden als Lehen der polnischen Krone behalten. Der baltische Teil wurde selbstständig. Hier etablierte sich eine deutschsprachige Oberschicht, während ein Großteil der einheimischen Esten und Letten bis Anfang des 19. Jh. leibeigene Bauern waren.

Der Ruf der Fürsten

Doch die Ostkolonisation verlief nicht zwangsläufig gewalttätig. Bereits in karolingischer Zeit ließen sich immer wieder deutsche Siedler in unerschlossenen Gebieten Osteuropas nieder. Ende des 12. Jh. begannen dann osteuropäische Fürsten wie die Herzöge von Schlesien und Pommern und die Könige von Böhmen und Ungarn, gezielt deutsche Siedler anzuwerben, oft für ganz bestimmte Regionen. In Böhmen waren das beispielsweise die Hochlagen der Sudeten, im damaligen Ungarn Siebenbürgen. Stadtgründungen durften nach deutschem Recht erfolgen. Später wurden bis in die Ukraine hinein auch slawische Städte nach Magdeburger oder lübischem Stadtrecht gegründet. Nicht nur wegen der vielen Neusiedler,

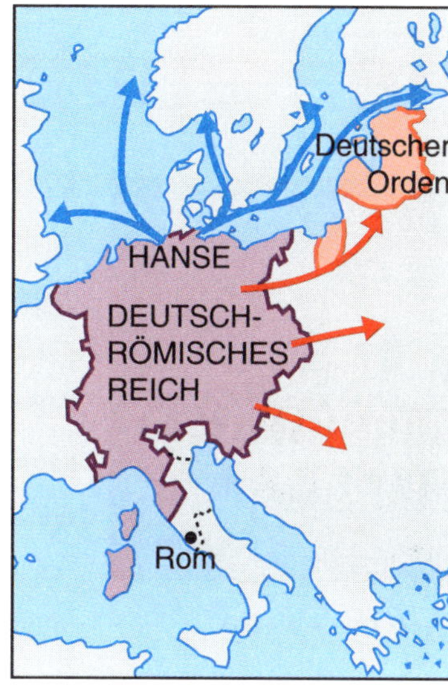

Der Deutsche Orden

sondern auch durch eine Orientierung der Herrscher nach Westen setzte sich in Schlesien und Pommern ab dem 13. Jh. allgemein die deutsche Sprache durch. ■

Das Ende des Ordenstaates

Ausgerechnet Ordenshochmeister Albrecht von Brandenburg war der erste Fürst, der in seinem Land den Protestantismus einführte. Von Martin Luther persönlich überzeugt wandelte er den Ordenstaat 1525 in ein Herzogtum unter polnischer Oberherrschaft um. Der baltische Teil zerbrach 1561. Livland und Kurland unterstellten sich aus Angst vor russischen Angriffen der polnischen Oberherrschaft, Estland der schwedischen.

Die Republik Venedig

Der Dogenpalast in Venedig

Im Jahr 452 fielen Attilas Hunnen über Oberitalien her. Doch vielen Bewohnern gelang es, sich in ein schwer zugängliches Labyrinth aus Inseln und Sumpfland an der Mündung der Brenta zu flüchten. Gleiches geschah 568 beim Einfall der Langobarden. Auch die Karolinger konnten zwar das Langobardenreich erobern, nicht aber die Stadt auf den Inseln. Offiziell war Venedig seit 552 Teil des Byzantinischen Reiches. Doch Byzanz wurde immer schwächer und Venedig immer selbstständiger.

Im Jahr 697 erklärte sich Venedig zur Republik und wählte einen eigenen Herzog, der zunächst lateinisch Dux, später Doge genannt wurde. Bis ins 12. Jh. hatte er die absolute Macht in Händen, dann reagierte man auf die zunehmenden äußeren Bedrohungen, indem man ein System von Kontrollgremien schuf, sodass die Macht schließlich bei der Adelsversammlung, der Signoria, lag.

Militärische Stärke gewann Venedig im 9. Jh. im Kampf gegen Seeräuber und Sarazenen. 998 konnte es die Macht der kroatischen Piraten brechen und die dalmatinische Küste annektieren. Im 11. Jh. glückten dann zwei wichtige wirtschaftliche Deals. Von den deutschen Kaisern erhielt die Stadt als Preis für ihre Unterstützung bei deren Italienpolitik das Umschlags- und Stapelrecht. Das bedeutete, dass der Handel zwischen dem Reich und dem Orient über venezianische Kaufleute laufen musste. 1081 kam noch ein Deal mit Byzanz dazu. Als Dank dafür, dass die venezianische Flotte dem oströmischen Reich gegen die türkischen Seldschuken beigestanden hatte, wurden die venezianischen Händler von allen Abgaben befreit.

Krieg gegen Byzanz

1143 kam jedoch in Konstantinopel Kaiser Manuel I. Komnenos (1118–80) auf den Thron. Er versuchte, den alten Einfluss von Byzanz auf dem Balkan und in Italien wiederherzustellen. Venedig sah dadurch seine Vormachtstellung entlang der Adria und damit letztendlich seine Handelswege bedroht. Außerdem schloss

Marco Polo

Marco Polo bei Kublai Khan

Im 13. Jh. gelang es Venedig, Beziehungen zum Mongolenreich zu knüpfen, was Handelskontakte bis nach Ostasien eröffnete. Der venezianische Händler Marco Polo (um 1254 – 1324) sowie sein Vater und Onkel wollen sogar persönlich bis nach Peking gereist sein, was aber mehrere Historiker heutzutage bezweifeln. Sie glauben, dass Marco Polo nur bis nach Karakorum gekommen ist, der Hauptstadt des Kublai Khan (1215 – 94). Das ändert jedoch nichts daran, dass Marco Polo von seiner Reise die ersten authentischen Informationen über China in den Westen brachte.

Manuel ein Bündnis mit Pisa und Genua. Beide waren ebenfalls Seefahrerrepubliken, und vor allem Genua hatte zahlreiche Kolonien im westlichen Mittelmeer, die als Drehscheiben des Handels zwischen Nordafrika, Spanien, Frankreich und dem Orient dienten. 1171 beschlagnahmte Manuel den venezianischen Besitz in seinem Reich und inhaftierte viele Kaufleute. Zehn Jahre später kam es bei der Machtübernahme des späteren Kaisers Andronikos I. Komnenos (um 1122–85) zu einem Massaker an den „Lateinern". Dazu wurden auch die venezianischen Kaufleute gezählt, die sich durch die Ausnutzung ihrer Handelsprivilegien unbeliebt gemacht hatten. Venedig reagierte kompromisslos. Im Jahr 1201 vereinbarte der greise Doge Enrico Dandolo (1107–1205) mit den Verwandten des 1195 gestürzten Kaisers Isaak II. Angelos (1155–1204) den 4. Kreuzzug nach Konstantinopel „umzuleiten". Nach der Eroberung der Stadt wurde aus dem oströmischen Kaiserreich ein lateinisches Kaiserreich gemacht, das von dem Kreuzfahrer Balduin von Flandern (1172–1205) und seinen Nachkommen regiert und von Venedig wirtschaftlich beherrscht wurde. 1261 jedoch konnte Michael VIII. Paiologus (um 1224–82) das oströmische Reich wiederherstellen.

Der Niedergang

Im 15. Jh. begann Venedig, auch sein eigenes Hinterland zu erobern und herrschte zeitweise über Venetien und Friaul. Damit machte es sich jedoch Feinde unter den oberitalienischen Staaten. 1453 eroberten die Türken Konstantinopel, was Venedigs Handelsverbindungen nach Osten zerstörte. Ständige militärische Auseinandersetzungen mit den Türken und die wachsende Bedeutung des Überseehandels ab dem 16. Jh. ließen Venedigs Bedeutung langsam schwinden, bis es 1797 von Napoleon erobert wurde. ■

Die Mongolen

Zu Beginn des 13. Jh. entstand das größte Reich, das es in der Geschichte jemals gegeben hatte. Es reichte von der Ostküste Asiens bis nach Ungarn und war fast 30 Millionen Quadratkilometer groß. Auf dieser Fläche lebten rund 100.000 Menschen, mehr als die Hälfte der damaligen Weltbevölkerung. Die Eroberung wurde von einem nomadischen Stammesführer eingeleitet: Dschingis Khan.

Dschingis Khan

Bereits Dschingis Khans Großvater Kabul Khan hatte zu Beginn des 12. Jh. versucht, die mongolischen Stämme gewaltsam zu einen und China anzugreifen. Nach seinem Tod brach aber ein blutiger Bürgerkrieg unter den verschiedenen Clans aus. Obwohl Dschingis Khan (um 1155–1227), dessen Geburtsname Temudschin lautete, angeblich früh seinen Vater verloren hatte und in Armut aufgewachsen sein soll, gelang es ihm, bis 1206 die mongolischen Stämme zu unterwerfen und auf einer Fürstenversammlung zum Großkhan mit absoluter Herrschaftsbefugnis gewählt zu werden. Er entmachtete den Adel und setzte an dessen Stelle Heerführer, die sich militärisch ausgezeichnet hatten. Außerdem führte er eine Wehrpflicht ein und ließ allgemein gültige Gesetze aufzeichnen. Die Gefolgschaft seiner Krieger sicherte er sich durch die erbarmungslose Bestrafung jeden Ungehorsams und die Aussicht auf reiche Beute in künftigen Kriegszügen.

Der Siegeszug

Dschingis Khans erste Opfer waren andere asiatische Nomadenstämme wie die Tartaren. Danach wandte er sich China zu. Dieses war damals unter mehreren Dynastien aufgeteilt. Mithilfe der im Süden residierenden Song unterwarf Dschingis Khan das Reich der Yin im Norden. Die Song wurden später von seinem Enkel Kublai Khan unterworfen. Dschingis Khans nächste große Beute war das ehemalige Persien, das die sogenannten Choresm-Schahs erst 1194 den Seldschuken abgenommen hatten. Wie zuvor die Hunnen fielen auch die Mongolen mit beweglichen, mit Bogen ausgerüsteten Reiterscharen über ihre Feinde her und sorgten mit radikaler Grausamkeit bewusst für einen Ruf, der künftige Gegner schon im Voraus einschüchtern sollte. 1220 gründete Dschingis Khan mit Karakorum eine Hauptstadt und begann, Beamte der unterworfenen Völker für die Verwaltung der Gebiete zu rekrutieren. Ihre Kultur tastete er dabei nicht an, sondern entdeckte sie teilweise sogar für sich.

Die Erben

Nach seinem Tod wurde sein dritter Sohn Ugedai (1186–1241) neuer Großkhan, aber auch die anderen Nachkommen erhielten eigene Khanate. Sein Enkel Batu (1205–55) eroberte die russischen Fürstentümer, die aus dem Reich von Kiew hervorgegangen waren, und drang bis Schlesien und Wien vor, wurde dann aber durch den Tod Ugedais zurückgerufen. Im Wolgaraum existierte das von ihm gegründete Khanat der Goldenen Horde bis 1502 und übte bis 1408 die Oberherrschaft über Russland aus. Seine größte Ausdehnung erreichte das Mongolenreich unter dem gebildeten Kublai (1215–94), der 1260 Großkhan der Mongolen und 1271 Kaiser von China wurde. Seine Nachkommen regierten aber nur bis 1368. Auch in Persien übernahmen im 14. Jh. nach und nach wieder einheimische Dynastien die Macht.

Timur Leng

Das sogenannte Tschagatai-Khanat in Zentralasien zersplitterte schnell in verschiedene Interessensbereiche. Im 14. Jh. erhob dann ein Feldherr namens Timur Leng (1328–1405) den Anspruch auf das Erbe Dschingis Khans. Er eroberte mit noch mehr Brutalität als dieser ein Reich, das sich zwischen Euphrat, Indus und Aralsee erstreckte. Nach seinem Tod zerfiel es aber bald wieder. Nur in Zentralasien konnten sich seine Nachkommen bis 1507 an der Macht halten.

Obwohl die Mongolen nicht nur als Zerstörer auftraten, sondern vor allem Kublai Khan und Timurs Enkel Ulug Beg (1394–1449) für ein hohes kulturelles Niveau an ihren Höfen sorgten, überwog die Verwüstung ganzer Regionen bei Weitem. Durch den Mongolensturm verlor Asien seinen kulturellen Vorsprung vor Europa. ■

Mongolenkrieger

Die Seidenstraße

Die legendäre Verbindung zwischen Europa und dem fernen Osten entstand schon zu Zeiten des chinesischen Kaisers Wu-di (156 – 87 v. Chr.). Ihre glänzendste Zeit erlebte sie jedoch unter den Mongolen. Kublai Khan war auch an einem Austausch mit dem Westen interessiert. Timur Leng und Ulug Beg machten Samarkand, einen zentralen Umschlagplatz an der Seidenstraße, zu einer der prächtigsten Städte Asiens.

Der Aufstieg der Habsburger

Rudolf I., Grabmal in Speyer

Nach dem Aussterben der Staufer herrschte in Deutschland Chaos. Zwar gab es mit Wilhelm von Holland, Richard von Cornwall und Alfons dem Weisen von Kastilien deutsche Könige, doch sie wurden nur von einer Minderheit gewählt und ließen sich teilweise nie in Deutschland blicken. Stattdessen versuchten kleine und große Fürsten, die allgemeine Rechtlosigkeit der „kaiserlosen, schrecklichen Zeit" auszunutzen und sich Pfründe und Macht zu sichern. 1273 konnten sich die Fürsten endlich auf einen neuen König einigen: Rudolf von Habsburg. Damit war das sogenannte Interregnum beendet.

Rudolf (1218–91) verfügte zwar über ausgedehnte Ländereien im Elsass und der Nordschweiz, aber nur über den Rang eines Grafen. Von den vier Bewerbern um die Königswürde war er der schwächste Anwärter. Doch die Kurfürsten wollten weder den französischen König noch Friedrich von Thüringen, der mütterlicherseits ein Staufer war, noch den ehrgeizigen König von Böhmen auf dem deutschen Thron sehen. Rudolf I. dagegen brauchte die Kurfürsten, um regieren zu können, was deren Position stärkte. Außerdem konnte er sich mit ihnen auf ein politisches Programm einigen: Wiederherstellung des Reichsfriedens und die Rückgewinnung annektierten Reichsgutes.

Der Kampf gegen Böhmen

Rudolfs mächtigster Gegenspieler war Ottokar II. von Böhmen (um 1232–78). Er hatte 1251 Österreich und 1260 die Steiermark erobert und dazu Kärnten und die Krain geerbt. Als König von Böhmen war er Rudolf rechtlich gleichgestellt, nicht jedoch als Herrscher über Reichslehen niederen Ranges. Er verweigerte Rudolf die Anerkennung und weigerte sich auch, annektiertes Reichsgut herauszugeben. Der neue König konnte ihn jedoch 1278 besiegen. Böhmen und Mähren durfte Ottokars Sohn behalten, die österreichischen Länder vergab Rudolf – mit Zustimmung der Kurfürsten – als Reichslehen an seinen eigenen Sohn Albrecht (1255–1308).

Damit hatte er seiner Dynastie für die Zukunft wirtschaftliche und politische Macht gesichert. Aber auch bei der Wiederherstellung von Frieden und Ordnung im Reich erwies sich Rudolf – zumindest im Süden des Landes – als sehr erfolgreich.

Der Weg zur Macht

Nach Rudolfs Tod wollten die Kurfürsten ihre noch junge Macht nicht durch eine neue Dynastie infrage stellen lassen. Zwar wurde sein Sohn Albrecht deutscher König, danach aber erst wieder dessen Urenkel Albrecht II. (1397–1439). Der war als Erbe seines Schwiegervaters auch noch König von Ungarn, Böhmen und Kroatien. Nach ihm wurde sein Cousin Friedrich III. (1415–93) König und 1452 auch Kaiser. Er verweigerte sich politischen Reformen und war vor allem bemüht, die Zukunft des Hauses Habsburg zu sichern. So erkannte er eine gefälschte Urkunde aus dem Jahr 1358 an, das *Privilegium Maius*, das Österreich die gleichen Rechte wie den Kurfürstentümern zusprach. Seinem Sohn Maximilian I. (1459–1519) verschaffte er die reiche Erbin Maria von Burgund. Nach Friedrich regierten mit einer Ausnahme (Karl VII. Albrecht von Wittelsbach, 1742–45) bis zum Ende des Reiches im Jahr 1806 nur noch Habsburger.

Die Kurfürsten

Bei den deutschen Königswahlen hatten die Stimmen einiger Fürsten schon immer mehr als die anderer gezählt. Dazu gehörten die Erzbischöfe von Mainz, Köln und Trier und der Pfalzgraf bei Rhein. 1198, während der Thronstreitigkeiten zwischen Staufern und Welfen, ließ Papst Innozenz wissen, er werde keinen Kandidaten akzeptieren, der nicht die Zustimmung dieser vier habe. Wann und wie der Herzog von Sachsen und der Markgraf von Brandenburg zu Kur- (d. h. Wahl-) Fürsten wurden, weiß man nicht genau. Auf jeden Fall verstanden es die Kurfürsten, während und nach dem Interregnum ihren Anspruch zu festigen, bis er 1356 in der *Goldenen Bulle* verbindlich festgeschrieben wurde.

Im Gegensatz zu seinem Vater versuchte Maximilian Reformen, folgenreicher aber war seine Entscheidung, die Kaiserkrönung nicht mehr vom Papst vornehmen zu lassen, sondern mit der Wahl zum deutschen König zu koppeln. Sein Sohn Philipp (1479–1506) erbte durch seine Heirat mit Johanna der Wahnsinnigen (1479–1555) Spanien und dessen Kolonien. So wurde Maximilians Enkel Karl V. (1500–58) Herrscher eines Reiches „in dem die Sonne nicht untergeht.“

Die Habsburger: Maximilian I., Sohn Philipp I. und die Enkel Karl V. und Ferdinand I.

Die Pest

Pestopfer werden vor der Stadt begraben

Im Jahr 1347 trafen Handelsschiffe mit einer gefährlichen Fracht in Genua ein. Viele Matrosen waren an einer seltsamen Krankheit erkrankt, die rasend schnell um sich griff, bevor die Behörden eine Quarantäne über die Schiffe verhängen konnten. Sie verbreitete sich über ganz Europa und raffte innerhalb von fünf Jahren mindestens ein Drittel der Bevölkerung dahin.

Man weiß bis heute weder genau, woher die Pest kam, noch um welchen Erreger es sich wirklich handelte. Außer dem Pestbakterium *Yersinia pestis* ziehen Wissenschaftler z. B. auch eine ebolaähnliche Virenerkrankung (hämorrhagisches Fieber) als Auslöser in Erwägung. Die Krankheit stammte wahrscheinlich aus Zentralasien und gelangte über die Seidenstraße nach Westen. 1346 belagerte die Goldene Horde die genuesische Kolonie Kaffa (heute Feodossija) auf der Krim. Dabei katapultierten die Mongolen Leichen von Pestopfern in die Stadt. Wenige Monate später brach die Pest nicht nur in Genua, sondern auch in anderen Hafenstädten wie Messina, Kairo und Konstantinopel aus.

Frömmigkeit, Ausschweifungen und Pogrome

Im Verlauf des Jahres 1348 verbreitete sich die Seuche in Ägypten, dem Nahen Osten und ganz Süd- und Westeuropa. 1352 hatte sie sogar Nordskandinavien erreicht. Nur wenige Gegenden blieben verschont: Dazu zählten die Umgebung von Mailand und Brügge, vor allem aber eine größere Zone, die sich von Magdeburg bis in die Westukraine zog. Der Erreger traf vielfach auf eine geschwächte Bevölkerung. Ende des 13. Jh. hatte es eine Klimaverschlechterung (Kleine Eiszeit) gegeben, die für Missernten und Hungersnöte gesorgt hatte. Allein der „Große Hunger", der von 1315 bis 1317 in Nordeuropa herrschte, hatte mindestens zehn, vielleicht auch bis zu 25 Prozent der Bevölkerung das Leben gekostet.

Die Pest forderte in Europa wohl 20 bis 25 Millionen Opfer, was etwa einem Drittel der damaligen Bevölkerung entsprach. Deutschland kam mit etwa zehn Prozent Toten relativ glimpflich davon, während die Seuche in Italien, Frankreich und England besonders schlimm wütete. Städte waren dabei weitaus stärker betroffen als ländliche Gebiete.

Da es kein Gegenmittel gegen das große Sterben gab, machte sich Hysterie breit. Viele Mensche ergaben sich in Ausschweifungen, um das Leben noch einmal so richtig zu genießen, andere verfielen in radikale Frömmigkeit. Sie schlossen sich den Flagellanten an und zogen – sich selbst geißelnd – durch die Städte. In vielen Städten gab es Aufstände, so in London, Paris, Brügge, Braunschweig und Lübeck. Außerdem machte sich das Gerücht breit, die Juden hätten die Brunnen vergiftet. Dies führte gerade in Städten, die noch nicht von der Pest erfasst waren, zu Pogromen mit jeweils Hunderten von Opfern. Der Aufruf von Papst Klemens VI. (um 1290–1352) an die Landesherren, die Juden zu schützen, wurde nur in Spanien, Österreich, Böhmen und Polen umgesetzt. Kasimir der Große von Polen (1310–70) nahm sogar in großen Mengen deutsche Flüchtlinge auf.

Auch Asien war von der Pest betroffen. In China brach die Seuche schon 1331 aus. Verlässliche Zahlen über die außereuropäischen Opfer gibt es nicht. Schätzungen gehen von mindestens 50 Millionen aus.

Die Folgen

Im Großen und Ganzen erwies sich der Bevölkerungsverlust aber als Chance für die Überlebenden, die nun bessere Berufe ergreifen und leichter zu Wohlstand kommen konnten. Schwerer wog der Vertrauensverlust in die Obrigkeit, vor allem in die Kirche, die nicht gegen die Krankheit hatte helfen können. Reformbewegungen wie die des Jan Hus (um 1370–1415) oder die englischen Lollarden erhielten Zulauf.

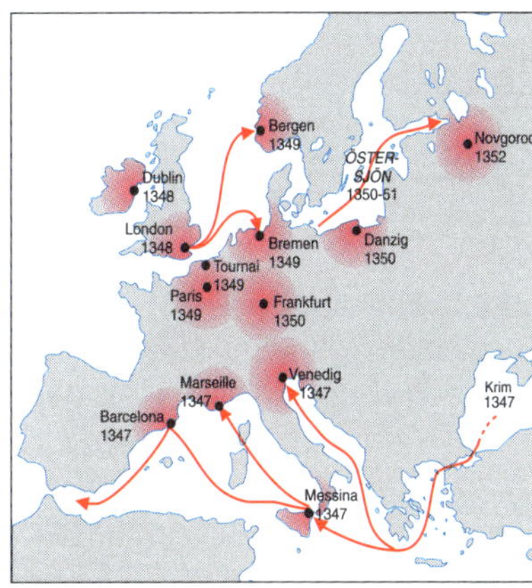

Die Pest in Europa

Karl IV.

Die Pest überschattete die ersten Jahre der ansonsten durchaus erfolgreichen Regierungszeit von Kaiser Karl IV. (1313 – 78). Mit den Bestimmungen der *Goldenen Bulle* nahm er eine Verwaltungsreform der chaotischen Strukturen des Reiches in Angriff. Außerdem vermied er außenpolitische Abenteuer. Als Sohn einer böhmischen Prinzessin war er auch zum König von Böhmen gewählt worden und baute Prag zu einer prächtigen Hauptstadt aus, die 1348 die erste Universität des Reiches bekam. Dies war auch möglich, weil Prag von der Pest nahezu verschont blieb.

Der Hundertjährige Krieg

1328 starb in Frankreich die Dynastie der Kapetinger aus. Anspruch auf die Nachfolge erhoben Philipp von Valois (1293–1350), der nächste Verwandte des verstorbenen Königs in männlicher Linie, und Edward III. von England (1312–77), der Sohn seiner Schwester. Der Konflikt führte zu einer über 100-jährigen kriegerischen Auseinandersetzung zwischen Frankreich und England, in der Frankreichs Existenz auf dem Spiel stand.

Philipp VI. von Valois

Die Gründe für den Krieg lagen in der Vergangenheit. 911 überließ der Karolingerkönig Karl der Einfältige (978–929) den Wikingern, die sich im Norden Frankreichs festgesetzt hatten, die Normandie als Lehen. Als 1066 ihr Herzog Wilhelm (1028–87) England eroberte, blieb er dennoch als Fürst der Normandie Lehnsmann der französischen Könige. 1153 wurde Heinrich II. Plantagenet (1133–89), der Sohn von Wilhelms Enkelin Mathilda und des französischen Grafen Gottfried von Anjou, neuer König von England. Doch was noch viel gravierender war: Im Jahr zuvor hatte sich Eleonore, die reiche Erbin von Aquitanien (um 1122–1204), von ihrem Mann, dem französischen König Ludwig VII. (1120–80), getrennt und ausgerechnet Heinrich geheiratet. Damit herrschte dieser über mehr als die Hälfte Frankreichs. Das wollten die französischen Könige nicht hinnehmen. Bis 1259 eroberten sie alle englischen Territorien bis auf Aquitanien und die Gascogne.

Schwarzer Prinz und weiser König

Der Thronstreit von 1328 führte nicht sofort zum Konflikt. Edward III. suchte zunächst nach Verbündeten im unruhigen Flandern. Philipp reagierte 1337 mit der Annexion des restlichen englischen Besitzes in Frankreich, Edward 1339 mit einer Invasion. 1346 mussten die Franzosen bei Crécy die erste schwere Niederlage gegen ein zahlenmäßig weit unterlegenes englisches Heer hinnehmen. Doch die schwerfälligen französischen Ritter waren chancenlos gegen die englischen

Bogenschützen. 1356 konnte Edwards gleichnamiger Sohn, der „Schwarze Prinz" (1330–76), den neuen französischen König Johann II. (1319–64) gefangen nehmen. Frankreich zahlte ein hohes Lösegeld und gewährte England volle Souveränität über seine französischen Besitzungen. Edward verzichtete dafür auf seinen Thronanspruch. Die Vereinbarungen wurden jedoch nie unterzeichnet und 1369 nahm Johanns Sohn Karl der Weise (1338–80) den Krieg wieder auf und eroberte den englischen Besitz zurück. Während Karl sich auch innenpolitisch als fähiger Politiker erwies, wurde England durch Thronstreitigkeiten unter den Nachkommen Edwards III. geschwächt. 1386 schlossen die beiden Parteien einen Frieden, der bis 1415 Bestand hatte.

Jeanne d'Arc

Zu Beginn des 15. Jh. hatten sich die Voraussetzungen wieder gewandelt. England hatte mit Heinrich V. (1387–1422) einen tatkräftigen jungen König und stand wirtschaftlich gut da, während in Frankreich mit Karl VI. (1369–1422) ein geistesschwacher Monarch auf dem Thron saß und sich die Herzöge von Orleans und Burgund schon um die Macht stritten. Heinrich eroberte Nordfrankreich und wurde 1420 mit Zustimmung der französischen Königin Isabeau von Bayern (1371–1435) König von Frankreich. Nach seinem frühen Tod ging der Krieg aber weiter. 1428 tauchte dann plötzlich die junge, von religiösen Visionen motivierte Jeanne d'Arc (um 1412–31) auf und animierte die Franzosen zu einem erfolgreichen Ausfall aus dem belagerten Orleans. Ein Jahr später konnte Karl VII. (1403–61) gekrönt werden, zögerte jedoch, den Kampf gegen die Engländer fortzusetzen. Jeanne d'Arc versuchte es auf eigene Faust, wurde gefangen und von den Engländern 1431 als Ketzerin verbrannt. 1435 jedoch wechselte der mit England verbündete Herzog Philipp der Gute von Burgund (1396–1467) die Seiten, außerdem hatten in England wieder Thronstreitigkeiten („die Rosenkämpfe") begonnen. Der Krieg endete 1558 mit einer vollkommenen Vertreibung der Engländer aus Frankreich. ■

Shakespeares Königsdramen

Die meisten von William Shakespeares Königsdramen spielen während des Hundertjährigen Krieges. *Richard II.* und *Heinrich IV.* handeln von den Thronstreitigkeiten nach dem Tod Edwards III., *Heinrich V.* und der erste Teil von *Heinrich VI.* vom Krieg in Frankreich, *Heinrich VI.* und *Richard III.* von den Rosenkriegen.

Jeanne d'Arc

Die oberitalienischen Stadtstaaten

Die Neuzeit begann in Italien. Dort leitete im 14. Jh. der Dichter Francesco Petrarca (1304 – 74) eine geistige Rückbesinnung auf die Antike ein, die Vernunft und Erfahrung über kirchliche Dogmen stellte. Das war möglich, weil die neuen Ideen in den oberitalienischen Städten auf ein selbstbewusstes, reiches und gebildetes Bürgertum trafen.

Francesco Petrarca

Das heutige Italien war im Mittelalter viergeteilt. Im Süden herrschten nacheinander die Byzantiner, die Araber (ab dem 9. Jh.), die Normannen (ab dem 11. Jh.), die römisch-deutschen Kaiser (ab 1194), die Herzöge von Anjou (ab 1265), die Könige von Aragon (nur Sizilien, ab 1282), die Habsburger (ab 1516) und die Bourbonen (ab 1737). Ganz Mittelitalien mit Ausnahme der Toskana gehörte zum Kirchenstaat, ein Großteil der Alpenregionen deutschen Fürsten. Es blieben die Städte Oberitaliens und der Toskana, die formell den römisch-deutschen Kaisern unterstanden. Diese konnten ihre Macht jedoch nur punktuell durchsetzen.

Mailand

Die mächtigste der lombardischen Städte war schon seit dem 8. Jh. Mailand. Im 13. Jh. kam es zu heftigen internen Auseinandersetzungen, in denen sowohl Adel und Volk, verschiedene Adelsfamilien als auch die Anhänger des Kaisers (Ghibellinen) und des Papstes (Guelfen) gegeneinander standen. Relativ schnell setzte sich aber 1277 der Erzbischof Ottone Visconti (1207 – 95) durch. Nach seinem Tod gelang es seinem Neffen Matteo I. (1255 – 1322) die weltliche Macht, die sein Onkel ausgeübt hatte, zu übernehmen. Zunächst fungierten die Visconti noch als kaiserliche Reichsvikare, dann kaufte Gian Galeazzo Visconti (1351 – 1402) dem deutschen König Wenzel (1361 – 1419), einem schwachen Alkoholiker, nicht nur den Titel Herzog von Mailand, sondern auch Herzog der Lombardei ab, da man diese inzwischen erobert hatte. Dazu bediente Mailand sich – wie in den anderen Städten auch – käuflicher Söldnertruppen. Wie mächtig die Visconti wurden, zeigt sich daran, dass sie in den europäischen Hochadel einheirateten. Gian Galeazzo war mit einer französischen Prinzessin verheiratet. Sein Onkel Bernabo (1319–84) hatte sogar sieben uneheliche Töchter in England, Österreich und Bayern untergebracht. Nach dem Tod von Filippo Maria (1391–1447), dem letzten Visconti, proklamierten die Mailänder die Republik, wurden aber 1450 von dem Söldnerführer (Condottiere) Francesco Sforza (1401–66), Filippos Schwiegersohn, erobert. 50 Jahre später wurde Mailand zum Zankapfel zwischen Franzosen und Habsburgern und fiel schließlich bis 1714 an Spanien. Den Heeren der neuen Großmächte zeigten sich die italienischen Söldner nicht mehr gewachsen.

Florenz

Florenz

Im Gegensatz zu Mailand zogen sich in Florenz die internen Auseinandersetzungen zwischen Guelfen und Ghibellinen, Adel und Volk bis ins 15. Jh. hin. Trotzdem wurde die Stadt zur beherrschenden Macht der Toskana, konnte Mailand mehrmals besiegen und 1406 sogar die Seerepublik Pisa erobern. Dann gelang es dem reichen Bankier Cosimo de Medici (1389–1464) durch Geld und Geschick seine Gegner zu entmachten und Ämter mit Parteigängern zu besetzen. Außerdem unterstützte er die Machtergreifung Francesco Sforzas in Mailand und erreichte damit ein Bündnis mit dem früheren Erzfeind. Sein Enkel Lorenzo der Prächtige (1449–92) baute die Macht aus, ohne die Republik abzuschaffen. 1485 jedoch begann der fanatische Dominikanermönch Girolamo Savonarola (1452–98) Bußpredigten zu halten und erreichte 1494 die Vertreibung der Medici. Vier Jahre später erzwang Papst Alexander VI. (Rodrigo Borgia, 1430–1503) die Auslieferung Savonarolas, den er als Ketzer verbrennen ließ, und die Rückkehr der Medici. 1532 sorgte Papst Clemens VII. (Giulio de Medici, 1478–1534) für die Umwandlung der Republik in ein Herzogtum Toskana, das seine Familie bis 1737 regierte. ■

Die Renaissance

In der Kunst beginnt die Epoche der Renaissance (Wiedergeburt der Antike) 1419 in Florenz mit den Bauten des Architekten Filippo Brunelleschi (1377 – 1446). Große Förderer der Renaissancekunst waren aber auch die Familien kleinerer Stadtstaaten wie die Gonzaga, die von 1328 bis 1627 in Mantua regierten, und die d'Este, die von 1146 bis 1597 Ferrara beherrschten.

San Lorenzo, Kirche von Brunelleschi

Der Aufstieg der Osmanen

Eines der symbolträchtigsten Ereignisse der Geschichte, das auch oft als Wende vom Mittelalter zur Neuzeit bezeichnet wird, ist der Fall von Konstantinopel im Jahr 1453. Damit war das Byzantinische Reich, das trotz aller Schwäche und aller Rivalitäten mit dem Westen als eine Art Scharnier zwischen Orient und Okzident gedient hatte, endgültig vernichtet. Stattdessen entstand ein türkisches Großreich.

Osman I. (1258–1326), der Namensgeber des Osmanischen Reiches, war ein Clanführer und Vasall der Rum-Seldschuken, die im 11. Jh. die anatolischen Gebiete des Byzantinischen Reiches erobert hatten, aber im 13. Jh. durch interne Auseinandersetzungen und die Angriffe der Mongolen geschwächt wurden. 1299 erklärte sich Osman für unabhängig von den Seldschuken und begann, nach und nach die benachbarten Stämme zu unterwerfen. 1326 und 1333 eroberten er bzw. sein Sohn mit Bursa und Nicäa die beiden letzten großen byzantinischen Städte Anatoliens. Osmans Enkel Murad I. (1326–89) setzte die Feldzüge in Osteuropa fort und eroberte große Teile von Griechenland und Rumänien. 1389 konnte er die Serben und Bosnier in der Schlacht auf dem Amselfeld (Kosovo) schlagen, wurde aber anschließend von dem serbischen Ritter Milos Obilic ermordet, der seitdem als Nationalheld Serbiens gilt, aber die Eroberung des Balkans nicht verhinderte.

Mehmed II.

Der Fall von Konstantinopel

Versuche, die Stadt Konstantinopel einzunehmen, scheiterten zunächst. Es gelang aber, sie tributpflichtig zu machen. Außerdem besiegten die Osmanen 1396 ein Kreuzfahrerheer. 1402 wurden sie selbst von dem Mongolenherrscher Timur Leng geschlagen, was aber keine gravierenden Aufwirkungen hatte, da Timur drei Jahre später starb und sein Reich zerfiel. Gleichzeitig kam es jedoch auch zu Thronstreitigkeiten innerhalb des Osmanischen Reiches. Byzanz versuchte sich einzumischen und schloss Bündnisse mit einzelnen Kandidaten.

Die Janitscharen

Bei den Eroberungen der Türken spielten die sogenannten Janitscharen („neue Truppe") eine große Rolle. Sie waren von Murad I. als Leibgarde gegründet worden und wurden später zu einer 200.000 Mann starken Elitetruppe. Ab 1438 bestanden sie vor allem aus Osteuropäern, die man schon als Kinder zwangsrekrutierte, sodass die Truppe zum Familienersatz wurde. Im 17. Jh. wurde die „Knabenlese" dann abgeschafft und auch wohlhabende Türken konnten ihre Söhne in der Elitetruppe unterbringen. Das führte jedoch dazu, dass die Janitscharen zunehmend politisch Einfluss nahmen und sogar mehrmals schwache Sultane absetzten oder ermordeten. 1826 wurde die Truppe nach einer Rebellion zerschlagen.

Letztendlich aber setzte man auf die Verlierer. Als Mehmed II. (1430–81) im Jahr 1451 Sultan wurde, war die Vernichtung von Byzanz, das fast nur noch aus dem Stadtgebiet von Konstantinopel bestand, sein Hauptziel. Mehmet rückte mit einer zehnfachen Übermacht an Soldaten an und konnte die Stadt nach einer zweimonatigen Belagerung am 29. Mai 1453 einnehmen. Damit beherrschte er auch die strategisch so wichtige Handelsverbindung über den Bosporus. Außerdem eroberte er auch den Rest Südosteuropas und die Krim. Damit waren wichtige Verbindungen zwischen Ost und West gekappt.

Das türkische Reich

Mehmeds Enkel, der äußerst grausame Selim I. (1470–1520), wandte sich dann auch gegen andere islamische Staaten. Er eroberte Ägypten, Syrien und die arabische Küste bis hinunter zu den heiligen Städten Mekka und Medina. Er nahm den letzten Abbasiden-Kalifen al-Mutawakkil III. (reg. 1508–16) gefangen und nötigte ihn, ihm dem Titel des Kalifen, also des Nachfolgers von Mohammed, zu übergeben. Bei seinen Eroberungen ließ er vor allem Schiiten, aber auch Aleviten und Christen systematisch liquidieren. Gleiches tat er mit mehreren Brüdern, Neffen, Söhnen und politischen Beratern. Selims Sohn Süleyman der Prächtige (1495–1566) führte das Osmanenreich auf den Höhepunkt seiner Macht, aber auch zu einer kulturellen und innenpolitischen Blütezeit. Er eroberte Libyen, den Irak und Ungarn und tauchte 1529 vor Wien auf, musste die Belagerung aber wegen des frühen Winters abbrechen. Trotzdem war den Habsburgern ein Waffenstillstand im Jahr 1547 einen hohen Tribut wert. ■

Belagerung Wiens durch Süleyman den Prächtigen

Die Reconquista

Ferdinand und Isabella von Kastilien

Im Jahr 711 hatte der Berberführer Tarik ibn Ziyad zunächst Gibraltar erobert, das später nach ihm benannt wurde, und anschließend die ganze iberische Halbinsel. 781 Jahre später kapitulierte mit Granada die letzte muslimische Bastion in Spanien, und die Halbinsel war wieder christlich. Diese Zeitspanne wird meist als Reconquista (Rückeroberung) bezeichnet, aber sie war alles andere als eine gezielte militärische Kampagne.

Genau genommen hatten die Araber auch nicht ganz Spanien erobert. Im bergigen Nordwesten, in Asturien, konnte sich ein westgotisches Widerstandsnest halten. Nach einer Niederlage im Jahr 722 verzichteten die arabischen Anführer auf das karge Gebiet und suchten jenseits der Pyrenäen lohnendere Beute. Doch auch hier wurden sie 732 durch Karl Martell gestoppt. In der Folge konnten die Westgoten ihr Einflussgebiet auf den ganzen Nordwesten ausdehnen, während die Karolinger in Katalonien die Spanische Mark einrichteten. Dazwischen begann sich das baskische Reich von Pamplona (später Navarra) zu formieren. Ihnen allen kam entgegen, dass die arabischen Statthalter (später Emire) im Süden residierten und immer wieder mit internen Kämpfen und Rebellionen der nordafrikanischen Berber konfrontiert waren, die einen Großteil ihrer Truppen ausmachten, aber politisch benachteiligt wurden.

Kreuzzug gegen die Ungläubigen

755 wurde das Emirat von Córdoba unabhängig von Damaskus, 929 zum Kalifat erhoben. 997 eroberte der Regent Abi Amir al-Mansur (Almansor, 939–1002) den Wallfahrtsort Santiago de Compostela in Galicien. Dies wurde in der ganzen christlichen Welt als Frevel angesehen. Als nach al-Mansurs Tod Bürgerkriege ausbrachen und das Kalifat in Dutzende von Emiraten zerfiel, nutzten die Christen diese Chance, ihren Einfluss schrittweise auszudehnen. Inzwischen waren aus Asturien die Königreiche Leon und Kastilien hervorgegangen, aus der Spanischen Mark Aragon und Barcelona. Dazu kamen

Navarra und im Verlauf des 11. Jh. auch die Grafschaft Portugal. Untereinander waren sie in relativ schnellem Wechsel verbündet und wieder verfeindet, was auch den militärischen Erfolg der Reconquista beeinflusste. Bis 1086 gab es auch immer wieder Bündnisse zwischen christlichen und muslimischen Herrschern. Dann jedoch eroberten nacheinander zwei Berberdynastien das Land, die der relativen religiösen Toleranz in „al-Andalus" ein Ende machten: die Almoraviden und ab 1147 die Almohaden. Die christlichen Fürstentümer einigten sich und brachten den Almohaden 1212 die entscheidende Niederlage bei. Danach begünstigten lokale Aufstände der Moslems gegen die Almohaden den Siegeszug der Christen. 1265 existierte nur noch das Sultanat von Granada.

Die katholischen Könige

In Granada machte sich 1232 Muhammad I. ibn Nasr (gest. 1273) zum Sultan, musste aber die Oberhoheit Kastiliens anerkennen. Während der nächsten 200 Jahre gab es immer wieder kriegerische Auseinandersetzungen, aber letztendlich verzichteten die Könige Kastiliens auf eine Eroberung und kassierten lieber Tribute von dem wirtschaftlich außerordentlich erfolgreichen Sultanat. 1469 heirateten Isabella I. (1451–1504), die Erbin von Kastilien und Leon, und Ferdinand II. (1452–1516), der König von Aragon. Beide waren nicht nur fanatische Katholiken, sondern auch bestrebt, Spanien zu einem starken, zentralistisch regierten Staat zu machen. 1482 begannen sie den Krieg gegen Granada, der zehn Jahre später mit dem Fall der Hauptstadt endete. Sie verbrannten alle islamischen Schriften, vertrieben die Juden, die sich nicht taufen lassen wollten, und 1502 auch die Moslems, obwohl ihnen im Vertrag von Granada religiöse Toleranz gewährt worden war. Außerdem führten Ferdinand und Isabella die Inquisition in Spanien ein, die fast ausschließlich Konvertiten verfolgte, die im Verdacht standen, ihrer alten Religion noch anzuhängen. ■

Die Mezquita

784 begann der Emir Abd ar-Rahman mit dem Bau einer der schönsten Moscheen der Welt, der Mezquita im Córdoba. Nach der Eroberung Córdobas machte König Ferdinand III. von Kastilien eine christliche Kirche daraus. Doch erst Kaiser Karl V. ließ im 16. Jh. den „Wald der 1000 Säulen" zerstören, um eine Kathedrale mitten in die Mezquita zu setzen.

Säulenhalle der Mezquita in Córdoba

Die Hochkulturen Mittelamerikas

Pyramide in Chichén Itzá, Tempelstadt der Maya

Neuere Forschungen belegen, dass die Indianer Mittelamerikas seit mindestens 900 v. Chr. schreiben konnten. Trotzdem müssen sich Historiker ihre Geschichte mühsam zusammenpuzzeln. Denn die älteren Schriften hat man bislang noch nicht entziffert, die Bücher der hoch gebildeten Maya dagegen haben übereifrige Missionare als Teufelswerk verbrannt. So geben heute vor allem großartige Ruinenstädte Zeugnis von den amerikanischen Hochkulturen.

Wann genau Mittelamerika besiedelt wurde, ist unter den Forschern umstritten. Die Theorien reichen von 11.000 bis 20.000 v. Chr. Spätestens ab 8000 v. Chr. wurde im Hochland von Mexiko Landwirtschaft betrieben. Ab 2500 v. Chr. gab es größere Dörfer, 500 Jahre später die ersten Tempel. Es entwickelten sich jedoch keine richtigen Städte, sondern sogenannte Zeremonialzentren. Allerdings dürften die Bewohner der umliegenden Regionen, wenn sie sich dort an Festtagen trafen, auch Handel getrieben haben. Die erste höher entwickelte Kultur war die der Olmeken (um 1500–400 v. Chr.). Sie lebten in einer regenreichen, fruchtbaren Gegend am südlichen Golf von Mexiko, wo sie mehrere religiösen Zentren mit Tempelpyramiden (La Venta, San Lorenzo, Tres Zapotes) errichteten. Dort beteten sie eine Jaguargottheit an und betrieben ein rituelles Ballspiel. Sie hatten Handelskontakte, die über mindestens 1500 Kilometer reichten, eine Bilderschrift und einen Kalender. Charakteristisch sind vor allem bis zu 50 Tonnen schwere Steinköpfe, die wohl Häuptlinge oder Priester porträtierten.

Die Maya

Die Maya, deren Siedlungsgebiet sich vom nördlichen Honduras bis Südmexiko erstreckte, sind seit etwa 2000 v. Chr. nachweisbar. Ihre Entwicklung zu einer Hochkultur begann aber erst um 800 v. Chr.

durch intensive Handelskontakte mit den Olmeken. Mit Ausnahme der Steinköpfe übernahmen sie beinahe alles von deren Kultur und entwickelten es weiter. Die eigentliche Hochkultur der Maya begann um 200 mit dem Bau großer Städte wie Tikal, Uxmal oder Palenque, die vor allem im Tiefland von Guatemala und Mexiko lagen. Die Städte wurden von Priesterfürsten regiert, die sich auf einen Beamtenapparat stützten. Im Zentrum standen extrem steile Stufenpyramiden, auf deren Spitze Tempel errichtet worden waren. Überhaupt hatte der religiöse Kult eine enorme Bedeutung. Eine Unzahl launischer Götter musste mit Opfern, darunter auch Menschenleben, beruhigt und durch astronomische Berechnungen ausgeforscht werden.

Im 8. Jh. setzte jedoch ein Niedergang der Städte ein. Die Thesen der Historiker reichen von einer Zerstörung durch nordmexikanische Stämme über einen extremen sozialen Umsturz bis zum ökologischen Kollaps. Eine Ausnahme bildet der Norden der Halbinsel Yucatán: Dort wurden die Maya im 10. Jh. von den kriegerischen Tolteken erobert. Diese übernahmen große Teile der Mayakultur, die aber deutlich aggressiver und blutrünstiger wurde. Die Herrscher bekriegten sich aber auch untereinander, sodass das Reich im 15. Jh. in zahlreiche Regionalfürstentümer zerfiel.

Teotihuacán

Wirtschaftlich und wohl auch politisch waren sowohl das Maya-Reich in seiner Anfangszeit wie auch die anderen mittelamerikanischen Indianerstämme wie Zapoteken, Mixteken oder Tolteken von Teotihuacán abhängig, einer Stadt im Hochland von Mexiko, von der Historiker nicht wissen, wer sie errichtet hat. Sie entstand um 300 v. Chr. und war kulturell von den Olmeken beeinflusst. Zwischen 300 und 600 lebten hier wohl mindestens 150.000 Menschen, und zwar Angehörige der verschiedensten Stämme. Es gab eine Vielzahl von Tempeln, von denen die 63 Meter hohe Sonnenpyramide der bedeutendste war. Zerstört wurde die Stadt um 750 durch die Tolteken.

Die Azteken

Azteken mit Kriegsbemalung

Das zweite große Indianerreich in Mittelamerika gründeten die Azteken. Woher sie stammen, wissen die Historiker nicht. Sie sind wohl erst im 13. Jh. in das Hochland von Mexiko eingewandert und dienten zunächst den Toltekenherrschern als Söldner. Dabei übernahmen sie größtenteils die Götter und Gebräuche der Tolteken. Erst im 15. Jh. setzten sie sich gegenüber den anderen mexikanischen Stämmen durch und beherrschten von ihrer Hauptstadt Tenochtitlán (heute Mexiko-City) aus ganz Zentralmexiko.

Die Inkas

Wie in Mexiko so betrieben die Indianer auch in Peru schon früh Landwirtschaft und entwickelten eine Hochkultur. In Caral, 200 Kilometer nördlich von Lima, wurde 1996 eine rund 4600 Jahre alte Ruinenstadt gefunden. Damit ist sie die älteste bisher entdeckte Stadt Amerikas. Als die Spanier nach Südamerika kamen, stießen sie dort auf ein Reich, das ungefähr 2 Millionen Quadratkilometer groß war und etwa 15 Millionen Einwohner hatte.

Bereits in Caral finden sich mehrere kleine, bis zu 10 Meter hohe Stufenpyramiden, wie es sie auch in Mittelamerika und in allen späteren peruanischen Kulturen gibt. Das Land um die Stadt, die etwa 3000 Einwohner fasste, war mit Bewässerungsgräben für die Landwirtschaft durchzogen. Angebaut wurden vor allem Bohnen und Kürbisse, aber auch Baumwolle. Außerdem trieb man nicht nur Handel mit der 25 Kilometer entfernt liegenden Küste, sondern auch mit den Bewohnern des Regenwaldes jenseits der Anden.

Die Vorgänger

Die wichtigste frühe Kultur in Peru ist die der Chavin (1200–400 v. Chr.), die nach einer großen labyrinthähnlichen Tempelanlage benannt sind, die sie im nördlichen peruanischen Hochland errichteten. Wie die mittelamerikanischen Olmeken verehrten sie Raubtiergottheiten, was manche Historiker spekulieren lässt, ob bereits damals Verbindungen zwischen Mexiko und Peru bestanden. Außerdem waren die Chavin gute Goldschmiede, Keramiker und Textilhersteller, drei Gebiete, auf denen es nachfolgende Kulturen zur Meisterschaft bringen sollten.

Die wichtigsten unter ihnen sind die Paracas, die etwa von 900 bis 200 v. Chr. an der Südküste lebten, ihre Toten mumifizierten und in kostbare Tücher hüllten, deren Nachfolger, die Nazca (200 v. Chr.–600 n. Chr.), die am Rande der extrem trockenen Pampa Colorado Intensivlandwirtschaft mit künstlicher Bewässerung betrieben, und die Moche (1.–7. Jh.) in den nördlichen Küstentälern, die viel Wert auf religiöse Zeremonien mit Blutopfern legten und wohl Kontakt mit den Maya hatten. Sowohl Moche wie Nazca wurden von den kriegerischen Wari aus den nord-

Wandteppich der Paracas

peruanischen Anden erobert. Die Wari bauten schachbrettartig angelegte Städte mit Verteidigungsanlagen und Infrastruktur, errichteten ein Wegenetz in den Anden und hatten eine militärisch organisierte Kultur. Warum ihr Reich im 11. Jh. zerfiel, weiß man nicht. Viele Forscher glauben, dass Klimaverschlechterungen, hervorgerufen durch das Wetterphänomen El Niño, der Grund gewesen sein könnten.

Machu Picchu

Die Diener der Sonne

Die Inka tauchten im 12. Jh. im südlichen Hochland von Peru auf und gründeten dort die Stadt Cuzco. Ihrer eigenen Legende nach stammten sie von der Sonneninsel im Titicacasee und waren lange herumgeirrt. Es müssen aber Kontakte zu den Wari bestanden haben, denn wie diese verehrten sie einen Schöpfergott namens Virachocha. Noch größere Bedeutung als dieser hatte aber sein Sohn Inti, die Sonne. Der oberste Herrscher, der Inka, galt als Inkarnation der Sonne und hatte damit einen gottgleichen Status. Bis etwa 1527 hatten die Inka ein Reich erobert, das von Ecuador bis ins südliche Chile reichte und gut durchorganisiert war. Alle Untertanen hatten ein Drittel ihrer Zeit für den Staat zu arbeiten. Auf diese Weise bauten die Inka ein Straßennetz von mehr als 30.000 Kilometern Länge und technisch anspruchsvolle Brücken. Außerdem wurden die Berghänge großflächig terrassiert und künstlich bewässert, um genügend Nahrungsmittel zu produzieren. Von den Städten ist nur das abgelegene Machu Picchu teilweise erhalten geblieben. ■

Die Wüstenbilder der Nazca

Zu Beginn des 20. Jh. entdeckten Flieger in der Pampa Colorado am Fuß der Anden unzählige geometrische Muster, bis zu 65 Kilometer lange schnurgerade Linien und fast 300 Meter lange Bilder von Affen, Spinnen und anderen Tieren. Es sind die größten geografischen Kunstwerke der Welt, und die Wissenschaftler rätseln, wie sie hergestellt werden konnten. Die Theorien reichen vom Heißluftballon – immerhin stellten die Nazca extrem hochwertige Textilien her – bis zur Hilfe von Außerirdischen. Auch über den Sinn wird eifrig gerätselt. Wahrscheinlich war die Herstellung der Bilder ein religiöser Akt, und die Linien verbanden heilige Orte.

Die Entdeckung der Neuen Welt

Heinrich der Seefahrer

Es ging nicht um Entdeckungen, sondern um Gewürze aus Indien. Diese hatten im Mittelalter nicht nur in der feinen Küche, sondern auch als Konservierungsstoffe und Grundlage von Arzneien einen enormen Wert. Doch der Transport war teuer, erst recht nach dem Zerfall des Mongolenreiches und dem Aufstieg der Osmanen, die alle Handelswege kontrollierten und hohe Zölle forderten. Die europäischen Mächte begannen, nach Alternativen zu suchen – und entdeckten Amerika.

Den Anfang machten die Portugiesen. Dank ihrer engen Kontakte zu den Arabern hatten sie nicht nur die nautischen Kenntnisse der Antike kennengelernt, sondern auch wichtige Anregungen für den Schiffsbau erhalten. So entwickelten sie die hochseetüchtige Karavelle, die als erstes europäisches Schiff gegen den Wind kreuzen konnte. Vor allem aber gab es mit Heinrich dem Seefahrer (1394–1460) einen Prinzen, der sich die Hochseeschifffahrt zur Lebensaufgabe gemacht hatte. Dabei bewegten ihn aber nicht nur wirtschaftliche Motive, sondern auch die Hoffnung, Afrikaner und Inder für den christlichen Glauben zu gewinnen. Unter der Ägide des Prinzen – der selbst nie an einer Expedition teilnahm – entdeckten portugiesische Seefahrer Madeira (1419), die Azoren (1427) und begannen, die Westküste Afrikas zu erforschen. Dort gründeten sie Handelsstützpunkte und tauschten vor allem Gold ein. Aber auch die ersten afrikanischen Sklaven kamen 1446 nach Europa.

Vasco da Gama

Um die Jahreswende 1487/88 gelang es dem portugiesischen Seefahrer Bartolomeu Diaz (um 1450–1500), die Südspitze Afrikas zu umsegeln, die sein König später „Kap der Guten Hoffnung“ taufte. Er musste allerdings wenig später umkehren, da seine Mannschaft an Skorbut erkrankt war. Zehn Jahre später schickte der König drei Schiffe mit den besten portugiesischen Seeleuten unter dem Kom-

Vasco da Gama

mando seines Vertrauten Vasco da Gama (um 1469–1524) auf die Reise. Fast ein Jahr später erreichte da Gama Südindien. Als er zurückkam, brachte er Gewürze und Edelsteine mit, die 60-mal so viel wert waren, wie die Expedition gekostet hatte. Ab 1500 schickten die Portugiesen jährlich ein Schiff nach Indien und richteten Handelsstationen ein, mussten sich jedoch militärisch gegen indische und arabische Händler durchsetzen. Von Indien aus stießen sie weiter nach Ostasien vor und richteten 1512 eine Handelsstation auf den Molukken („Gewürzinseln") ein, 1513 auf Timor, 1543 in Japan und 1557 in Macao. Allerdings bekamen sie trotz strenger Geheimhaltung bald Konkurrenz von anderen europäischen Mächten und hatten nicht die militärischen Ressourcen, ihr Monopol zu verteidigen.

Der Vertrag von Tordesillas

Nach der Rückkehr von Christoph Columbus schlug Papst Alexander VI. (Rodrigo Borgia, 1430 – 1503) eine gütliche Teilung der Neuen Welt zwischen den beiden christlichen Mächten Spanien und Portugal vor. Schließlich einigte man sich 1494 im Vertrag von Tordesillas, dass alles heidnische Land östlich einer gedachten Linie (46° 37′ West) portugiesische Interessensphäre sein sollte, alles westlich davon spanische. Sechs Jahre später entdeckten die Portugiesen die Ostküste Brasiliens, die noch innerhalb „ihrer" Breiten lag.

Christoph Kolumbus

Bereits im Jahr 1484 war am portugiesischen Hof ein italienischer Abenteurer aufgetaucht und hatte vorgeschlagen, den Weg über Indien nicht um Afrika herum zu suchen, sondern lieber nach Westen zu segeln. Er wurde jedoch weggeschickt, da die portugiesischen Experten – zu Recht – der Meinung waren, dass diese Strecke weit länger sei, als die von Christoforo Colombo (1451–1506) veranschlagten 4500 Kilometer. Kolumbus versuchte es bei Portugals Rivalen Spanien, konnte sich jedoch erst nach dem Fall Granadas mit seiner Idee durchsetzen. Am 3. August 1492 stach er in See und erreichte am 12. Oktober die Bahamas. Anschließend entdeckte er Kuba und Hispaniola (Haiti und die Dominikanische Republik). Bis zu seinem Tod glaubte er, Inseln vor der Küste Indiens gefunden zu haben. Auf seinen drei nächsten Reisen entdeckte er weitere karibische Inseln und 1502 schließlich – bei der Suche nach einer Passage Richtung Indien – das amerikanische Festland.

Christoph Kolumbus

Die Eroberung Amerikas

Kolumbus erreicht den amerikanischen Kontinent

Als Kolumbus von seiner ersten Reise zurückkam, beschrieb er die dort lebenden Indianer als friedlich und freigiebig. Die spanische Königin Isabella hoffte auf neue christliche Untertanen und forderte eine freundliche Behandlung. Kolumbus jedoch hatte mit ihr zuvor ausgehandelt, dass ihm zehn Prozent des Gewinns seiner Expedition gehören sollten. Er nahm Land in Besitz, versklavte die Indianer und forderte hohe Abgaben in Gold. Doch das war erst der Anfang der „Conquista".

Auch alle Siedler, die mit oder nach Kolumbus in die Karibik kamen, wollten vor allem Profit machen. Objekt der Begierde waren zunächst die Goldminen, die man mithilfe indianischer Sklaven ausbeutete, später die großflächige Plantagenwirtschaft. Auch der Missionar Bartolomé de Las Casas (1484–1566), der 1502 in die Karibik kam, erwarb zunächst eine Goldmine auf Kuba und einheimische Sklaven. Er gab sie aber schnell wieder auf und wurde zum leidenschaftlichen Verfechter für die Rechte der Indianer. In seinen Aufzeichnungen berichtete er von Massenmorden, brutalster Ausbeutung und Vergewaltigung. Nach seinen Schätzungen kamen bereits in den ersten 15 Jahren nach der Entdeckung drei Millionen karibische Indianer um. Las Casas setzte sich für Schutzgesetze ein, die jedoch vor Ort praktisch keinen Effekt hatten. 1519 wurden dann die ersten afrikanischen Sklaven importiert.

Die Eroberung des Aztekenreichs

1511 eroberte Kolumbus' Begleiter Diego Velázquez de Cuellar (1465–1524) Kuba und wurde von der spanischen Krone zum Gouverneur der Insel gemacht. Von dort schickte er 1517 eine Expedition nach Yucatán, um neue Sklaven zu requirieren. Doch die dort lebenden Maya konnten – obwohl durch europäische Krankheiten schnell extrem dezimiert – erst Ende des 17. Jh. besiegt werden. Mehr Erfolg hatte Velázquez 1519, als er Hernán Cortés (1485–1547) zur Goldsuche nach Mexiko schickte. Als Cortés in der Nähe des heutigen Veracruz landete, empfingen ihn bereits Boten des Aztekenherrschers Montezuma II. (um 1465–1520) mit reichen Geschenken und der Aufforderung, das Aztekenreich nicht zu betreten. Cortés, der sich über eine indianische Dolmetscherin verständigen konnte, war erst recht angestachelt. Er verbündete sich mit Feinden der Azteken und nahm in Tenochtitlán Montezuma, der ihn ehrenvoll empfangen hatte, als Geisel. Trotzdem wäre es den Azteken fast gelungen, die Spanier zu besiegen, wären sie nicht Opfer einer Pockenepidemie geworden. So aber konnte Cortés 1521 Tenochtitlán einnehmen, dem Erdboden gleichmachen und Mexiko-City als Hauptstadt des künftigen Vizekönigreichs Neuspanien gründen. Dieses wurde bis zum 18. Jh. weit in das Gebiet der heutigen USA ausgedehnt. Dabei starben nach Schätzungen der Historiker mindestens 20 Millionen Indianer durch Kriege, Krankheiten und Sklaverei.

El Dorado

Um die Mitte des 16. Jh. verbreitete sich unter den Konquistadoren (Eroberern) die Legende, es gebe irgendwo in Südamerika ein Land, in dem nahezu alles aus Gold sei. Vermutlich beruhte sie auf dem Brauch eines kolumbianischen Indianerstammes, dass der Herrscher zum Amtsantritt mit Goldpaste bestrichen (El Dorado = der Goldene) in einem See badete. Das Gerücht führte zu einer Vielzahl von Expeditionen in das Innere Südamerikas.

Brutales Vorgehen bei der „Conquista"

Francisco Pizarro

Francisco Pizarro

Der Erfolg von Cortés stachelte auch den Abenteurer Francisco Pizarro (1476–1541) an. 1529 ließ er sich von Karl V. (1500–58) zum Generalkapitän von Peru machen und bekam die Erlaubnis, das Land zu erobern. Obwohl er nur etwa 180 Soldaten bei sich hatte, unterwarf er das riesige Inkareich. Allerdings waren die Bewohner bereits durch Pocken und interne Kämpfe geschwächt. Außerdem konnte Pizarro den als Halbgott geltenden Herrscher Atahualpa (um 1500–33) als Geisel nehmen und die Hauptstadt Cuzco nahezu kampflos einnehmen. 1542 gründete Spanien hier das Vizekönigreich Neu-Kastilien (später Vizekönigreich Peru), das im 18. Jh. fast ganz Südamerika mit Ausnahme Brasiliens umfasste.

Doch auch dessen Kolonisierung verlief ähnlich. Das Land wurde von der portugiesischen Krone an Unternehmer verteilt, die dort Zuckerrohrplantagen anlegten, die sie erst mit einheimischen, dann mit afrikanischen Sklaven bewirtschafteten.

Schwarzafrika vor der Kolonisierung

Die Sahara: Sperrriegel zwischen Nord- und Schwarzafrika

Im Gegensatz zu Amerika war Afrika für die Europäer und Westasiaten nie ein unbekannter Kontinent gewesen. Doch um 5000 v. Chr. begann die Sahara, die vorher eine fruchtbare Savannenlandschaft gewesen war, auszutrocknen und bildete einen Sperrriegel zwischen dem Norden und Schwarzafrika, den nur wenige Menschen mit Waren und Informationen überwanden.

Im Osten bildete der Nil eine Verbindung zwischen Nord und Süd. Das alte ägyptische Reich unterhielt Handelsbeziehungen in die Länder Kusch (Sudan) und Punt (wahrscheinlich Somalia). In Äthiopien entstand im 4. Jh. v. Chr. das Reich von Aksum, das zu seiner Blütezeit im 6. Jh. n. Chr. das ganze Horn von Afrika und Teile der arabischen Halbinsel einnahm. Damit spielte es eine wichtige Rolle für den Handel zwischen Afrika, Asien und Byzanz. Mit der Taufe seines Königs Ezana im Jahr 325 war das Christentum eingeführt worden. Im 7. Jh. verlor es seine Küstengebiete an die Araber, bestand aber als isoliertes Königreich im Hochland fort und führte ständige Kämpfe gegen die muslimischen Sultanate an der Küste.

Der Transsahara-Handel

Undurchlässig war die Sahara jedoch auch in den anderen Regionen nie. Schon die Karthager betrieben Handel mit Schwarzafrika. In römischer Zeit waren vor allem Elfenbein, Sklaven und wilde Tiere für die Arenen gefragt. Berbervölker wie die Garamanten entwickelten sich zu Spezialisten für den Transport durch die Wüste. Im 1. Jh. n. Chr. machte die Einführung des Kamels die Durchquerung wesentlich einfacher. Gehandelt wurden Luxusgüter wie Gold und Salz aus dem Süden bzw. Waffen und Stoffe aus dem Norden. Durch die Kontrolle über den Handel begannen sich auch südlich der Sahara mächtige Königreiche zu bilden, wie das Reich von Gana im heutigen Mali

Timbuktu

Durch den florierenden Transsahara-Handel wurde das Reich von Mali so wohlhabend, dass sein König Mansa Musa (reg. 1312 – 37) eine Inflation in Arabien verursacht haben soll, als er mit einigen Tausend Begleitern im Jahr 1324 eine Wallfahrt nach Mekka machte und äußerst freigiebig mit seinem Gold umging. Er und seine Nachfolger ließen arabische Künstler und Wissenschaftler ins Land holen und Timbuktu zu einer prachtvollen und kulturell blühenden Stadt ausbauen, von der man sich im Westen Legendenhaftes erzählte. Es dauerte allerdings bis 1826, bis der erste Europäer, Alexander Gordon Laing (1793 – 1826), Timbuktu mit eigenen Augen sah.

Wegen der charakteristischen Lehmbauweise zählt der historische Teil Timbuktus heute zum Weltkulturerbe

und Mauretanien (5.–11. Jh.) oder das Reich von Kanem-Bornu (Tschad, 9 Jh.–1893). Durch die nordafrikanischen Händler kam es auch zu einer Verbreitung des Islam. Das Reich Gana, das sich dem widersetzte, wurde durch die Berberdynastie der Almoraviden, die auch Spanien erobert hatte, zerstört. Stattdessen entstand das islamische Mali- (später Songhai-) Reich, das im 14. Jh. vom Atlantik bis nach Nigeria reichte.

Daneben bildeten sich vor allem im Mittelalter diverse größere Reiche, über die man noch relativ wenig weiß wie z. B. Great Zimbabwe im heutigen Simbabwe und Mosambik.

Araber und Portugiesen

An der ostafrikanischen Küste existierten das ganze Mittelalter über diverse kleine Sultanate und Handelsstädte, von denen die Europäer keine Ahnung hatten, wie Mombasa, Mogadischu oder Mahilaka auf Madagaskar. Sie waren von arabischen oder auch indischen Kaufleuten gegründet worden. Ähnliche Stützpunkte gründeten die Portugiesen ab dem 15. Jh. an der Westküste Afrikas. An eine Eroberung wie in Amerika war zunächst nicht gedacht. Auch Sklaven wurden „gekauft“ und nicht erbeutet. Sklavenhandel war in Afrika durchaus bekannt. Zum einen wurden Kriegsgefangene auch in afrikanischen Gesellschaften versklavt (wenn auch nicht völlig aller Rechte beraubt), andererseits hatten schon Römer und Araber großes Interesse an dieser „Ware“ gehabt. Der Handel mit den Europäern brachte den Küstenstämmen Reichtum und neue Waffen, was das interne Machtgefüge Afrikas durcheinanderbrachte und neue Reiche entstehen ließ. Im 16. Jh. begannen dann auch die anderen europäischen Mächte, Handelsposten an der westafrikanischen Küste zu errichten, während die Portugiesen viele der arabischen Besitzungen in Ostafrika eroberten. ■

Die Großmoguln

1497 versuchte der 14-jährige Zahir ad-Din Muhammed Babur (1483 – 1530) Samarkand, die Hauptstadt seines Urgroßvaters Timur Leng, zurückzuerobern. Er scheiterte jedoch erst an seinen eigenen Verwandten und dann an den Usbeken. Babur („der Tiger") suchte sich daraufhin ein anderes Ziel und fand Indien. Dort wurde er zum Gründer des mächtigen Mogulreichs.

Großmogul Babur

Babur war nicht der erste Moslem, der in Indien einfiel. Seit 997 hatte Nordwestindien mehrmals zu zentralasiatischen Reichen gehört, die allerdings nie lange existierten. 1206 zerfiel dann das tadschikische Ghuridenreich. Qutb-ud-din Aybak (reg. 1206 – 10), ein türkischer Mameluck (Militärsklave) in Diensten der Ghuriden, riss den indischen Teil an sich und gründete dort das Sultanat von Delhi. Die Sultane eroberten im 14. Jh. auch den Süden bis etwa auf die Höhe der späteren por-

Tadsch Mahal

Das berühmteste Relikt der Mogulzeit in Indien, den Tadsch Mahal, ließ Akbars Enkel Shah Jahan (1592 – 1666) für seine verstorbene Lieblingsfrau Mumtaz Mahal (1593 – 1631) bauen. Doch um den kostspieligen Traum aus weißem Marmor zu finanzieren, presste er der Bevölkerung immer höhere Steuern ab. Schließlich rebellierte sein Sohn Aurangzeb, setzte den Vater ab und sperrte ihn im Roten Fort in Agra ein – mit Blick auf den Tadsch Mahal.

Der Tadsch Mahal

tugiesischen Kolonie Goa, dann brach der südliche Teil in mehrere kleine Sultanate auseinander. Delhi selbst wurde 1398 von Timur Leng überfallen und geplündert. Die afghanische Lodi-Dynastie versuchte, die einstige Macht wiederherzustellen, doch ihr letzter Herrscher Ibrahim Lodi (reg. 1517–26) war ein derartiger Tyrann, dass seine eigenen Untergebenen Babur ins Land riefen. Dieser eroberte das Sultanat und besiegte danach die mächtigen hinduistischen Rajputen-Fürsten in Rajasthan und Gujarat. Dabei halfen ihm vor allem seine Reiterei und persische Kanonen. Sein abergläubischer und opiumsüchtiger Sohn Humayun (1508–56) konnte das Reich allerdings nicht halten und wurde von einem seiner eigenen Gefolgsleute, Sher Schah (um 1486–1545), vertrieben. Dessen Herrschaft zeichnete sich durch äußerste Gerechtigkeit und umfassende Reformen der Verwaltung aus. Doch nach seinem Tod brach ein Streit um sein Erbe aus, der es Humayun ermöglichte, Indien 1554 mit persischer Hilfe zurückzuerobern. Angeblich soll er den Persern dafür den berühmten Diamanten Kohinoor überlassen haben.

Akbar der Große

Seine Blütezeit hatte das Mogulreich unter Humayuns Sohn Akbar („der Große“, 1542–1605). Er unterwarf wieder den ganzen Norden Indiens, schonte aber in der Regel die Besiegten und setzte die Verwaltungsreform Sher Schahs fort. Dabei schaffte er alle Gesetze ab, die Hindus benachteiligten, erlaubte viele Hindu-Riten (allerdings keine Witwenverbrennung oder Kinderheiraten), heiratete einige Rajputen-Prinzessinnen und machte Hindus zu hohen Beamten. In Fatehpur Sikri ließ er sich eine neue prächtige Residenz bauen, in der sich islamischer und indischer Baustil mischten. Persönlich interessierte er sich sehr für alle Religionen, lud auch mehrmals portugiesische Jesuiten aus Goa ein und entwickelte einen philosophischen Mystizismus, der nur noch wenig mit dem orthodoxen Islam zu tun hatte.

Aurangzeb

Akbars Urenkel Aurangzeb (1618–1707) konnte schließlich auch den Süden Indiens unterwerfen. Doch ihm fehlten die finanziellen und militärischen Mittel, um seine Macht auch für längere Zeit zu sichern. Außerdem vernachlässigte er über den Eroberungen den Norden des Reiches, sodass es dort wiederholt Aufstände gab und Kriminalität und Korruption um sich griffen. Die Unzufriedenheit wurde noch dadurch gestärkt, dass Aurangzeb ein extrem orthodoxer Moslem war, der die Gleichberechtigung der Hindus im Land beendete, mehrere Tempel zerstörte und sogar jede Musik und Malerei an seinem Hof verbot.

Zwar wurde der letzte Großmogul erst 1857 durch die Briten abgesetzt, doch schon bald nach Aurangzebs Tod zerfiel das Reich in eine Vielzahl kleiner Fürstentümer. 1740 konnten die Perser Delhi erobern und sollen dabei den Pfauenthron erbeutet haben. Danach reichte die Macht der Moguln kaum noch über die Stadtgrenzen von Delhi hinaus. ■

Die Herrschaft der Shogune

1543 kamen portugiesische Kaufleute auch ins ferne Japan. Doch sie wurden dort nicht lange geduldet. Denn auf den Inseln am äußersten Ende Asiens regierten seit dem 12. Jh. mächtige Militärführer, die Shogune, und diese sahen ihren Einfluss bald durch alles Fremde gefährdet.

Japan war vor 100.000 bis 200.000 Jahren von Sibirien, Korea und Südostasien aus besiedelt worden und unterhielt zunächst rege Kontakte mit dem asiatischen Festland. So kamen u. a. die chinesische Schrift und der Buddhismus auf die Inseln. Im 5. Jh. entwickelte sich ein einheitliches Staatswesen mit einem Kaiser (Tenno) an der Spitze. 646 schuf Kaiser Kotoku (um 596–654) mit den Taika-Reformen einen Zentralstaat nach chinesischem Vorbild. Land und Bewohner wurden direkt dem Kaiser unterstellt, alle hohen Posten für einen kleinen Kreis adeliger Familien reserviert, der nun nicht mehr vom Ertrag seiner Ländereien, sondern dem Sold des Kaisers lebte. Allerdings wurde dieses System im Lauf der Zeit ausgehöhlt, indem der Kaiser an einzelne Adelsfamilien und Klöster Land verschenkte. Außerdem wurde im Jahr 792 die Wehrpflicht abgeschafft, und Adelige mit ihren Privatarmeen übernahmen Verteidigungsaufgaben. Die Soldaten (Samurai = Diener) rekrutierten sich dabei zunächst aus den abhängigen Lehnsleuten der Landbesitzer. Daraus entwickelte sich mit der Zeit ein Ehrenkodex (Bushido), der von den Samurai absolute Loyalität forderte.

Minamoto no Yoritomo

Kaiser, Shogune, Regenten

Im Jahr 1160 eskalierte ein Konflikt zwischen den Familien Taira und Minamoto. Die Minamoto gewannen, und Minamoto no Yoritomo (1147–99) wurde 1192 vom Kaiser zum Shogun, zum Militärführer von ganz Japan, ernannt. Er errichtete in Kamakura südlich von Tokio eine Verwaltungszentrale, von der aus er das Land am Kaiser vorbei regierte. Doch gleich nach Minamotos Tod übernahm sein Schwiegervater Hojo Tokimasa

Kamikaze

Der Mongolenherrscher Kublai Khan versuchte zweimal, Japan zu erobern: 1274 und 1281. Er wurde aber von dem Regenten Hojo Tokimune (1251–84) zurückgeschlagen. Nach japanischer Überlieferung kam den Verteidigern beide Male ein Taifun zu Hilfe, der die chinesische Flotte zerstörte. Sie nannten ihn Kamikaze (Götterwind). In Erinnerung daran wurde 1944 eine japanische Fliegerstaffel, die bereit war Selbstmordangriffe durchzuführen, Kamikaze genannt. Dadurch wurde außerhalb Japans Kamikaze zum Synonym für halsbrecherische Aktionen.

Einfall der Mongolen

(1138–1215) die Regentschaft für seine zwei minderjährigen Enkel. Als er starb, wurde sein Sohn Hojo Yoshitoki (1163–1224) Regent. So übten nicht die Minamoto-Shogune, sondern der Hojo-Clan bis 1333 die wahre Macht in Japan aus. Dann wurden beide von Kaiser Go-Daigo (1288–1339) und General Ashikaga Takauji (1305–1358) gestürzt. Go-Daigo wollte die kaiserliche Macht wiederherstellen, was auf den Widerstand der Adelsfamilien stieß. Schließlich stürzte Ashikaga den Kaiser, machte sich zum neuen Shogun und setzte einen Tenno seiner Wahl ein. Go-Daigos Nachkommen konnten sich noch bis 1392 im Süden des Landes behaupten, wurden dann aber von Ashikaga Takujis Enkel besiegt.

Die japanische Isolation

Die Ashikaga-Shogune konnten allerdings nicht mehr die zentrale Macht der Hojo-Regenten ausüben. 1467 brach ein Bürgerkrieg aus, in dem mehrere Adelsfamilien um die Macht kämpften. Er endete nach zehn Jahren ergebnislos: Japan war in einander bekriegende Fürstentümer zerfallen. In dieser Situation kamen die Portugiesen und 1549 auch der erste christliche Missionar, der spanische Jesuit Francisco de Xavier (1506–52), ins Land. 1603 konnte der Feldherr Tokugawa Ieyasu (1543–1616) in der Stadt Edo (Tokio) das Shogunat neu errichten. Die Tokugawa-Shogune isolierten den japanischen Kaiserhof fast völlig von der Außenwelt, schufen eine hierarchische Gesellschaft ohne soziale Aufstiegsmöglichkeiten, verfolgten das Christentum und schotteten Japan von der Außenwelt ab. Dies führte jedoch zu Hungersnöten bei den Bauern und einem Verfall der Kriegerkaste, die vom Ertrag ihrer Ländereien nicht leben konnte. 1853 erzwangen die USA eine Öffnung Japans. 1868 putschten mehrere Adelige, was am Ende zu einer Machtübernahme durch Kaiser Mutsuhito (1852–1912) führte. ■

Die Reformation

Darstellung der Reformation von Lucas Cranach

Vermutlich ist es eine Legende, dass Martin Luther 1517 die 95 Thesen, in denen er die Kritik an den kirchlichen Zuständen seiner Zeit formulierte, an die Tür der Schlosskirche von Wittenberg nagelte. Aber er verbreitete sie, und sie trafen den Nerv der Zeit. Nicht nur große Teile der Bevölkerung, sondern auch etliche deutsche Landesfürsten schlossen sich dem „Protest" an. Damit war die mittelalterliche Einheit von einem Reich und einem Glauben endgültig zerfallen.

Faktisch war diese Einheit sowieso längst nur noch eine Fassade. Die Kaiser hatten ihre Herrschaftsrechte im Lauf der Zeit in großem Umfang vergeben, um sich politischen Beistand zu sichern. Vielen Landesfürsten dagegen war es gelungen, Rechte an sich zu reißen und in ihren Gebieten eine zentrale Herrschaft durchzusetzen. Ebenso wenig war eine Reformation der Kirche gelungen. 1309 bis 1324 hatten sich die Päpste von den französischen Königen in Avignon gefangen halten lassen, 1378 hatte es ein Schisma mit drei Päpsten gleichzeitig gegeben, 1414 wurde auf dem Konzil von Konstanz der Reformator Jan Hus (um 1370–1415) verbrannt und seine Anhänger in den blutigen Kriegen niedergekämpft. Die Reformabsichten der Kirche blieben jedoch in schönen Erklärungen stecken. Stattdessen beschloss Papst Leo X. (1475–1521), ein geschäftstüchtiger Spross der Bankerfamilie Medici, den Bau des neuen Petersdoms mit Ablässen zu finanzieren. In Deutschland fand er dazu einen willigen Partner in Albrecht von Brandenburg, dem Erzbischof von Mainz und Magdeburg (1490–1545). Dieser hatte sich für den Kauf seiner Ämter beim Bankhaus Fugger verschuldet und sollte die Hälfte des Ablassgeldes bekommen.

Der Reformator

Die Sprüche der Ablassprediger („Wenn die Münze im Kasten klingt, die Seele in den Himmel springt") brachten Martin Luther (1483–1546) in Rage. Der

Augustinermönch war während schwerer religiöser Zweifel zu der Erkenntnis gekommen, dass nicht einmal fromme Werke – und schon gar keine Geschäftemacherei –, sondern nur die Gnade Gottes den Menschen retten konnten. Mit seinen Thesen wollte Luther eine Diskussion anstoßen, doch die kam nicht zustande. Stattdessen wurde sein Widerruf gefordert. Da er dazu nicht bereit war – da ihn niemand „aus der Bibel" widerlegen konnte –, wurde er 1520 kirchlich gebannt und ein Jahr später von Kaiser Karl V. (1500–58) auf dem Reichstag von Worms geächtet. Sein Landesherr Friedrich der Weise von Sachsen (1463–1525) versteckte ihn jedoch auf der Wartburg, wo er die Bibel übersetzte. In der Zwischenzeit gelangten seine Schriften – dank dem von Johannes Gutenberg (um 1400–68) erfundenen Buchdruck – zu Hunderttausenden unters Volk und entfalteten ihre Wirkung.

Martin Luther

Der überforderte Kaiser

Auch viele der deutschen Fürsten waren sehr angetan. Der neue Glaube gab ihnen die Möglichkeit, Landeskirchen zu errichten, deren Würdenträger nicht dem Papst, sondern ihnen unterstanden. Kaiser Karl V. dagegen war sehr jung, sprach nicht besonders gut Deutsch und residierte meist in den Niederlanden. Erst nahm er das „Gezänk unter Mönchen" nicht ernst, dann wagte er nicht, sich mit den deutschen Fürsten zu verfeinden, die er für seine Kämpfe gegen den französischen König um Einfluss in Italien (1521–26), gegen einen Aufstand der deutschen Reichsritter (1522), im Bauernkrieg (1525) und gegen die Türken (1521–44) brauchte. Danach blieben militärische Aktionen gegen den „Schmalkaldischen Bund" der deutschen Protestanten erfolglos, und Karls Bruder Ferdinand (1503–64) vermittelte den Augsburger Religionsfrieden: Jeder Landesherr durfte die Religion für seine Untertanen bestimmen. ■

Thomas Müntzer

Während Luther in der Wartburg in Schutzhaft saß, griff seine Lehre wild um sich und verband sich teilweise mit bereits gärenden sozialen Bewegungen. Dabei kam es zu Gewalt, Bilderstürmerei und dem Wiedertäufertum. Auch der Pfarrer Thomas Müntzer (um 1489–1525) verband Luthers Lehre mit der Forderung nach radikalen sozialen Reformen und einer Mystik, in der die blutigeren Stellen des Alten Testaments eine große Rolle spielten. 1525 stellte er sich an die Spitze des Bauernaufstandes im thüringischen Mühlhausen und wurde nach der Niederlage hingerichtet.

Bauernaufstand

Der Bauernkrieg

Seit einer Klimaverschlechterung („Kleine Eiszeit") im 13. Jh. gab es in Europa regelmäßig Bauernaufstände, darunter besonders heftige, während die Pest wütete. Doch der deutsche Bauernkrieg von 1525 hatte eine neue Qualität. Zum einen war die Leibeigenschaft mit Beginn der Neuzeit nicht erträglicher, sondern schlimmer geworden, zum anderen führten die Ideen der Reformation auch zu Visionen von einer gerechteren Gesellschaftsordnung.

Die Zersplitterung des deutschen Reiches, die Unsicherheit, die durch die jahrhundertelange Auf- und Verteilung der verschiedensten Rechte herrschte, und die auch beim Adel nachlassende Bindung an religiöse Normen führten ab etwa 1400 dazu, dass viele Landesherren „das alte Recht" ihrer Untertanen zu ignorieren begannen. Gerade auch kleine Grundbesitzer und reiche Abteien erhöhten Abgaben willkürlich, verlangten neue Dienste, rissen sich Gemeindeland unter den Nagel und verschärften die Kontrolle über ihre Lehnsleute teilweise bis zur Sklaverei.

Die Zwölf Artikel

Die Aufstände gingen jedoch nicht von den Ärmsten aus, sondern von Großbauern und Gemeindevorstehern, die befürchteten, über kurz oder lang Besitz und Rechte zu verlieren. Der Aufstand begann im Herbst 1524 in Stühlingen im Schwarzwald und pflanzte sich von dort fort. Anfang 1525 versammelten sich in Oberschwaben drei Bauernhaufen mit jeweils mehreren Tausend Mitgliedern (Baltringer Haufe, Seehaufen, Allgäuer Haufen), schlossen sich zur „Oberschwäbischen Eidgenossenschaft" zusammen und versuchten, mit dem Schwäbischen Bund, einer Vereinigung schwäbischer Städte und Territorialherren, zu verhandeln. Ein Kürschnergeselle namens Sebastian Lotzer (um 1490–1525) formulierte die Forderungen in zwölf Artikeln, die am 20. März von der Eidgenossenschaft verabschiedet wurden. Darin wurde vor allem eine Wiederherstellung des „Alten Rechts" gefordert, dies aber mit Bezug auf das Evangelium und das göttliche Recht begründet. Daneben verlangten die Bauern auch eine Abschaffung der Leibeigenschaft (nicht aber der Grund- und Gerichtsherrschaft) und das Recht, ihren Pfarrer frei zu wählen. Die Artikel verbreiteten sich rasend schnell und wurden von den meisten Bauernheeren – leicht modifiziert – benutzt.

Der Schwäbische Bund aber lehnte sie ab. Er stellte ein Landsknechteheer unter Führung von Georg Truchsess von Waldburg-Zeil (1488–1531) auf und begann, gegen die Bauern vorzugehen. Diese nahmen ihrerseits Burgen, Klöster und Städte ein, plünderten und zerstörten. Einmal (in Weinsberg) kam es auch zu einem Fall von Lynchjustiz. Andererseits schlossen sich auch Städte freiwillig den Forderungen der Bauern an.

Bundesordnung der „Oberschwäbischen Eidgenossenschaft" unter Sebastian Lotzer, Titelblattholzschnitt

Blutiges Ende

Während ein Großteil der schwäbischen Bauern bereits im April geschlagen wurde, breitete sich der Aufstand nach Baden, Franken, Thüringen, ins Elsass und nach Tirol aus. Im Mai jedoch wurde das Heer des Schwäbischen Bundes durch kaiserliche Landsknechte aus Italien verstärkt. Diese Truppen, die zwei Jahre später im Rahmen der italienischen Kriege die halbe Bevölkerung von Rom hinmetzeln sollten (Sacco di Roma), zogen zwei Monate lang mordend und vergewaltigend durch die aufständischen Gebiete und schlachteten etwa 100.000 Menschen ab. In manchen Gebieten allerdings kam es nach der Niederschlagung des Aufstandes zu Vereinbarungen mit der Obrigkeit, die den Bauern etwas mehr Rechte gewährten. Auch in anderen europäischen Ländern gab es im späten Mittelalter und der frühen Neuzeit große Bauernaufstände wie z. B. die englische Peasants Revolt (1381), den schwedischen Dacke-Aufstand (1542/43) oder den Schweizer Bauernkrieg (1653).

Götz von Berlichingen

Die Bauernheere taten sich teilweise mit verarmten Reichsrittern zusammen, die 1522 ebenfalls den Aufstand geprobt hatten, aber geschlagen worden waren. So organisierte z. B. Florian Geyer (um 1490–1525) die Tauberbauern und versuchte, mit dem Adel über Reichsreformen zu verhandeln. Götz von Berlichingen (um 1480–1562) dagegen, der berühmte „Ritter mit der eisernen Hand", schloss sich den Odenwälder Bauern nur gezwungenermaßen an und verließ sie bei passender Gelegenheit wieder. Trotzdem verurteilte ihn der Schwäbische Bund zu Hausarrest auf seiner Burg.

Die Hexenverfolgung

Der Hexenwahn, dem in Europa Zehntausende, vielleicht auch über hunderttausend Menschen zum Opfer fielen, war kein Produkt des „finsteren Mittelalters“. Im Gegenteil: Im Karolingerreich wurde nicht die Hexerei, sondern der Glaube an Hexerei mit dem Tode bestraft. Im 16. Jh. dagegen führte die Angst vor den dunklen Künsten zu einer erbarmungslosen Verfolgung vermeintlicher Hexen.

Hexen, Buchmalerei

Die Hexenverfolgung resultierte aus der mittelalterlichen Inquisition gegen Ketzer. Obwohl dort nur Menschen verurteilt werden durften, die sich ausdrücklich zu ketzerischen Ansichten bekannten, erzwangen auch hier schon manche Inquisitoren unter der Folter absurde Geständnisse. „Der Angeklagte muss gestehen, dass er … einen blassen Mann oder sonst ein Ungeheuer geküsst habe“, beschwerte sich der Erzbischof von Mainz beispielsweise beim Papst über den Inquisitor Konrad von Marburg (um 1180–1233). 1307 konstruierte dann der französische König Philipp der Schöne (1268–1314) eine satanische Weltverschwörung voller perverser Praktiken, um den reichen Kreuzritterorden der Templer, der ihm freiwillige Finanzspritzen für die klamme Staatskasse verweigert hatte, mithilfe der Inquisition zu zerstören. Gemeinsam mit seinem Jugendfreund Papst Clemens V. (1264–1314), den er später auch nötigte, die päpstliche Residenz nach Avignon zu verlegen, erpresste er entsprechende Geständnisse der Templer unter der Folter und ließ die Ordensritter als Ketzer verbrennen.

Der Hexenhammer

Auch im Rahmen der kirchlichen Scholastik, die versuchte, Glaubenswahrheiten rational zu begründen und systematisch zu erfassen, stellten immer wieder einzelne Gelehrte Überlegungen an, ob es Hexerei nicht doch geben könne und wie man sich diese vorstellen müsse.

Folter

Im frühen Mittelalter war Folter unbekannt. Sie wurde erst im 13. Jh. als Mittel der Beweisfindung eingeführt. Offiziell durfte sie nur bei besonders schweren Fällen und wenn dringender Tatverdacht bestand eingesetzt werden. Außerdem durften ursprünglich keine Glieder zerbrochen werden. Wer die Folter überstanden hatte, ohne zu gestehen, kam frei. Außerdem durften keine Kinder, keine Alten, Kranken, Schwangeren und Behinderten gefoltert werden. All dies galt jedoch in den Hexenprozessen oft nicht mehr, da man glaubte, der Teufel gewähre den Hexen besonderen Beistand, gegen den man alle Mittel einsetzen müsse.

Der elsässische Dominikanermönch Heinrich Kramer, genannt Institoris (um 1430–1505), konnte sich so ziemlich alles vorstellen: Heerscharen von Hexen, vornehmlich weiblichen Geschlechts, die mit dem Teufel paktierten, mit ihm perverse Sexualpraktiken praktizierten und ihn auf obszöne Weise anbeteten. Mit seinen Fantasien überzeugte er Papst Innozenz VIII. (1432–92), der 1484 den Hexenglauben kirchlich anerkannte und zur Verfolgung aufrief. Institoris selbst gab 1487 seine gesammelten Vorstellungen in dem Buch *Malleus Maleficarum* (Hexenhammer) heraus.

Die Hysterie greift um sich

Es gab im 15. Jh. bereits Hexenprozesse, doch in Brixen z. B. soll Institoris mit seinen Weltverschwörungspredigten noch ausgelacht und davongejagt worden sein. Allmählich aber nahmen die Hexenprozesse zu, wurden immer fanatischer geführt, und auch der Hexenglaube in der Bevölkerung wuchs. Ab 1560 stieg die Zahl der Prozesse sprunghaft an und erreichte ihren Höhepunkt zu Beginn des 17. Jh. Prozesse gab es in ganz Europa außer im Einflussbereich der griechisch-orthodoxen Kirche. Besonders schlimm war die Verfolgung dort, wo religiöse Zerrissenheit und rechtliche Unsicherheit herrschten, z. B. in deutschen Gegenden, wo Katholiken und Protestanten eng zusammenlebten, oder in der Schweiz. Den letzten Prozess gab es 1793. Allerdings endete nach neueren Forschungen nur jeder fünfzigste Prozess mit einem Todesurteil. Wie stark der „Hexenwahn" wütete, hing meist davon ab, wie groß die Hysterie des jeweiligen Inquisitors war. Es gab durchaus Orte, wie z. B. Würzburg, Bamberg, Mainz, Fulda und Ellwangen, wo innerhalb kurzer Zeit Hunderte von angeblichen Hexen, darunter auch Kinder, verbrannt wurden, weil in jedem Prozess von den Opfern unter der Folter neue Namen erpresst wurden.

Hexenverbrennung

Der Freiheitskampf der Niederlande

Philipp II. von Spanien

Im 15. Jh. gehörten die heutigen Niederlande und Belgien zum Herzogtum Burgund, das 1477 an die Habsburger fiel. Als Karl V. das Habsburgerreich 1556 in einen österreichischen und einen spanischen Teil teilte, wurde sein Sohn Philipp II. (1527 – 98), der erzkatholische König von Spanien, auch Herrscher über die Niederlande. Doch dort hatten sich längst die Ideen der Reformation breitgemacht. Das aber wollte Philipp nicht dulden.

Philipps Interesse an den Niederlanden hatte jedoch nicht nur religiöse Gründe. Die niederländischen Städte, vor allem Antwerpen und Rotterdam, hatten als Finanz- und Handelsmetropolen eine gewaltige wirtschaftliche Bedeutung. Der König ließ die Protestanten durch die Inquisition verfolgen und schränkte gleichzeitig die Befugnisse der Stände ein. Als es daraufhin zu Aufständen kam, schickte Philipp 1567 Fernando Alvarez, Herzog von Alba (1507 – 82) als neuen Generalstatthalter in die Niederlande. Der ließ Tausende von Aufständischen hinrichten. Dies führte jedoch nur dazu, dass sich der niederländische Widerstand formierte. Angeführt von Wilhelm I. von Oranien (1533 – 84), dem spanischen Statthalter der Provinzen Holland, Zeeland und Utrecht, nahmen die Niederlande den Krieg gegen Spanien auf. Dabei kam ihnen ihre Vertrautheit mit dem Wasser zugute. Sie kaperten spanische Schiffe und überfluteten Land, um spanische Truppen zu stoppen.

Die Spanischen und die Freien Niederlande

1579 jedoch zerbrach die Front gegen Spanien. Die katholischen Provinzen im Süden schlossen sich zur Union von Arras zusammen und erklärten ihre Treue zu Spanien, wofür sie mehr Autonomie zugestanden bekamen. Im Gegenzug gründeten die sieben protestantischen Nordprovinzen die Utrechter Union und sagten sich offiziell von Spanien los. Zwei Jahre später riefen sie die Republik der Vereinigten Niederlande aus und ernannten

Rubens

Peter Paul Rubens (1577 – 1640) ist vor allem als Maler üppiger Schönheiten und wild wallender allegorischer Gemälde berühmt. Weniger bekannt ist, dass er auch als Diplomat tätig war. Mit Isabella Clara Eugenia (1566 – 1633), der Tochter Philipps II., und ihrem Gatten, dem österreichischen Erzherzog Albrecht VII., bekamen die Spanischen Niederlande nämlich 1596 zwei Statthalter, die sich nicht nur um Kunst und Kultur, sondern auch um den Wiederaufbau ihres verwüsteten Landes kümmerten. Als 1621 der Krieg wieder ausbrach, schickte Isabella ihren Hofmaler in geheimer Mission sowohl nach Den Haag als auch nach Spanien und England, um – letztendlich erfolglos – über einen Frieden zu verhandeln.

Peter Paul Rubens, *Der Raub der Sabinerinnen*

Wilhelm von Oranien zu ihrem Statthalter. Als 1596 ein Sieg der Spanier drohte, erhielten die Niederlande finanzielle und militärische Hilfe von England. Nach dem Tod Philipps schloss sein Schwiegersohn Albrecht (1559 – 1621), der neue Statthalter der Spanischen Niederlande, im Jahr 1609 einen Waffenstillstand mit dem Norden. 1621 jedoch griff Spanien aufseiten der Katholischen Liga in den Dreißigjährigen Krieg ein. Damit brach auch der Krieg in den Niederlanden wieder los, endete aber 1648 mit der Anerkennung der Freien Niederlande als souveräner Staat.

Das goldene Zeitalter

Trotz des Krieges mit Spanien brach die Wirtschaft der Freien Niederlande nicht ein, sondern erlebte im Gegenteil ihre Blütezeit. Die niederländischen Kaufleute unterhielten Kolonien in Amerika, Indien, Indonesien, Südafrika und der Karibik. 1602 wurde die Niederländische Ostindien-Kompanie gegründet, die die Gewürzroute nach Ostasien kontrollierte, damit enorme Profite machte und bis ins 18. Jh. hinein die mächtigste Handelsvereinigung der Welt war. Ihre Kaufleute waren nicht von einem launischen Monarchen abhängig, sondern hatten von der niederländischen Staatsführung das Monopol auf den Gewürzhandel und völlige Autonomie erhalten. Überhaupt sorgten Handelsfreiheit, bürgerliches Selbstbewusstsein und ein Klima der Toleranz das ganze 17. Jh. hindurch für einen wirtschaftlichen Boom. Davon profitierten auch Wissenschaft und Kultur. Leiden war damals eine der modernsten Universitäten überhaupt, und die Bilder eines Rembrandt (1606 – 69) oder Vermeer (1643 – 75) wurden hauptsächlich von reichen Bürgern gekauft. ■

Der Dreißigjährige Krieg

Dreißigjähriger Krieg

Eigentlich war die Religionsfrage in Deutschland mit dem Augsburger Frieden von 1555 geregelt. Doch in der Praxis funktionierte der Kompromiss oft nicht. 1609 sicherte Kaiser Rudolf II. den böhmischen Protestanten Gleichberechtigung zu. Acht Jahre später ließ sein Nachfolger Ferdinand II. Kirchen zerstören und Protestanten verjagen. Die böhmischen Fürsten warfen erst zwei kaiserliche Beamte aus dem Fenster der Prager Burg, dann erklärten sie Ferdinand für abgesetzt. Damit hatte der Dreißigjährige Krieg begonnen. Doch es ging um mehr als um Religion.

Die Böhmen wählten den Protestanten Friedrich V. von der Pfalz (1596–1632) zu ihrem neuen König. Doch Kaiser Ferdinand II. (1578–1637) ließ sich das nicht gefallen. Unterstützt vom bayerischen Herzog und den spanischen Habsburgern unterwarf er erst Böhmen und dann die Pfalz. Als die katholischen Truppen danach in Richtung der Freien Niederlande weiterzogen, alarmierte das die europäischen Mächte, vor allem Frankreich. Das ganze Mittelalter über hatten die beiden einstigen karolingischen Länder Frankreich und Deutschland weitgehend in friedlicher Koexistenz verbracht. Als die Habsburger jedoch zu Beginn des 16. Jh. durch Heirat Burgund, die Niederlande und Spanien erwarben, sah sich Frankreich gefährlich eingekreist, und es kam zu einem Dauerkonflikt zwischen den beiden stärksten Mächten Europas. Deshalb unterstützte der französische Regent, Kardinal Richelieu (1585–1642), der in Frankreich die protestantischen Hugenotten radikal verfolgen ließ, den dänischen König Christian IV. (1577–1648), der 1625 aufseiten der protestantischen Fürsten in den Krieg eintrat. Trotzdem schienen die Protestanten 1629 militärisch geschlagen.

Gustav Adolf von Schweden

Doch Richelieu fand noch einen weiteren Streiter für die protestantische Sache: Gustaf Adolf II. von Schweden (1594 – 1632). Dieser hatte vor kurzem seine Armee reformiert und verfolgte das Ziel, Schweden zur stärksten Macht in Nordeuropa zu machen. Von Frankreich finanziell unterstützt errang er anfangs einige Siege, fiel aber 1632 in der Schlacht bei Lützen. Danach wendete sich das Blatt wieder zugunsten der Katholiken, und 1635 schlossen die deutschen Protestanten in Prag einen Friedensvertrag mit der Katholischen Liga, der eine 40-jährige Bestandsgarantie für die aktuellen protestantischen Territorien gewährte. Doch dies wollte Frankreich nicht hinnehmen und griff nun selbst in den Krieg ein. Obwohl ab 1636 über einen Frieden verhandelt wurde, konnte man sich zwölf Jahre lang nicht einigen. Erst als allen Parteien die Ressourcen ausgingen, wurde am 24. Oktober 1648 der Westfälische Friede geschlossen.

Der Westfälische Friede

Im Friedensvertrag wurde festgelegt, dass die konfessionellen Verhältnisse in Deutschland so bleiben sollten, wie sie am 1. Januar 1624 waren. Allerdings mussten sich die Untertanen nicht mehr ihren Herren anpassen. Außerdem wurden die Rechte der Reichsstände (Fürsten und Reichsstädte) gegenüber dem Kaiser gestärkt. Dieser musste die Schweiz und die Freien Niederlande als selbstständige Staaten anerkennen. Schweden bekam Vorpommern als Beute, Frankreich Teile des Elsass.

Insgesamt fiel in Deutschland wohl knapp ein Drittel der Bevölkerung dem Krieg zum Opfer, die meisten durch Hungersnöte, Seuchen und Ausschreitungen der Landsknechte. Dabei spielte es oft keine Rolle, ob die plündernden und marodierenden Soldaten der eigenen oder der anderen Seite angehörten. Verschont blieben nur einige Mittelgebirge. Am schlimmsten betroffen war die Pfalz. ■

Wallenstein

Albrecht von Wallenstein

Der Feldherr Albrecht von Wallenstein (1583 – 1634) war eine der schillerndsten Gestalten des Krieges. Der Böhme stellte sich bereits 1619 auf die Seite des Kaisers und wurde nach der Eroberung Böhmens immens reich. 1625 wurde er Generalissimus und Feldmarschall der Katholischen Liga und errang bedeutende Siege. Wegen seines autoritären, eigenmächtigen Auftretens war er jedoch auch bei den eigenen Verbündeten unbeliebt, und die katholischen Fürsten begannen, seine Macht zu untergraben. Als er daraufhin Kontakt mit den Schweden aufnahm, wurde er ermordet.

Die Tudor und die Stuart

Heinrich VII.

1486 beendete die Hochzeit zwischen Heinrich Tudor und Elizabeth von York die „Rosenkriege" um den englischen Thron. Unter den Tudorherrschern stieg England zur europäischen Großmacht auf. Doch schon Königin Elisabeth I. hatte mit den religiösen Zwistigkeiten in ihrem Königreich zu kämpfen. Unter den nachfolgenden Stuart kosteten sie einem König das Leben und machten England zeitweise zur Republik.

Heinrich VII. (1457–1509) und seinem Sohn Heinrich VIII. (1491–1547) gelang es, England nach den Jahren des Bürgerkriegs politisch und wirtschaftlich wieder zu konsolidieren. Dann allerdings legte Heinrich VIII. den Grundstein für erneute, tiefe Konflikte. Weil der Papst sich weigerte, ihn von seiner Ehefrau Katharina von Aragon (1485–1536) zu scheiden, sagte er sich 1534 vom Papst los und gründete die anglikanische Kirche, deren Oberhaupt er selbst war. Da die katholische Kirche schon vorher unpopulär war und der Adel von der Säkularisierung des Kirchengutes profitierte, war der Widerstand relativ gering. Wer es allerdings wagte, ihn nicht zu unterstützen, wie Ex-Kanzler Thomas More (1478–1535), wurde hingerichtet.

Elisabeth I.

Mary und Elisabeth

Die eigentlichen Probleme begannen 1553, als Heinrichs einziger Sohn Edward VI. (1537–53) starb. Seine protestantischen Berater versuchten, eine Thronfolge seiner katholischen Schwester Maria (1516–58), der Tochter Katharinas, zu verhindern, scheiterten aber am Widerstand der Bevölkerung. Als Maria sich jedoch mit dem spanischen König Philipp II. (1527–98) verlobte, reagierten die Protestanten mit Aufständen, die „Bloody Mary"

Der Untergang der Armada

Der Hauptfeind von Königin Elisabeth I. war das katholische Spanien. Dies hatte jedoch nicht nur religiöse Gründe. Elisabeth begann eine englische Großmachtpolitik. Ihre Kapitäne wie Francis Drake (um 1540 – 96) machten den Spaniern z. B. im Sklavenhandel Konkurrenz. Als Spanien dies zu verhindern versuchte, verlegten sie sich aufs Kapern. Mit Billigung der Königin raubten sie spanische Handelsschiffe aus. 1588 startete Philipp II. deshalb mit 130 Schiffen einen Invasionsversuch. Elisabeths Freibeuter konnten die Armada jedoch besiegen.

zunehmend grausam unterdrückte. Das Blatt wendete sich unter ihrer Schwester Elisabeth I. (1533 – 1603), die wiederum alle Gegner der anglikanischen Kirche verfolgte. 1587 ließ sie sogar ihre nächste Verwandte, die schottische Königin Mary Stuart (1542 – 87) hinrichten, da die Katholiken diese als legitime englische Königin ansahen.

Der englische Bürgerkrieg

Nach dem Tod der kinderlosen Elisabeth fiel der englische Thron dann doch an die Stuarts. Marys Sohn James (1566–1625) war jedoch von schottischen Adeligen als Protestant aufgezogen worden. Er betrachtete sich aber als König von Gottes Gnaden, was ihm ständige Konflikte mit dem englischen Parlament einbrachte. Die Probleme verschärften sich unter James' Sohn Karl I. (1600 – 49). 1642 stellten beide Seiten Armeen auf und begannen einen Bürgerkrieg, der 1649 mit einem Sieg der Parlamentspartei endete. Allerdings war diese inzwischen gespalten. Die von den Stuarts unterdrückten Puritaner hatten die Oberhand gewonnen. Ihr Feldherr Oliver Cromwell (1599 – 1658), ein Kleinadeliger, ließ gegnerische Abgeordnete festnehmen, Karl I. zum Tode verurteilen und rief die Republik aus, die er als Lordprotektor zuerst tolerant, später mit zunehmend diktatorischen Zügen führte.

Oliver Cromwell

The Glorious Revolution

Nach Cromwells Tod erwies sich sein Sohn Richard (1626 – 1712) als unfähiger Nachfolger. Das Parlament nahm Verhandlungen mit Karl II. (1630 – 85) auf, der politische Amnestie und Religionsfreiheit zusicherte, aber in der Folge ebenso absolutistisch regierte wie sein enthaupteter Vater. Gleiches tat nach ihm sein Bruder James II. (1633 – 1701), der zudem noch Katholik war. Sieben englische Lords nahmen deshalb Geheimverhandlungen mit Wilhelm III. von Oranien (1650 – 1702) auf, der mit James' Tochter Maria (1662 – 94) verheiratet war, und forderten ihn zur Invasion in England auf. Dies gelang relativ unblutig, da James II. kaum Anhänger hatte. In der *Bill of Rights* garantierten Wilhelm und Maria die Rechte des Parlaments und wurden daraufhin die neuen Herrscher Englands. ■

Der Absolutismus

Herrscher, die versuchten mit absoluter, uneingeschränkter Macht zu regieren, hatte es zu allen Zeiten der Geschichte gegeben. Als Absolutismus wird jedoch das Bemühen der europäischen Fürsten in der frühen Neuzeit bezeichnet, den Einfluss des Adels in ihren Ländern auszuschalten, die Verwaltung zu zentralisieren und sich selbst über jedes Gesetz zu stellen. Das Paradebeispiel dafür ist Ludwig XIV. von Frankreich.

Ludwig XIV.

Als Ludwig XIV. (1638–1715) im Jahr 1661 die französischen Staatsgeschäfte in die Hand nahm, hatten ihm zwei Kardinäle den Weg geebnet: Armand du Plessis de Richelieu (1585–1642) und Jules Mazarin (1602–61) hatten als regierende Minister die Rechte des Adels zusehends beschnitten, jegliche interne Opposition radikal bekämpft, die Verwaltung zentralisiert und eine machtvolle Außenpolitik betrieben. Nach Mazarins Tod erklärte der tatkräftige Ludwig, er werde nun sein eigener erster Minister sein.

Der Sonnenkönig

Ludwig regierte mit einem Kabinett von auserwählten Experten, die er bei Unzufriedenheit jederzeit entlassen konnte. Eine besondere Rolle spielte sein Finanzminister Jean-Baptiste Colbert (1619–83), der Steuerpolitik und Verwaltung modernisierte, die Infrastruktur ausbaute, Fachkräfte ins Land holte, Manufakturen für französische Luxusprodukte gründete und den Überseehandel forcierte. Dadurch wurde Frankreich das europäische Land mit der leistungsfähigsten Wirtschaft und dem zweitgrößten Handelsvolumen nach den Niederlanden. Den Adel entmachtete Ludwig, indem er ihn zwang, ständig bei Hof anwesend zu sein. Privilegien konnte nur der erwarten, der um den König herum war und jeden Luxus mitmachte.

Die kleinen Sonnen

Die Durchsetzung des Absolutismus gelang nicht überall. In Großbritannien wehrte sich das Parlament erfolgreich. Die Niederlande und die Schweiz schüttelten sogar die spanische bzw. österreichische Oberherrschaft ab. Auch im deutschen Kaiserreich war ein Zentralismus wie in Frankreich unmöglich, da die eigentliche

Der Barock

Etwa um 1570 begann der bombastische, emotionale Kunststil des Barock die klaren, geordneten Formen der Renaissance abzulösen. Viele der absolutistischen Fürsten waren extrem bauwütig wie z. B. Ludwig XIV., der das Schloss in Versailles errichten ließ. Die weniger strengen deutschen Bauten wie der Zwinger in Dresden (1709 – 22) oder Sanssouci in Potsdam (1744 – 47) gehören schon zum Rokoko.

Versailles

Macht längst in den Händen der Landesfürsten lag. Das führte dazu, dass jeder Fürst in seinem Land oder Ländchen eine absolutistische Herrschaft aufbaute und meist auch versuchte, die Prachtentfaltung von Versailles zu kopieren. Am besten gelang dies August dem Starken (1670 – 1733), dem Kurfürsten von Sachsen, der 1697 auch noch zum König von Polen gewählt wurde. Die Zerstörungen des Dreißigjährigen Krieges erleichterten die Einrichtung zentraler Strukturen. Tatkräftigen Herrschern wie z. B. Karl I. Ludwig von der Pfalz (1617 – 80) gelang es auch, ihre arg verwüsteten Länder schnell wieder aufzubauen.

Der Spanische Erbfolgekrieg

Typisch für das Zeitalter des Absolutismus waren die sogenannten Kabinettkriege, die in den Ministerkabinetten sorgfältig geplant wurden. Dabei spielte zunehmend der strategische Blick auf die europäische Landkarte eine Rolle. So paktierte Frankreich mit den Türken gegen Habsburg, die deutschen Fürsten schlugen sich mal auf die eine, mal auf die andere Seite, und Großbritannien war zusehends bemüht, dass weder Frankreich noch Österreich noch Spanien zu stark wurden. Vor allem Ludwig XIV. führte eine sehr aggressive Außenpolitik, die ihm das Elsass, die Franche-Comté, das Roussillon und Artois einbrachte.

Im Spanischen Erbfolgekrieg (1701 – 14) kämpften Franzosen und Habsburger darum, einen eigenen Kandidaten auf den vakant gewordenen spanischen Thron zu bringen, und zogen dabei ganz West- und Mitteleuropa mit in den Krieg. Schließlich gelang es Ludwig XIV., seinen Enkel Philipp V. (1638 – 1746) durchzusetzen, der zugleich Urenkel des letzten spanischen Königs war. Zum Ausgleich erhielten die Habsburger die Spanischen Niederlande und den spanischen Besitz in Italien. England ließ sich seine Zustimmung mit der Öffnung der spanischen Kolonien für den Handel abkaufen.

Der Aufstieg Russlands

Iwan der Schreckliche

In viele kleine Fürstentümer zersplittert und den Mongolen der Goldenen Horde tributpflichtig, spielte Russland lange Zeit für die europäische Politik keine Rolle. Das sollte sich im 17. Jh. schlagartig ändern. Zar Peter der Große öffnete sein Reich nach Westen und stellte gleichzeitig klar, dass mit dem riesigen russischen Reich ein bedeutender neuer Faktor im Spiel der Großmächte aufgetaucht war.

Die Pest und interne Thronstreitigkeiten begannen, die Mongolenherrschaft in Russland im 14. Jh. zu schwächen. 1380 konnte der Moskauer Großfürst Dmitri Donskoi (1350–89) die Mongolen erstmals besiegen. Im 15. Jh. eroberte Moskau dann andere russische Fürstentümer wie Nowgorod und Twer und stellte um 1480 die Tributzahlungen an die Mongolen ein. Großfürst Iwan III. (1440–1505) heiratete eine Nichte des letzten byzantinischen Kaisers, ernannte sich selbst zum Erben des Römischen Reiches und ließ sich fortan mit Zar (Cäsar) anreden. Sein Enkel Iwan der Schreckliche (1530–84), der in seinen späten Jahren psychisch immer instabiler und grausamer wurde, konnte die Macht seines Reiches nach Osten ausdehnen, indem er mehrere Khanate der Tataren an der Wolga eroberte und Kosaken ausschickte, die in Sibirien Stützpunkte errichteten. Sein Versuch, einen Zugang zur Ostsee zu erzwingen, scheiterte dagegen an Polen und Schweden.

Im 16. Jh. musste sich Russland dann der Tataren, der Türken und der Polen erwehren und kämpfte zudem noch mit zahlreichen Bauernaufständen, nachdem Zar Boris Godunow (1552–1605) im Jahr 1587 die Leibeigenschaft eingeführt hatte.

Peter der Große

Nach acht Jahren der Anarchie wählte eine Nationalversammlung 1613 den Kleinadeligen (Bojaren) Michael Romanow (1596–1645) zum neuen Zaren, den Großvater von Peter dem Großen (1672–1725). Peter selbst reiste 1697 in den Westen, um

Peter der Große

die europäischen Fürsten als Verbündete im Kampf gegen die Türken zu gewinnen, die damals Russland bedrohten. Die diplomatische Mission scheiterte, erfolgreich war dagegen die Bildungsreise des jungen Zaren. Er arbeitete u. a. tatsächlich eine Zeit lang inkognito als Schiffbauer in Holland, traf mehrere Gelehrte und Erfinder und warb Handwerker, Ingenieure und Wissenschaftler an. In Russland begann er, Verwaltung, Wirtschaft und Militär nach westlichen Vorbildern zu reformieren. Vor allem aber baute er eine Flotte auf und griff gemeinsam mit Dänemark und Polen Schweden an. Am Ende des Großen Nordischen Krieges (1700–21) hatte er die schwedische Hegemonie im Ostseeraum zerstört und große Teile des Baltikums und Karelien gewonnen. Damit hatte Russland endlich einen Zugang zur Ostsee.

St. Petersburg

Noch während des Nordischen Krieges hatte Peter der Große 1706 im Sumpfland um die Mündung der Newa mit dem Bau von St. Petersburg begonnen, das zu großen Teilen auf Pfählen errichtet werden musste. Dafür wurden Zehntausende von Leibeigenen zwangsrekrutiert. Sie starben massenweise an Krankheiten und Erschöpfung. 1712 machte Peter St. Petersburg zur neuen Hauptstadt. Da der russische Adel Moskau nicht verlassen wollte, befahl Peter ihnen den Umzug per Gesetz.

Katharina die Große

Auch Peters Enkel Peter III. (1728–62) orientierte sich am Westen. Da er aber fast sklavisch Preußen kopierte, außenpolitisch russische Interessen vernachlässigte, innenpolitisch die Macht des Adels beschnitt, seine Frau Katharina (Sophie von Anhalt-Zerbst, 1729–96) quälte und zudem nicht ganz zurechnungsfähig war, wurde er trotz einiger positiver Reformen von Katharina und einer Gruppe Adeliger entmachtet und später auch ermordet. Seine Witwe wurde neue Zarin. Sie führte Reformen der Verwaltung, Gesetzgebung, Bildung und Wohlfahrtspflege durch, verschärfte andererseits aber auch die Leibeigenschaft und stärkte die Privilegien des Adels. Außenpolitisch regierte sie aggressiv und ungeheuer erfolgreich: So gewann sie der Türkei die südliche Ukraine und die Krim ab und teilte zusammen mit Preußen und Österreich das schwach gewordene Polen auf, was Russland Litauen, Weißrussland und die Westukraine einbrachte. Vor allem aber etablierte sie ihre Gesandten an den Fürstenhöfen Europas und machte Russland endgültig zu einer Größe im europäischen Mächtepoker.

Katharina die Große

Die Europäer in Nordamerika

Der Norden Amerikas stand lange im Schatten von Süd- und Mittelamerika, wo nicht nur Gold gefunden wurde, sondern das Klima auch den gewinnbringenden Anbau von tropischen Produkten erlaubte. Wirtschaftlich schien der Norden dagegen wenig reizvoll. Dafür entdeckten ihn Siedler für sich, denen es weniger um Profit als um persönliche Freiheit ging. Doch sehr bald schwappten die europäischen Konflikte in die Neue Welt über.

Die Besiedelung Nordamerikas begann nicht an der Ostküste, sondern von Süden her. Sieht man von den Wikingern ab, die Nordamerika höchstwahrscheinlich schon um das Jahr 1000 herum entdeckten, so war der erste Europäer, der Fuß auf nordamerikanischen Boden setzte, wohl Juan Ponce de Léon (um 1460–1521), der Gouverneur von Puerto Rico, der 1513 an der Küste Floridas landete. Als erste europäische Stadt in den heutigen USA wurde 1565 St. Augustine im Nordosten Floridas gegründet.

Fischer, Fellhändler, Forscher

Die Gegend von Neufundland dagegen wurde bereits im 15. Jh. von den europäischen Seemächten für den Fischfang genutzt. 1534 beauftragte der französische König Franz I. (1494–1547) den Seefahrer Jacques Cartier (1491–1557), eine Nordpassage nach China zu finden. Cartier fuhr den Sankt-Lorenz-Strom hoch und erklärte das Land im Namen seines Königs zur Kolonie Neufrankreich. 1664 gründete Jean-Baptiste Colbert (1619–83), der Finanzminister Ludwigs XIV., die Französische Westindien-Kompanie. Diese trieb einen lukrativen Pelzhandel mit den Indianern. 1669 begann René-Robert Cavelier de La Salle (1643–87), das Gebiet der Großen Seen zu erforschen, und fuhr schließlich den Mississippi bis zum Golf von Mexiko hinunter. Dabei reklamierte er das umliegende Land unter dem Namen „Louisiana“ als französischen Besitz.

Die Pilgerväter

1585 und 1587 versuchte der englische Abenteurer Walter Raleigh (1552–1618), in North Carolina und Virginia Kolonien zu gründen, scheiterte aber. Erfolgreich war erst die Gründung von

Walter Raleigh

Jamestown in Virginia im Jahr 1607. 1620 kamen dann die „Pilgrim Fathers", die England aus religiösen Gründen verlassen hatten, mit ihrem Schiff „Mayflower" nach Massachusetts und gründeten Plymouth. Während die ersten Siedler oft nur mithilfe der Indianer überlebten, kam es mit wachsendem Zuzug zu Konflikten. 1675 begann eine Allianz unter dem Häuptling Metacomet („King Philipp") einen Krieg, der nach zwei Jahren mit dem Tod von etwa 600 Siedlern und Tausenden von Indianern endete.

Die britisch-französischen Kriege

Auch erste Scharmützel zwischen britischen und französischen Händlern gab es schon 1629. Danach zogen alle größeren Kriege in Europa auch Gefechte in Amerika nach sich. So zerstörten z. B. 1704 während des Spanischen Erbfolgekriegs die Briten die spanischen Missionen in Florida und verkauften die getauften Indianer in die Sklaverei. 1750 gab es dann zwei große Konfliktherde. Zum einen hatten die Briten 1710 die südostkanadische Region Acadia erobert, wogegen die dort lebenden Franzosen rebellierten, zum anderen begannen die inzwischen 1,5 bis 2 Millionen britischen Siedler, über die Appalachen ins Ohiotal zu drängen, das Frankreich für sich reklamiert hatte. Obwohl nur 60.000 Franzosen im Land lebten, konnten diese viele Indianerstämme für sich gewinnen und hatten zunächst die Oberhand. Anfangs überfielen sie meist Siedler, obwohl viele, wie z. B. die pazifistischen Quäker in Pennsylvania, die Briten gar nicht unterstützten. Die Briten überfielen im Gegenzug oft Indianerdörfer. 1756 wurde der Krieg dann offiziell erklärt, und Großbritannien konnte seine personelle Überlegenheit ausspielen. 1763 musste Frankreich im Frieden von Paris auf nahezu alle seine Ansprüche in Nordamerika verzichten. ■

Die Biberkriege

Die Biberkriege

In Europa kamen Hüte aus amerikanischen Biberfellen so schnell in Mode, dass in manchen Gegenden die Biber rar wurden. Die Irokesen, anfangs Handelspartner der Niederländer im heutigen Bundesstaat New York, begannen deshalb 1640, ihre indianischen Nachbarn auszuschalten. Die mit europäischen Feuerwaffen geführten „Biberkriege" zogen sich bis 1701 hin und führten dazu, dass manche Stämme nahezu ausgerottet, andere wie die Lakota in die Great Plains vertrieben wurden.

Die Entdeckung der Südsee

Zwischen 1768 und 1779 unternahm der britische Kapitän James Cook drei aufsehenerregende Fahrten in die Südsee, nahm dabei Australien für die britische Krone in Besitz und kartografierte eine Vielzahl von Inselgruppen, die verstreut im Pazifischen Ozean lagen. Dabei stieß er fast überall auf Menschen, die diese Inseln lange zuvor mit primitivsten Mitteln besiedelt hatten.

James Cook

Den ersten Siedlern in Südostasien kam noch die damalige Geologie zugute. Die indonesischen Inseln waren wohl noch eine zusammenhängende Landmasse, als vor etwa 75.000 Jahren die ersten Vertreter des Homo sapiens dorthin gelangten. Um jedoch Neuguinea zu besiedeln, was vor mindestens 50.000 Jahren geschah, mussten größere Meeresflächen überquert werden. Die Vorfahren der Aborigines wanderten vor mindestens 40.000 Jahren über eine Landbrücke zwischen Neuguinea und Australien in ihre heutige Heimat ein. Trotzdem geben sie Rätsel auf, weil sie genetisch am ehesten mit den Ureinwohnern Sri Lankas verwandt zu sein scheinen. Von Neuguinea aus wurden vermutlich auch bereits vor etwa 28.000 Jahren die relativ nahe gelegenen melanesischen Inselgruppen wie die Salomonen erreicht.

Die Fahrten der Polynesier

Die eigentlichen großen Seefahrer in der Südsee waren jedoch die Polynesier. Woher sie kamen, ist noch immer umstritten. Die Vermutungen der Historiker reichen von Taiwan und den Philippinen bis hin zu Neuguinea und den Salomonen. Um 1500 v. Chr., vielleicht aber auch schon früher, begannen sie, mit leichten, aber sehr stabilen Auslegerkanus Seereisen über Hunderte von Kilometern zu unternehmen, und zwar anfangs wohl immer gegen Wind und Meeresströmung nach Osten. Dabei konnten sie sich nur an den Sternen orientieren. Die Gründe für diese Seereisen waren wahrscheinlich Überbevölkerung und die bewusste Suche nach neuen Inseln. Zwischen 1500 und 1300 v. Chr. dürften sie die Fidschi-Inseln erreicht haben, besiedelten von dort aus

Osterinsel

Tonga, Samoa, die Cook-Inseln, Tahiti, den Tuamotu-Archipel und die Marquesas. Entlegenere Ziele wie Hawaii und die Osterinsel, aber auch Neuseeland wurden wohl erst zwischen 400 und 1000 erreicht.

Die Sträflingskolonie

Im 16. Jh. streiften die Weltumsegler Ferdinand Magellan und Francis Drake, aber auch andere spanische Seefahrer die ein oder andere Inselgruppe, ohne sie jedoch genauer zu erforschen oder für ihr Land in Besitz zu nehmen. Spätestens mit dem Niederländer Willem Jansz (um 1570–um 1630) betrat im Jahr 1606 der erste Europäer Australien, fand das Land jedoch uninteressant. So nahm es erst James Cook (1728–70) im Jahr 1770 für Großbritannien in Besitz. Schon 18 Jahre später begannen die Briten damit, Sträflinge ans Ende der Welt zu deportieren. Parallel dazu entstanden aber auch immer mehr Siedlerkolonien. Vor allem als 1851 Gold gefunden wurde, strömten Abenteurer in Scharen ins Land, und die Regierung begann, die Sträflingstransporte einzustellen. Die Aborigines fielen eingeschleppten Krankheiten zum Opfer, wurden von Siedlern getötet oder in das wirtschaftlich uninteressante Outback vertrieben. Auf Tasmanien fand sogar ein regelrechter Vernichtungskrieg statt.

Allgemein jedoch waren die pazifischen Inseln als mögliche Kolonien zunächst eher uninteressant, da sie zu abgelegen waren und sich die Einwohner oft feindselig zeigten. Gerüchte über weitverbreiteten Kannibalismus in der Südsee machten die Runde. Erst im 19. Jh. begann auch hier die wirtschaftliche Ausbeutung. Besonders Deutschland mit seinem eher kleinen Kolonialreich versuchte, wenigstens noch einige Südseeinseln abzubekommen. ■

Kon-Tiki

Übereinstimmungen in den Mythen der peruanischen Indianer und der Polynesier brachten den norwegischen Forscher Thor Heyerdahl (1914–2002) auf die Idee, dass die polynesischen Inseln auch von Amerika aus besiedelt worden sein könnten. 1947 baute er das Holzfloß Kon-Tiki und bewies durch eine Seereise von 101 Tagen über das offene Meer, dass es den Indianern möglich gewesen wäre, das über 4000 Seemeilen entfernte Polynesien zu erreichen. Die Historiker gehen trotzdem weiterhin davon aus, dass Polynesien von Asien her besiedelt wurde.

Thor Heyderdahl auf dem Holzfloß Kon-Tiki

Die Aufklärung

„Aufklärung ist der Ausgang des Menschen aus seiner selbst verschuldeten Unmündigkeit", schrieb der deutsche Philosoph Immanuel Kant im Jahr 1784. Doch die Aufklärung hatte ihre Wurzeln schon in der Renaissance, als man die antike Neugier an philosophischen und naturwissenschaftlichen Fragestellungen wiederentdeckte. Dieser Forschertrieb brachte die Menschen mit der Zeit zwangsläufig dazu, auch die politischen und sozialen Realitäten ihrer Zeit infrage zu stellen.

Immanuel Kant

Die ersten Aufklärer waren die Entdecker, Forscher und Reformatoren der frühen Neuzeit. Nikolaus Kopernikus (1473–1534), Galileo Galilei (1564–1642) und Johannes Kepler (1571–1630) revolutionierten das mittelalterliche Weltbild, Martin Luther (1483–1546) stellte den Wahrheitsanspruch der mächtigen katholischen Kirche infrage, Isaac Newton (1643–1727) entdeckte eine Vielzahl von Naturgesetzen, René Descartes (1596–1650) begründete den Rationalismus.

Der ideale Staat

Die Frage nach dem besten Staatsgebilde stellten vor allem die Engländer. Der spätere Lordkanzler Thomas More (1478–1535) entwarf 1516 seinen Idealstaat Utopia, eine durchregulierte Republik ohne privates Eigentum. Thomas Hobbes (1588–1679) war angesichts des Dreißigjährigen Krieges der Meinung, dass der Mensch „dem Menschen ein Wolf sei" und legte in seiner Schrift *Leviathan* dar, dass nur die absolute Macht starker Fürsten eine Sicherheit gegen Anarchie und Chaos darstelle. Sein Landsmann John Locke (1632–1704) dagegen schlug vor, alle Macht solle vom Volk ausgehen, das sich eine Regierung wählt, in der alle Teile sich gegenseitig kontrollieren. Auf ihn geht die moderne Gewaltenteilung in ein gesetzgebendes Parlament (Legislative), eine ausführende Regierung (Exekutive) und die überwachenden Gerichte (Judi-

Cogito, ergo sum

René Descartes

„Ich denke, also bin ich", lautet die berühmte Erkenntnis des französischen Philosophen René Descartes auf Deutsch. Descartes hatte versucht, sich vorzustellen, dass nicht nur alles, was andere ihm sagten, unwahr sein könne, sondern dass auch alles, was er meinte zu hören, zu sehen oder zu fühlen, ebenfalls eine Sinnestäuschung sein könne. Woher konnte er wissen, dass er überhaupt existierte? Er kam zu dem Schluss, dass seine einzige Gewissheit die sei, dass er zweifle und denke. Deshalb seien der Zweifel und das Denken die Grundlage für alle menschliche Erkenntnis. Das war damals selbst in den liberalen Niederlanden, wohin er auswanderte, so revolutionär, dass Descartes seine Erkenntnisse nur vorsichtig und anonym zu veröffentlichen wagte.

kative) zurück. Außerdem propagierte Locke, dass es menschliche Grundrechte gäbe, die kein Staat außer Kraft setzen dürfe, bzw. ein Widerstandsrecht der Bürger, falls dies doch geschieht. Mit diesen Gedanken übte Locke großen Einfluss auf die englische Opposition seiner Zeit aus, die 1688 die „Glorious Revolution" initiierte. Locke war selbst im holländischen Exil gewesen und hatte dort engen Kontakt zum späteren König Wilhelm III. gehabt. Nach der Revolution lehnte er aber ein Staatsamt aus gesundheitlichen Gründen ab.

Die aufgeklärten Monarchen

Im Gegensatz zum englischen König gaben die anderen europäischen Fürsten keinen Fußbreit ihrer absolutistischen Macht an das Volk ab. Trotzdem waren viele für moderne Ideen und eine vernünftige Politik durchaus zu haben. Friedrich II. von Preußen (1712–86), der Prototyp eines aufgeklärten Monarchen, fasste dies so zusammen: „Alles für das Volk, nichts durch das Volk." Er baute das Bildungssystem aus, ließ religiöse Toleranz walten, verbesserte das Rechtssystem, schaffte die Folter ab, ließ immerhin eine eingeschränkte Pressefreiheit zu und leitete die Abschaffung der Leibeigenschaft ein. Ähnliches tat auch Karl Friedrich von Baden (1728–1811), was dem Land den Ruf des „Musterländles" einbrachte. Gerade in kleineren Fürstentümern aber drohten die vielen „vernünftigen" Maßnahmen ihrer Herrscher auch in Bürokratismus und Überregulierung auszuarten.

In erster Linie stärkte die Aufklärung jedoch das Selbstbewusstsein des Bürgertums, das begann, Bildung über vornehme Geburt zu stellen und ein politisches Mitspracherecht zu fordern. ■

Brandenburg-Preußen

Brandenburg galt lange als „des Heiligen Römischen Reiches Streusandbüchse". Doch im 17. Jh. gelang es den Kurfürsten, mit modernen Mitteln und einer Konzentration auf Wirtschaft und Militär aus dem armen Land eine Großmacht zu machen. Friedrich der Große, innenpolitisch ein toleranter Reformator, spielte die militärische Potenz des Landes dann voll aus.

Nach dem Aussterben der Askanier, die Brandenburg kolonisiert hatten, fiel die Markgrafschaft 1320 zunächst an Bayern, wurde dann von Kaiser Karl IV. gekauft und 1411 von seinem Sohn Sigismund an den Burggrafen von Nürnberg, Friedrich VI. von Hohenzollern (1371–1440), als Dank für geleistete Dienste zu Lehen gegeben. Das wertvollste an dem Geschenk war zunächst die mit Brandenburg verbundene Kurfürstenwürde.

Friedrich Wilhelm, der Große Kurfürst

Der Große Kurfürst

Im Dreißigjährigen Krieg wurde das sowieso arme Land besonders schwer verwüstet, da Kurfürst Georg Wilhelm (1595–1640) sich nicht zwischen der schwedischen und der kaiserlichen Seite hatte entscheiden können. Doch dann kam sein Sohn Friedrich Wilhelm (1620–88), genannt der Große Kurfürst, ans Ruder. Friedrich Wilhelm hatte Teile seiner Jugend in den Niederlanden verbracht und dort moderne Staatsökonomie kennengelernt. Nach dem Krieg reformierte er Verwaltung und Militär, holte 20.000 aus Frankreich vertriebene Hugenotten ins Land und betrieb eine energische Wiederaufbaupolitik. Dabei war er vor allem bemüht, jegliche Handelshemmnisse zu vermeiden. Er gründete sogar eine Kolonie an der Küste Ghanas und stieg in den Handel mit Sklaven und Edelmetallen ein. Den brandenburgischen Fürsten gestand er auf ihren Gütern alle Freiheiten zu, drängte sie aber aus der Politik hinaus. Sein Enkel

Friedrich Wilhelm II. (1688–1740), der extrem sparsame Soldatenkönig, förderte vor allem die industrielle Entwicklung und das Militär. Er machte Brandenburg reich und hinterließ die viertgrößte und am besten ausgebildete Armee Europas, führte selbst jedoch keinen Krieg.

Der Siebenjährige Krieg

Friedrich der Große (1712–86) nutzte die Soldaten seines Vaters umgehend. Kaum an der Macht, eroberte er das zu Österreich gehörende reiche und industrialisierte Schlesien. Die Situation war günstig. Denn Maria Theresia (1717–80) hatte sich als Erbin ihres Vaters noch nicht durchgesetzt. Friedrichs aggressives Vorgehen, gepaart mit seinem Talent als Feldherr, führte jedoch dazu, dass sich 1756 die Erzfeinde Frankreich und Österreich gegen ihn verbündeten. Da auch Russland, das an der Eroberung Ostpreußens interessiert war, gegen Preußen an diesem Krieg teilnahm, geriet Friedrich zunehmend in die Defensive. 1761 jedoch starb Zarin Elisabeth, und ihr Nachfolger Peter III., der Friedrich glühend bewunderte, schloss umgehend Frieden mit Preußen. So konnte Friedrich am Ende des Siebenjährigen Krieges Schlesien endgültig behalten, während vor allem Frankreich sich wirtschaftlich ruiniert und parallel seine Kolonien in Nordamerika verloren hatte.

Friedrich der Große

Die preußische Königskrone

Der ehemalige Ordensritterstaat Ostpreußen war 1525 vom damaligen Hochmeister Albrecht von Brandenburg (1490 – 1568) zum Herzogtum gemacht worden und fiel 1618 als Erbe an die brandenburgischen Kurfürsten. Allerdings stand er unter polnischer Oberhoheit. Im schwedisch-polnischen Krieg (1655 – 61) ließ sich der Große Kurfürst einen Frontenwechsel von den Polen mit der Souveränität Preußens bezahlen. Damit war das Land völlig unabhängig, und Friedrich III. (1657 – 1713), der Sohn des Kurfürsten, konnte sich 1701 zum preußischen König krönen lassen.

Die polnischen Teilungen

Brandenburg-Preußen war auch einer der drei Nutznießer der Aufteilung des polnischen Staates. Dort hatte Zarin Katharina II. im Jahr 1764 ihren ehemaligen Liebhaber Stanislaw Poniatowski (1732–98) auf den Thron gebracht. Als es daraufhin zu heftigen Aufständen kam, schlug Friedrich 1772 Katharina und Maria Theresia vor, in gegenseitigem Einvernehmen politisch interessante Teile Polens zu okkupieren. 1793 und 1795 beteiligten sich dann seine Nachfolger an zwei weiteren „Teilungen", an deren Ende von Polen nichts mehr übrig war. Preußen hatte dabei nahezu das gesamte heutige Polen mit Ausnahme des Südostens erbeutet. ■

Der amerikanische Unabhängigkeitskrieg

Die Boston Tea Party

Mit dem Ende des Siebenjährigen Krieges in Europa war 1763 auch der britisch-französische Krieg in Nordamerika zu Ende gegangen. Der große Sieger hieß England – theoretisch. In Wahrheit hatte der Kampf gegen die Franzosen der britischen Krone jedoch immense Staatsschulden eingebracht. Deshalb erhöhte König George III. 1766 die Besteuerung der Kolonien. Doch damit stieß er auf Widerstand.

Es ging jedoch nicht nur um Geld. Nach Beendigung des britisch-französischen Krieges hatten die Indianer zu den Waffen gegriffen, da die Siedler weiterhin in Scharen in ihr Land strömten und die Briten als Besatzungsmacht auftraten, nicht als Verhandlungspartner wie die Franzosen. Geführt von dem Ottawa-Häuptling Pontiac (um 1712–69) begann im April 1763 ein äußerst blutiger Krieg, dessen britische Truppen und Siedlermilizen erst nach drei Jahren Herr werden konnten. König George III. erklärte deshalb im Oktober 1673 die Appalachen zu einer Grenzlinie zwischen den Kolonien und dem Indianerland. Damit wollte er weitere teure Kriege gegen die Indianer sowie eine unkontrollierte Ausbreitung der Kolonien und damit eine Loslösung vom Mutterland vermeiden. Die Siedler jedoch waren mit dieser Beschränkung nicht einverstanden und ignorierten sie.

Die Boston Tea Party

Ab 1764 führte die britische Regierung diverse neue Steuern ein, die von den Siedlern weniger wegen ihrer Höhe als aus Prinzip bekämpft wurden. Das Schlagwort „No taxation without representation“ (keine Besteuerung ohne politische Repräsentation) machte die Runde, wobei nicht ganz klar ist, ob die Siedler wirklich eine aufgrund der Entfernung schwer zu verwirklichende Repräsentanz im britischen Parlament anstrebten oder nur ihre Unabhängigkeit betonten. Als 1767 eine Einfuhrsteuer auf Produkte des täglichen Bedarfs wie Tee oder Papier erhoben wurde, begannen sie in großem

Die Virginia Declaration of Rights

Im Jahr 1776 begannen sich zunächst die einzelnen Kolonien Verfassungen zu geben. In der Virginia Declaration of Rights vom 12. Juni wurden erstmals die Vorstellungen des britischen Philosophen John Locke umgesetzt. Der erste Absatz begann mit der Feststellung, dass alle Menschen von Natur aus gleich und frei sind. Im zweiten wurde festgeschrieben, dass alle Macht vom Volk ausgeht. Sie diente als Vorbild für die Unabhängigkeitserklärung der Vereinigten Staaten, die am 4. Juli 1776 verabschiedet wurde.

Unabhängigkeitserklärung am 4. Juli 1776

Umfang, niederländischen Tee zu schmuggeln, was die englische Ostindiengesellschaft in beträchtliche Finanznot brachte. 1773 wurde der Teepreis stark gesenkt, um die Londoner Lager leeren zu können, die Zölle jedoch wurden nicht abgeschafft. Die Führer der Boykottbewegung in den Kolonien sahen darin eine bewusste Aktion gegen ihren politischen Kampf und organisierten einen Streik der Lotsen, sodass die Teeschiffe erst gar nicht in die Häfen gelangten. Als in Boston doch ein Schiff anlegte, stürmten es teils als Indianer verkleidete Boykotteure und warfen den ganzen Tee ins Wasser.

George Washington

Die britische Regierung reagierte auf die Tea Party und ähnliche kleinere Aktionen gegen britische Produkte mit den sogenannten unerträglichen Gesetzen. Sie schloss den Hafen von Boston und entzog Massachusetts den Status einer Kolonie. Daraufhin trafen sich Vertreter der 13 Kolonien in Philadelphia zum Kontinentalkongress, verhängten eine einjährige Handelssperre gegen Großbritannien und beschlossen die Aufstellung einer Armee unter Oberbefehl von George Washington (1732–99), der schon im britisch-französischen Krieg Milizenführer gewesen war und es meisterhaft verstand, die beschränkten Mittel der Kolonien möglichst effektiv einzusetzen. Im Juni 1775 kam es zu den ersten Schlachten, die die Briten zwar gewannen, aber dank der den Indianern abgeschauten Guerillataktik der Siedler mit viel höheren Verlusten bezahlten. Ab 1778 wurden die Siedler von der französischen Flotte unterstützt und brachten Großbritannien 1783 dazu, ihre Unabhängigkeit anzuerkennen. 1787 begann in Philadelphia der Verfassungskonvent zu tagen, der den parteilosen George Washington 1789 zum ersten Präsidenten der Vereinigten Staaten wählte.

George Washington

Die Französische Revolution

Sturm auf die Bastille

Der amerikanische Unabhängigkeitskrieg war von vielen Menschen in Europa mit Sympathie für die Rebellen in Übersee verfolgt worden. Der absolute Herrschaftsanspruch der Monarchen geriet in immer größeren Gegensatz zu aufklärerischen Ideen wie Volkssouveränität, Menschenrechten, Gleichberechtigung, Selbstbestimmung, Meinungsfreiheit, religiöser Toleranz und materieller Gerechtigkeit. In Frankreich war der Gegensatz zwischen dem Pomp des Adels und der katastrophalen wirtschaftlichen Situation des Landes besonders groß.

1 1789 stand der französische Staat vor dem Bankrott. Der Siebenjährige Krieg in Europa und Übersee hatte enorm viel gekostet, ohne etwas eingebracht zu haben. Wirtschaftlich konnte man mit dem industriell viel fortschrittlicheren Großbritannien nicht mehr mithalten. Dazu kamen Missernten, die die arme Bevölkerung in Not stürzten. In dieser Situation kam der durchaus bemühte König Ludwig XVI. (1754–93) auf die Idee, zum ersten Mal seit 1614 wieder die Generalstände – Vertreter von Klerus, Adel und Bürgertum – einzuberufen, um über neue Steuern zu beraten. Die bürgerlichen Vertreter aber befürchteten, von Adel und Klerus überstimmt zu werden und alle Lasten tragen zu müssen, ohne dass die anderen ihre Privilegien aufgaben. Deshalb verlangten sie eine Abstimmung nach Köpfen, nicht nach Ständen. Als ihnen dies nicht zugestanden wurde, erklärten sie sich am 17. Juni zur Nationalversammlung.

Der Sturm auf die Bastille

In Paris hatte unterdessen ein rapider Anstieg der Brotpreise die Stimmung der Bevölkerung zum Kochen gebracht. Als sich das – falsche – Gerücht verbreitete, der König wolle die Nationalversammlung gewaltsam auflösen, wurden Bürgerwehren und eine „Nationalgarde“ gebildet. Am 14. Juli stürmten Tausende von Parisern das Gefängnis Bastille und lynchten den Kommandanten, obwohl er sich ergeben hatte. In der Folge gab es im ganzen Land Aufstände der Bauern gegen den Adel. Die Nationalversammlung erklärte daraufhin die Leibeigenschaft für abgeschafft und hob die Privilegien des Adels auf. Am 26. August verabschiedete sie die erste europäische Erklärung der Menschen- und Bürgerrechte. Danach begann sie, eine Verfassung zu erarbeiten, konnte sich aber erst am 3. September 1791 auf eine konstitutionelle Monarchie einigen. Ludwig XVI. fügte sich angesichts der bewaffneten Nationalgarde anfangs in den Prozess, versuchte im Juni 1791 aber zu fliehen, was missglückte. Danach war er praktisch Gefangener der Revolutionäre.

Die *Marseillaise*

Ab 1792 befand sich das revolutionäre Frankreich im Krieg mit fast ganz Europa: Österreich, Preußen, Großbritannien, Spanien, den Niederlanden, Neapel und Piemont-Sardinien. Frankreich reagierte, indem es alle unverheirateten Männer zwischen 18 und 25 Jahren zum Kriegsdienst verpflichtete und diese Soldaten patriotisch aufstachelte. Dazu gehörte auch ein Kriegslied, das der Offizier Claude Joseph Rouget de Lisle unmittelbar in der Nacht nach der Kriegserklärung gegen Österreich schrieb. 1795 wurde es unter dem Namen *Marseillaise* französische Nationalhymne. Zwei Jahre später war der Krieg gewonnen.

Hinrichtung Ludwigs XVI.

Der Terror

Die Flucht des Königs, die Drohungen der europäischen Mächte, militärisch gegen Frankreich vorzugehen, und die nach wie vor desaströse Wirtschaftslage gaben den radikalen Kräften innerhalb der Revolution Auftrieb. Im April 1792 wurde erst Österreich und dann Preußen der Krieg erklärt. Am 22. September beschloss die Nationalversammlung die Einführung der Republik. Doch den Radikalen war das nicht genug. In der Folge riss ein Bündnis aus den extremen Kräften in der Nationalversammlung und dem aufgepeitschten Mob von Paris die Kontrolle über die Ereignisse an sich. Ludwig XVI. und seine Frau Marie Antoinette wurden zum Tode verurteilt und öffentlich unter der Guillotine enthauptet. Am 6. April 1793 übernahm der „Wohlfahrtsausschuss“ die Regierungsgewalt und ließ über 10.000 Menschen als „Konterrevolutionäre“ auf der Guillotine hinrichten. Erst als sich die radikalen „Jakobiner“ gegenseitig zerfleischten und am 28. Juli 1794 auch ihr Führer Maximilien Robespierre und über 100 seiner Anhänger hingerichtet wurden, brach der Terror zusammen. ■

Napoleon

Napoleons Aufstieg begann während des 1. Koalitionskrieges, den das revolutionäre Frankreich gegen den Rest Europas führte. 1793 eroberte der 24-jährige korsische Offizier die von französischen Royalisten gehaltene und von der englischen Flotte unterstützte Festung Toulon. An die militärische schloss sich eine politische Karriere an, die Napoleon zum Beherrscher – aber auch Reformator – von halb Europa machte.

Napoleon Bonaparte

Im französischen Nationalkonvent hatte nach dem Sturz der Jakobiner ein sogenanntes Direktorium die Macht übernommen. Der starke Mann des korrupten Gremiums war Paul Barras (1755–1828), der Napoleon (1769–1821) die Italienarmee anvertraute, mit der das junge Militärgenie Österreich schlug. Danach sollte er den Briten in Ägypten den Zugang nach Indien verwehren. Napoleon brach die Sache aber zugunsten eines Staatsstreichs in Frankreich ab. Zusammen mit zwei Direktoren setzte er die anderen drei ab und nötigte das Parlament mit Waffengewalt, einer neuen Verfassung zuzustimmen, die ihn zum ersten von drei Konsuln machte. Damit war er, der eigentlich nur für die militärische Seite des Putsches vorgesehen war, erster Mann im Staat.

Die Bonapartes

Napoleon vergaß bei seiner Neuordnung Europas auch seine Geschwister nicht. Joseph wurde König von Spanien, Louis bekam Holland, Jerôme Westfalen, Elisa die Toskana und Caroline Neapel. Bis auf Joseph, der von den Spaniern vertrieben wurde, waren die Bonapartes bei liberalen Untertanen nicht unbeliebt, da sie ihre Länder reformierten und den *Code Napoléon* einführten.

Vom Konsul zum Kaiser

Beim Volk war Napoleon wegen seines Sieges über Österreich, der reiche Beute gebracht hatte, äußerst populär. Zudem gelang es ihm, den gebeutelten Staat wieder in die Höhe zu bringen. Er reformierte Verwaltung, Finanzen und Militär, kümmerte sich um eine bessere Bildung und erließ vor allem den *Code Napoléon*, ein Gesetzbuch, das den Prinzipien von Aufklärung und Französischer

Revolution entsprach. Daneben gewann er auch noch den 2. Koalitionskrieg (1800–02) gegen die europäischen Mächte, annektierte die linksrheinischen deutschen Gebiete und wurde Konsul einer italienischen Republik. Am 2. Dezember 1804 krönte er sich höchstpersönlich zum Kaiser.

Europa wird verändert

1805 schlossen Großbritannien, Russland, Österreich, Schweden und Neapel ein neues Bündnis gegen Napoleon. Dieser wollte mit einer Invasion in England reagieren, scheiterte aber im Oktober in der Schlacht von Trafalgar. Dafür konnte er Bündnisse mit Bayern, Baden und Württemberg schließen und schlug Russland und Österreich im Dezember in der Dreikaiserschlacht bei Austerlitz. 1806 verhängte er eine Kontinentalsperre gegen England und zwang alle seine Verbündeten, sich dem anzuschließen. Letztendlich schadete die Sperre aber mehr der kontinentalen Wirtschaft als der britischen. Außerdem brachte er seine deutschen Verbündeten dazu, sich zum Rheinbund zusammenzuschließen. Daraufhin erklärte Franz II. (1768–1835) das mittelalterliche Kaiserreich für aufgelöst und nannte sich nur noch Kaiser von Österreich. Im Oktober griff Preußen Napoleon an, wurde in der Schlacht von Jena und Auerstedt aber vernichtend geschlagen und verlor fast die Hälfte seiner Fläche. 1807 eroberte Napoleon Portugal, das weiterhin Handel mit England trieb. Das Königshaus floh daraufhin nach Brasilien. Ab 1808 kämpfte er in Spanien, das aber von britischen Truppen massiv unterstützt wurde.

Waterloo

1812 marschierte Napoleon gegen Russland. Er scheiterte, und zwei Drittel seiner Soldaten (etwa 560.000) starben. Zusammen mit den wirtschaftlichen Problemen aufgrund der Kontinentalsperre sorgte das für Unzufriedenheit bei den Verbündeten, was Napoleon mit einer Abschaffung der Freiheitsrechte beantwortete. Dadurch kippte die Stimmung in eine patriotische, antinapoleonische Begeisterung. Eine Koalition aus mehreren deutschen Ländern und Russland besiegte Napoleon im Oktober 1813 in der Völkerschlacht bei Leipzig. Gleichzeitig verlor Napoleon auch in Spanien den Kampf gegen England und musste im März 1814 abdanken. Er wurde nach Elba verbannt, kehrte im März 1815 zurück, wurde aber im Juni von einer englisch-preußischen Armee bei Waterloo endgültig besiegt.

Wiener Kongress und Deutscher Bund

Nach dem Sieg über Napoleon im Frühjahr 1814 stand Europa vor der Frage, wie es weitergehen sollte. Doch im Prinzip waren die Fürsten sich relativ einig. Die alte Ordnung sollte wiederhergestellt werden. Von September 1814 bis in den Juni 1815 berieten sie auf einem Kongress in Wien über Details. Besonders betroffen waren – durch die Auflösung des Kaiserreiches im Jahr 1806 – die deutschen Staaten.

Die Schlagworte des Wiener Kongresses lauteten „Restauration, Legitimität, Solidarität". Die alte Ordnung sollte wieder restauriert werden, die „legitimen" (also früheren) Herrscher wieder eingesetzt werden und außerdem sollten durch eine Solidarität unter den europäischen Monarchen umstürzlerische Elemente unterdrückt und ein andauernder Friede in Europa geschaffen werden. Am einfachsten gestaltete sich die Wiedereinsetzung der früheren Monarchien in Frankreich, Spanien, Neapel, Piemont, Hannover und den Niederlanden. Über die Restauration der alten Verhältnisse jedoch gab es großen Streit.

Preußen

Einer der großen Gewinner des Wiener Kongresses war Preußen. Es erhielt fast alle Gebiete, die es nach der Niederlage 1806 gegen Napoleon verloren hatte, zurück, mit Ausnahme einiger polnischer Territorien, die an Russland fielen. Als Ausgleich erhielt es jedoch Vorpommern, den nördlichen Teil Sachsens, Westfalen und das Rheinland zwischen Bingen und Kleve (Rheinprovinz).

Der Reichsdeputationshauptschluss

Schließlich hatte die napoleonische Neuordnung auch ihre Gewinner gehabt, und die wollten nun nicht zurückstecken. Andererseits wachten die Monarchen eifersüchtig darüber, dass nicht etwa einer von ihnen zu gut wegkam. So kam es in Wahrheit zu keiner Restaurierung der alten Grenzen, sondern zu einer Vielzahl von Gebietsverschiebungen. Die deutschen Fürsten dachten z. B. nicht daran, den Reichsdeputationshauptschluss von 1803 zu widerrufen. Damals hatten sie Bistümer, Reichsabteien, Reichsstädte und über 100 kleinste Adelsherrschaften einfach aufgelöst, um die Fürsten zu entschädigen, die am Ende des ersten Koalitionskriegs Gebiete an Frankreich hatten abtreten müssen. Auch weigerten sich die von Napoleon erhöhten Könige von Bayern, Württemberg und Sachsen, wieder auf die Stufe von Herzogen zurückzusinken.

Neue Ordnung, alte Politik

Außerdem wollte man Konfliktherde der Vergangenheit entschärfen: So schlug man z. B. die früher Spanischen, später Österreichischen Niederlande den Freien Niederlanden zu, entschädigte Österreich dafür mit Tirol und dessen früheren Besitzer Bayern mit Franken, ehemaligem Bischofsland. Gestraft wurden einige besonders hartnäckige Verbündete von Napoleon: Dänemark musste Norwegen an Schweden abgeben, Sachsen einen großen Teil seines Gebietes an Preußen. Heiße Diskussionen gab es vor allem über Polen, das Napoleon 1807 wenigstens in der Form eines Herzogtums Warschau wiederhergestellt hatte. Schließlich schlug man dem Herzogtum noch das ehemals österreichische Westgalizien zu, verband dieses „Kongresspolen" aber in Personalunion mit der russischen Krone. Das heißt, es war ein selbstständiger Staat, aber mit dem jeweiligen russischen Zaren als Staatsoberhaupt.

Vorsitz auf dem Wiener Kongress: Fürst Metternich

Das neue Deutschland

Aus dem deutschen Reich wurde der Deutsche Bund, ein Bündnis aus 34 souveränen Staaten und vier Freien Städten (Hamburg, Bremen, Lübeck, Frankfurt/Main), das vor allem eine gemeinsame Verteidigung nach außen durch ein Bundesheer und eine gemeinsame Bekämpfung umstürzlerischer Bestrebungen im Inneren zum Ziel hatte. Beschlüsse wurden auf dem Bundestag in Frankfurt gefällt. Allerdings trat dieser Bundestag selten zusammen. Ansonsten agierte als Regierung der engere Rat, der unter der Präsidentschaft Österreichs stand und in dem Repräsentanten der zwölf größeren Staaten und sechs gemeinsame Vertreter der 26 kleineren saßen. Historiker meinen, dass dieser Bund rückblickend eigentlich nur dann funktionierte, wenn sich Preußen und Österreich auf eine Sache einigen konnten. Das ging aber meistens zulasten kleinerer Mitglieder, die z. B. versucht hatten, in ihrem Land eine liberalere Politik einzuführen.

Die Märzrevolutionen

Die Jahre nach dem Wiener Kongress waren eine zwiegespaltene Zeit für Europa. Fürs Erste herrschte tatsächlich wieder Frieden, und viele Menschen der besseren Stände führten im „Biedermeier" ein sehr behagliches und materiell abgesichertes Leben. Doch unter der Oberfläche gärte es. Denn sowohl die Not der Unterschicht als auch die Enttäuschung der Liberalen über die rückwärtsgewandte Politik der Fürsten waren groß.

Zurückgezogenes Leben des Bürgertums

Den Anfang machte Frankreich: Dort gebärdete sich Karl X. (1757–1836), ein Bruder des geköpften Ludwig XVI., als Absolutist alten Schlages. 1830 wurde er gestürzt und durch einen entfernten Verwandten, den liberalen „Bürgerkönig" Louis Philippe von Orléans (1773–1850) ersetzt. Diese Julirevolution führte in ganz Europa zu Unruhen. In den Niederlanden rebellierte die katholische Bevölkerung der Südprovinzen und machte sich als Belgien selbstständig. Die Polen setzten den Zaren ab, wurden aber bereits ein Jahr später wieder von Russland besiegt. Aber auch in Italien und einigen deutschen Ländern wie Sachsen, Hessen, Braunschweig und Hannover gab es Aufstände.

Glückliche Dänen

Auch in anderen europäischen Ländern gab es 1848 Unruhen: Ungarn, Venedig, Böhmen und die Lombardei versuchten, unabhängig von Österreich zu werden. Die Posener Polen rebellierten – ebenso vergeblich – gegen die preußische Fremdherrschaft. Die Dänen dagegen erzwangen die Einführung der konstitutionellen Monarchie.

Der deutsche Vormärz

In der Gründungsakte des Deutschen Bundes war eigentlich vorgesehen, dass sich alle Staaten eine Verfassung mit einer Bürgerbeteiligung an der Regierung geben sollten, doch dies wurde kaum umgesetzt. Besonders groß war die Enttäuschung bei den Studenten. Diese hatten in großer Zahl in den „Befreiungskriegen" gegen Napoleon in Freikorps mitgefochten. Auf dem Wartburgfest 1817 und durch die Gründung einer „Allgemeinen deutschen

Burschenschaft" 1818 rebellierten sie gegen die deutsche Kleinstaaterei und die alten Machtverhältnisse. Daraufhin verbot der Deutsche Bund die Burschenschaften in den Karlsbader Beschlüssen und führte eine rigide Überwachung des bürgerlichen Lebens ein.

1848

Die Unruhen des Jahres 1848 begannen wieder in Frankreich. Dort wurde nun auch der konservativer gewordene „Bürgerkönig" gestürzt und durch Napoleons Neffen Napoleon III. (1808–73) ersetzt. Am 1. März besetzten Aufständische in Karlsruhe das Ständehaus im badischen Landtag, am 6. März kam es zu blutigen Barrikadenkämpfen in Berlin, am 13. März in Wien. Ähnliches spielte sich in kleineren Staaten ab, und viele Fürsten erklärten sich erschrocken zu Reformen und Zugeständnissen bereit. Am 20. März beschloss der Bundestag in Frankfurt, eine verfassunggebende Nationalversammlung einzuberufen. Daraufhin fanden in den einzelnen Ländern Abgeordnetenwahlen statt. Am 18. Mai trat die Nationalversammlung in der Frankfurter Paulskirche zusammen.

Nationalversammlung in der Paulskirche

Das Scheitern der Paulskirchen-Verfassung

Es dauerte bis zum 28. März 1849, bis sich die über 500 Abgeordneten auf eine konstitutionelle Monarchie unter Führung Preußens und ohne Österreich geeinigt hatten. Doch nur 28 Staaten nahmen die neue Verfassung an, die anderen lehnten ab, und auch der preußische König Friedrich Wilhelm IV. (1795–1861) wies die angebotene Krone zurück – wohl aus Angst vor Russland und Österreich, mit denen Preußen 1815 eine „Heilige Allianz" zum Schutz traditioneller monarchischer Rechte geschlossen hatte. In vielen deutschen Ländern kam es daraufhin zu Mai-Aufständen, in denen entweder die Annahme der Verfassung erzwungen werden sollte oder gleich eine Republik ausgerufen wurde. Dies waren vor allem Sachsen, Baden, die westdeutschen preußischen Länder und die zu Bayern gehörende Pfalz. Doch alle Aufstände wurden blutig niedergeschlagen, wobei vor allem preußische Truppen eingesetzt wurden.

Ein Teil der Versammlung aus der Paulskirche zog nach Stuttgart, um dort ihre Arbeit fortzusetzen, wurde aber am 18. Juni gewaltsam aufgelöst. Am 23. Juli wurden als Letzte die besonders radikalen Badener Aufständischen geschlagen, die von Anfang an eine Republik und keine wie immer geartete Monarchie propagiert hatten.

Die Industrielle Revolution

Industrialisierung in Deutschland: Krupp-Werke in Essen

Im Vordergrund der Unruhen des Jahres 1848 standen die Intellektuellen und Liberalen, die mehr bürgerliche Freiheiten und mehr politische Mitsprache anstrebten. Doch die Unzufriedenheit hätte sich wahrscheinlich nicht so blutig entladen, wenn nicht auch gravierende soziale Probleme dazugekommen wären. Ende des 18. Jh. hatte in Großbritannien die Industrielle Revolution eingesetzt und inzwischen auch mit voller Wucht den Kontinent erreicht.

Schon früher hatten neue technische Erfindungen die Arbeitswelt verändert, aber nie zuvor so radikal. Es waren teilweise kleine Tüftler und Weber selbst, die revolutionäre Neuerungen für die britische Textilwirtschaft entwickelten. So erfand der Weber James Hargreaves (um 1740–78) im Jahr 1764 die „Jenny", ein Spinnrad, das acht Fäden gleichzeitig zwirbeln konnte. Von einem Landpfarrer namens Edmund Cartwright (1743–1823) stammte ein maschinengetriebener Webstuhl (1785). Das alles war kein Problem, solange die Nachfrage die Produktion überstieg und die neuen Maschinen kompliziert (Jenny) waren oder schlechtere Qualität (Cartwright-Webstuhl) lieferten. Doch es zeigte sich, dass die Erfindungen sehr schnell leistungsstärker, einfacher und besser gemacht werden konnten. Außerdem hatte James Watt (1736–1819) mittlerweile eine brauchbare Dampfmaschine entwickelt – eigentlich, um Bergwerke auszupumpen. Doch bald war es kein Problem mehr, Hunderte von Spinn- oder Webmaschinen gleichzeitig per Dampfkraft zu betreiben. Die Investitionen dazu konnten sich allerdings nur wenige Großunternehmer leisten, sodass die britische Textilwirtschaft boomte, aber nur wenige etwas davon hatten.

Der Aufstand der schlesischen Weber

Das billige britische Tuch überschwemmte auch Europa. Nur während der napoleonischen Kontinentalsperre profitierte die europäische Textilwirtschaft (als einziger Wirtschaftszweig) von dieser Maßnahme. Auf dem Kontinent wurden Textilien noch in Heimarbeit von Webern und Spinnern hergestellt, die sie dann an ihre Verleger lieferten. Gerade in entlegenen Gebieten mit wenig Landwirtschaft gab es kaum andere Arbeit. Doch angesichts der britischen Konkurrenz kürzten die Verleger die Löhne massiv, was 1844 in Schlesien zu einem Aufstand von Tausenden von Webern führte, der blutig niedergeschlagen wurde.

Frühe Globalisierung

Die britische Textilwirtschaft ist zwar ein Paradebeispiel, aber keineswegs der einzige Wirtschaftszweig, der vom 18. zum 19. Jh. revolutioniert wurde. Die Aufklärung hatte durchaus auch zu wirtschaftsliberalen Theorien geführt, die vor allem in England realisiert wurden, während in den europäischen Ländern die schwerfälligeren fürstlichen Verwaltungen weiterhin versuchten, die Entwicklung zu steuern. Außerdem lieferten die überseeischen Kolonien große Mengen an Rohstoffen, die immer günstiger wurden, je mehr sich das Transportwesen verbesserte. 1819 überquerte mit der „SS Savannah" das erste Dampfschiff den Atlantik, 1825 fuhr in England die erste Eisenbahn. Auch die Landwirtschaft machte durch neue Geräte, neue Anbaumethoden und Produkte (z. B. Kartoffeln ab 1756 in Preußen) Fortschritte, sodass weniger Arbeitskräfte gebraucht wurden bzw. auch hier Großbetriebe die selbstständigen Kleinbauern verdrängten. Dazu kam die Möglichkeit, wichtige Nahrungsmittel (z. B. Weizen) billig zu importieren. Je weniger (und schlechter) die Arbeitsmöglichkeiten auf dem Land wurden, in desto größeren Scharen strömten die Menschen in die Städte, in der Hoffnung, in den Fabriken eine Verdienstmöglichkeit zu finden. ■

Kinderarbeit 1833

Arbeitsschutz war vor dem 19. Jh. kein Thema gewesen. Selbst der strengste Grundherr war darauf angewiesen, die Arbeitskraft seiner Bauern zu erhalten. Auch hatte es keinen Sinn, sie bei Dunkelheit aufs Feld zu jagen. Die Industrielle Revolution bescherte beleuchtete Fabriken und endlosen menschlichen Nachschub. Die Fabrikbesitzer konnten die Löhne so niedrig halten, dass eine Familie nur überleben konnte, wenn Frauen und Kinder voll mitarbeiteten. 1833 wurde in England erstmals verboten, dass Kinder unter neun Jahren in Textilfabriken arbeiteten und Jugendliche unter 18 Jahren mehr als zwölf Stunden.

Erste Dampfeisenbahn in England

Die Kolonialreiche

Simon Bolivar

1811, als Spanien in die napoleonischen Kriege verwickelt war, begann der venezolanische Politiker Simon Bolivar (1783 – 1830) den Kampf um die Unabhängigkeit seines Landes. Im Laufe der nächsten Jahre vertrieb er die Spanier aus dem Norden Südamerikas, während es parallel Unabhängigkeitskämpfe im Süden und in Mittelamerika gab. 1824 verließen die Spanier den Kontinent. Damit hatte das erste Land einen Großteil seiner Kolonien schon verloren, bevor in anderen die Ära des Kolonialismus überhaupt begann.

Auch Brasilien war schon 1815 unabhängig geworden, allerdings noch in Personalunion mit der portugiesischen Krone verbunden. 1822 aber rief Thronfolger Peter (1798 – 1834) ein unabhängiges Kaiserreich Brasilien aus. Allerdings wurde schon sein Sohn 1889 gestürzt und Brasilien zur Republik.

Anders als in Südamerika, wo sich europäischstämmige Siedler vom Mutterland loskämpften, rebellierten auf Haiti 1791 die Sklaven. Napoleon zog 1804 alle französischen Truppen ab. Die Bourbonen-Könige ließen sich dann 1825 für die Unabhängigkeit Haitis 90 Millionen Goldfranc zahlen, was die Wirtschaft ruinierte und für Unruhen sorgte. Kuba erkämpfte sich 1898 seine Unabhängigkeit von Spanien, wurde aber anschließend bis 1902 von den USA besetzt.

Kampf der Seemächte

Die Niederländer, wo nicht der Staat, sondern große Handelsgesellschaften aktiv waren, besaßen mit dem heutigen Indonesien nur ein großes Kolonialgebiet, aus dem sie Anfang des 17. Jh. die Portugiesen verdrängt hatten. Hier forcierten die Kaufleute den großflächigen Anbau der wertvollen Gewürze, ohne aber allzu sehr in die lokale Selbstverwaltung einzugreifen. Hinzu kamen allerdings niederländische Handelsstützpunkte und kleinere Gebiete, die über die ganze Welt verteilt waren. Mitte des 17. Jh. gerieten die Niederländer mit der aufstrebenden Seemacht Großbritannien in Konflikt. Zwischen 1652 und 1784 fochten sie vier Kriege aus, die letztlich mit einer Niederlage der Niederlande endeten. Dabei verloren sie mehrere Ge-

Ostindienkompanie: privilegiert für den Handel mit Indien und Ostasien

biete an die Briten (z. B. Nieuw Amsterdam, das heutige New York, und Sri Lanka).

In der Folge bauten die Briten systematisch ihr „Empire" aus und wurden zur größten Kolonialmacht der Welt. Dabei dienten manche Kolonien (v. a. in Afrika) nur als Produzent eines einzigen Rohstoffs, während andere vor allem wegen ihrer militärstrategischen Lage gehalten wurden und wieder andere, wie Kanada oder Australien, sich durch Siedler, denen weitgehende Selbstverwaltung zugestanden wurde, zu Staaten westlicher Prägung entwickelten. Eine besondere Rolle unter den britischen Kolonien spielte Indien, das die Briten zwischen 1757 und 1818 Stück für Stück erobert hatten.

Der Wettlauf um Afrika

Macht und Reichtum des britischen Empire brachten die anderen europäischen Staaten zu der Überzeugung, dass sie unbedingt Kolonien brauchten, um sich Rohstoffe, Absatzmärkte und strategischen Einfluss zu sichern. Dabei kam es zu einem regelrechten Wettlauf um das noch wenig erschlossene Afrika. Frankreich eroberte fast ganz Westafrika und Madagaskar, Großbritannien besetzte Nigeria, Ghana und große Teile des Ostens und Südens, Belgien den Kongo, Italien Libyen, Eritrea und Teile Somalias und Deutschland Kamerun, Namibia, Ruanda, Togo und Tansania. Dazu kamen ältere spanische und portugiesische Küstenkolonien. Um die Einflüsse wurde auf internationalen Konferenzen wie der Kongokonferenz (1884) heftig geschachert. Vor allem das aggressive Auftreten des deutschen Kaiserreichs, das glaubte, zu kurz gekommen zu sein, sorgte für Spannungen. Dabei waren viele dieser späten Kolonien wirtschaftlich überhaupt nicht mehr rentabel. Von allen deutschen Kolonien warf z. B. nur Togo Gewinn ab. ■

Das Viktorianische Zeitalter

Während der Regierungszeit der britischen Königin Viktoria (reg. 1837 – 1901) stand Großbritannien auf dem Höhepunkt seiner Macht. Die Queen regierte über mehr als 20 Prozent der Erde und ein Drittel der Weltbevölkerung. Außenpolitisch und wirtschaftlich präsentierte sich das Empire in dieser Zeit äußerst expansiv, innenpolitisch und gesellschaftlich dagegen sehr konservativ.

Die Opiumkriege

Die Verbotene Stadt

Nicht immer waren es zwangsläufig die Europäer, die vom globalen Handel der frühen Neuzeit profitierten und Länder in Übersee ausbeuteten. China, dessen Luxuswaren erst bei den absolutistischen Fürsten, später beim reichen Bürgertum der letzte Schrei waren, gelang lange Zeit das Gegenteil. Doch als der Konflikt letztendlich eskalierte, zeigte es sich, dass das Reich der Mitte der militärischen Macht der Europäer nichts entgegenzusetzen hatte.

In China waren im Jahr 1368 die mongolischen Kaiser durch eine Volksbewegung gestürzt worden. Unter den Rebellen setzte sich der ehemalige buddhistische Mönch Zhu Yanzhang (1328–98) durch, machte sich unter dem Namen Hongwu zum Kaiser und gründete die Ming-Dynastie. Aus Hongwus Misstrauen gegen noch lebende mögliche Gegner resultierte eine Politik der gesamten Ming-Dynastie, die von Sicherheitsvorkehrungen, einer mächtigen Geheimpolizei und einer neuen Elite der Palasteunuchen bestimmt war. Im Jahr 1412 wurde mit dem Bau des Kaiserpalastes in Peking als der Verbotenen Stadt begonnen. Außerdem erneuerten die Ming-Kaiser die Chinesische Mauer aus dem 3. Jh. v. Chr.

Die Mandschu-Herrscher

Im Jahr 1644 wurden die Ming-Herrscher vom tungusischen Volk der Mandschu aus dem Norden gestürzt. Dazu hatten u. a. die Proteste der ländlichen Bevölkerung beigetragen, die verarmte, während eine kleine Kaste von Kaufleuten durch den Handel mit den Portugiesen (ab 1577) reich wurde. Die Mandschu-Herrscher, die als Qing-Dynastie den chinesischen Thron bestiegen, sorgten für eine florierende Wirtschaft und dehnten das chinesische Territorium aus. Sie waren sehr an einem wissenschaftlichen Austausch mit gebildeten europäischen Missionaren interessiert, verboten aber das Christentum. Außerdem verkauften sie den Europäern Tee, Porzellan, Lackwaren, Möbel, Seide und andere heiß begehrte Luxuswaren nur gegen Silber, blockierten aber den Import europäischer Waren, indem sie gewaltige bürokratische Hürden aufbauten. Mit der Zeit drohte in Europa sogar das für die Münzprägung wichtige Silber knapp zu werden.

Kaiser Kangxi, Herrscher der Qing-Dynastie

Ein Rauschgift und die Hintergründe

Vor allem die englische Ostindienkompanie umging diese Blockade, indem sie Opium aus den indischen Kolonien nach China schmuggeln ließ. Sowohl die Tatsache, dass Großbritannien inzwischen mehr am Opium verdiente, als es für chinesische Waren ausgab, als auch die wachsende Drogenabhängigkeit seiner Untertanen ließen Kaiser Daoguang (1782–1850) im Jahr 1839 aktiv werden. Er wies die Abgesandten der Ostindienkompanie aus und versenkte über 1000 Tonnen beschlagnahmtes Opium im Meer.

England reagierte, indem seine Flotte – ohne Kriegserklärung – alle wichtigen Häfen an der chinesischen Ostküste eroberte. Schließlich zwang es den Kaiser zur Herausgabe Hongkongs, hohen Reparationszahlungen in Silber und einer Öffnung der chinesischen Häfen für den Handel.

1856 nutzten Briten und Franzosen einen Zwischenfall, um den Krieg gegen China wieder aufzunehmen. Russland und die USA schlossen sich der Offensive an. 1860 musste China schließlich endgültig nachgeben und weitere Häfen für den Handel öffnen. Außerdem wurde der Opiumhandel offiziell erlaubt. Die westlichen Mächte durften Botschaften in Peking eröffnen, was Ausländern vorher verboten war. China wurde verboten, Ausländer der Vertragsstaaten – auch bei Straftaten – nach chinesischem Recht zu behandeln, und die christliche Kirche bekam das Recht auf eine Missionierung Chinas zugestanden.

Der Boxeraufstand

Die erzwungene Öffnung Chinas zog wirtschaftliche und soziale Probleme nach sich, die zu Unruhen führten. Es bildeten sich mehrere Gruppierungen, darunter die „Boxer", die ihren Hass vor allem auf die Ausländer und chinesische Christen richteten. Im Mai 1900 übernahmen sie die Macht in Peking und ermordeten den deutschen Gesandten Klemens von Ketteler. Daraufhin griffen die europäischen Mächte Peking an, wo sich die chinesischen Truppen auf die Seite der Boxer schlugen. Der Aufstand wurde im August blutig niedergeschlagen. Kaiser Wilhelm II. geriet international in die Kritik, als er das deutsche Kontingent mit der Aufforderung verabschiedete, wie die „Hunnen" kein Pardon zu geben und keine Gefangenen zu machen.

Der Krimkrieg

Florence Nightingale

Die bekannteste Heldin des Krimkriegs ist die britische Krankenschwester Florence Nightingale. Denn der von 1853 bis 1856 ausgefochtene Krieg gilt als der erste Stellungs- und Grabenkrieg mit moderner Kriegstechnik, und die meisten der 500.000 Opfer starben nicht direkt im Kampf, sondern an Verwundungen, Krankheiten und mangelnder Hygiene. Politisch ging es darum, den Machtzuwachs des russischen Reiches auf Kosten der Türkei in Osteuropa zu stoppen.

Bis 1526 hatten vor allem die Venezianer in mehreren Kriegen eine Ausbreitung des Osmanischen Reiches nach Europa verhindert. Danach waren es größtenteils Österreicher und Polen gewesen, ab 1676 auch die Russen, die Vorstöße in die Ukraine verhinderten. Im 18. Jh. begannen dann die europäischen Mächte ihrerseits eine Eroberungspolitik gegen „den kranken Mann am Bosporus". 1787 starteten Russland und Österreich einen Krieg, der eigentlich eine vollständige Eroberung und Aufteilung der türkischen Ländereien in Europa zum Ziel hatte. Doch dann befürchtete Kaiser Leopold II. (1747–92), Russland könne dadurch zu stark werden und schloss 1791 einen Frieden mit den Osmanen.

Im 19. Jh. begann Russland mehr und mehr, die Unabhängigkeitsbestrebungen der Balkanvölker zu unterstützen. Am Ende des nunmehr achten russisch-türkischen Kriegs im Jahr 1829 wurden Serbien, Moldau und die Walachei autonome Provinzen, und in Griechenland entstand ein unabhängiges Königreich mit dem bayerischen Prinzen Otto (1815–67) als König.

Gezänk in Jerusalem

1853 stritten sich orthodoxe und katholische Christen im türkisch besetzten Palästina über ihre Rechte in der Jerusalemer Grabeskirche. Zar Nikolaus I. (1796–1855) nahm das zum Anlass, von Sultan Abdul Mecid (1823–61) das Protektorat über alle orthodoxen Christen im türkischen Reich zu fordern. Als der Sultan erwartungsgemäß ablehnte, besetzte Russland Moldau und die Walachei, was wiederum eine türkische Kriegserklärung nach sich zog. Frankreich und Großbritannien, die ebenfalls aus machtpolitischen Gründen am Erhalt der Türkei interessiert waren, hielten sich von Anfang an bereit und griffen im März 1854 in den Konflikt ein. Im Juni drohte plötzlich auch Österreich, mit Russland eigentlich in der „Heiligen Allianz" verbunden, sich auf die Seite der Alliierten zu schlagen, was es aber letztendlich nicht tat.

Nikolaus I.

Kampf um Sewastopol

Die russischen Truppen zogen sich angesichts dieser Übermacht bald zurück. Strategie und Prestige bewegten die französische und britische Führung aber, den Krieg fortzusetzen. Sie begannen, den russischen Militärhafen Sewastopol auf der Krim zu belagern. Sowohl Russen wie Alliierte – zu denen ab Mai 1855 auch Sardinien-Piemont gehörte – waren jedoch nur unzureichend auf eine solche Aktion vorbereitet, und so forderten Krankheiten, Seuchen, Erfrierungen, Hunger und Verwundungen Tausende von Opfern. Dazu kamen gelegentliche Ausfälle der Russen auf strategisch wichtige Stellungen der Alliierten wie Balaklawa, den Hafen, über den die Briten ihren Nachschub bezogen.

Parallel dazu versuchten die Türken, die Grenze im Kaukasus zu sichern, was jedoch nicht gelang. Russland eroberte Armenien und konnte so 1856 einen relativ glimpflichen Friedensschluss erzielen. Es musste den Bestand des Osmanischen Reiches garantieren und zulassen, dass Donau und Schwarzes Meer neutrale Gewässer wurden. Der neue Zar Alexander II. (1818–81) führte in der Folge in Russland gegen große Widerstände militärische und politische Reformen durch und hob 1861 die Leibeigenschaft auf. ■

Auswirkung auf Italien

In Italien hatte es nach dem Wiener Kongress zahlreiche Erhebungen für einen geeinten und freien Staat gegeben. Durch den Krimkrieg hatte sich Piemont-Sardinien die Unterstützung Frankreichs gesichert, während Österreich durch seine zwiespältige Haltung politisch isoliert war. 1859 griff Piemont erfolgreich die österreichische Lombardei an, während es parallel dazu Erhebungen im Kirchenstaat und den anderen österreichischen Besitzungen Italiens gab. Das bourbonische Unteritalien eroberte der Revolutionär Giuseppe Garibaldi (1807 – 82). Am 17. März 1861 wurde ein geeintes Königreich Italien ausgerufen.

Westausdehnung und Bürgerkrieg in den USA

Die Unruhen in Europa wie die Französische Revolution, die Revolutionen von 1848, aber auch die wirtschaftliche Lage sorgten dafür, dass immer mehr Menschen in die USA auswanderten. Allein aus Deutschland flohen zwischen 1830 und 1870 über 2,2 Millionen Menschen nach Nordamerika.

Auswanderer in Amerika

Dies führte dazu, dass sich der junge Staatenbund schnell nach Westen ausdehnte. 1787 wurde das Nordwestterritorium zwischen Pennsylvania und dem Mississippi unter US-Verwaltung gestellt, 1792 mit Kentucky der erste Staat westlich der Appalachen in die Union aufgenommen. 1803 kaufte man Frankreich das Louisiana-Territorium ab. 1810 wurde das spanische Westflorida annektiert. In der Folge schob sich die „Frontier“ gen Westen. Die Ersten in einem neuen Gebiet waren meist Pelzjäger und Missionare. Ihnen folgten Holzfäller, Rinderzüchter und „Squatter“, Bauern ohne Rechte. Hatten die USA das Gebiet unter ihre Verwaltung gestellt, siedelten sich reguläre Farmer an, die ihr Land von der Regierung kauften. Bei entsprechender Bevölkerungszahl entstand ein neuer Bundesstaat.

Die Vertreibung der Indianer

1830 beschloss die Regierung, alle Indianer in das Land westlich des Mississippi auszuweisen (Indian Removal Act). Die meisten Stämme beugten sich dem Druck, da man ihnen dort „ewige“ Rechte versprach – obwohl auch die „Frontier“ bereits in diese Gebiete vorgestoßen war. Bei der Vertreibung der Cherokee im Jahr 1835 starb fast die Hälfte der 10.000 Indianer bereits auf dem „Pfad der Tränen“. Im gleichen Jahr führten die USA Krieg gegen die Seminolen in Florida, die sich der Umsiedlung widersetzten. Die Situation verschärfte sich, als 1848 in Kalifornien Gold gefunden wurde und einige Hunderttausend Menschen innerhalb kürzester Zeit nach Westen strömten. Nach dem Bürgerkrieg begannen die Vernichtungsfeldzüge gegen die Indianer im Westen, die bis 1890 dauerten.

Die Sklavenfrage

Bei der Aufnahme neuer Staaten in die Union wurde aber auch jedes Mal das Sklavenproblem aktuell. Dies beschäftigte die USA seit ihrer Gründung. 1776 hatte es bereits viele größere Plantagen gegeben – George Washington z. B. besaß fast 400 Sklaven. Die Südstaaten hatten damals nicht nur durchgesetzt, dass die Sklaverei legal war, sondern auch, dass Sklaven, die rechtlich als Sache angesehen wurden, bei der Berechnung der Einwohner und damit der Abgeordnetensitze eines Staates plötzlich als Menschen galten (auch wenn fünf Sklaven nur so viel wie drei Freie zählten). Ab 1813 achtete man sorgfältig darauf, immer abwechselnd sklavenhaltende und sklavenfreie Staaten aufzunehmen, um das interne Gleichgewicht nicht zu gefährden.

Die Sezession

Abraham Lincoln

1854 gab es in Kansas heftige interne Kämpfe um die Sklavenfrage. Die Südstaaten fürchteten, ein Kippen des Gleichgewichts und damit eine US-Wirtschaftspolitik ganz im Sinne der bevölkerungsreicheren, industrialisierteren und besser ausgebildeten Nordstaaten. Die Wahl von Abraham Lincoln (1809–65) zum Präsidenten, der angekündigt hatte, keine Sklaverei in neuen Territorien mehr zu dulden, gab am 4. Februar 1861 den Ausschlag für die Sezession.

Sklaven bei der Baumwollernte in den Südstaaten

Die Südstaaten erklärten sich für unabhängig und begannen Angriffe gegen Stützpunkte des US-Militärs. Dank einer besseren Organisation und strategisch brillanter Oberbefehlshaber wie General Robert E. Lee (1807–70) gewannen sie zunächst die meisten Schlachten. Die Wende für den Norden kam im Juli 1863 mit der Schlacht von Gettysburg. Am 9. April 1865 kapitulierte der Süden, am 18. Dezember wurde die Sklaverei in den USA endgültig abgeschafft. Der Krieg hatte 600.000 Soldaten das Leben gekostet.

Die Sklaverei

Sklavenhandel war eines der lukrativsten Geschäfte der frühen Kolonialzeit. Historiker schätzen, dass zwischen 10 und 60 Millionen afrikanische Sklaven nach Amerika geschafft wurden. Beteiligt waren fast alle europäischen Nationen, vor allem aber die Briten. 1807 jedoch schafften sie den Sklavenhandel ab und nötigten bis 1853 alle anderen Nationen, sich dem anzuschließen. Die Sklaverei in ihren Überseekolonien schafften aber auch die Briten erst 1833 ab, die Spanier ab 1873 und die Brasilianer 1888. Als Ersatz wurden meist billige asiatische Vertragsarbeiter angeworben.

Die Gründung des deutschen Kaiserreichs

Otto von Bismarck

Während im 19. Jh. rundherum Weltpolitik betrieben wurde, kämpfte Deutschland mit seinen internen Problemen. Große Teile der Bevölkerung fürchteten, durch die deutsche „Kleinstaaterei" international ins Hintertreffen zu geraten, und wünschten sich einen starken Nationalstaat. Aber der Deutsche Bund war weiterhin durch die Rivalität zwischen Österreich und Preußen bestimmt. Doch dann nahm Otto von Bismarck das Heft in die Hand.

Nationalität hatte bis zum 18. Jh. eine relativ geringe Rolle gespielt. Die absolutistischen Fürsten eroberten oder erheirateten alle Gebiete, die sie bekommen konnten, und pressten den neuen Untertanen dann genauso ihre Vorstellungen auf wie den alten. Die Idee der Volkssouveränität brachte jedoch die Frage mit sich, wer eigentlich dieses „Volk" ist, und führte zur Aufwertung der sprachlich homogenen „Nation". Seit den Kriegen gegen Napoleon herrschte in Deutschland ein teils idealistischer, teils aggressiver Nationalismus. Im Gegensatz zum ebenfalls zersplitterten Italien aber galt es keine Fremdherrschaft loszuwerden, sondern die Egoismen der eigenen Fürsten zu überwinden. Andererseits wollte z. B. auch kein Badener, der sich relativ vieler bürgerlicher Freiheiten erfreute, dafür das preußische Dreiklassenwahlrecht oder den österreichischen Neoabsolutismus in Kauf nehmen.

Österreich wird ausgebootet

Otto von Bismarck (1815–98) wurde 1862 preußischer Ministerpräsident. Sein Ziel war ein vereinigtes Deutschland ohne Österreich („kleindeutsche Lösung"). Dabei ging es ihm weniger um den Nationalstaat als vielmehr darum, die Stellung Preußens zu sichern. 1863 schlug er deshalb eine Reform des Deutschen Bundes vor, zu der eine gewählte Nationalvertretung gehörte – ganz sicher, dass Österreich das ablehnen würde. Ein Jahr später verletzte Dänemark den Status von

Schleswig, was in ganz Deutschland eine riesige Entrüstung hervorrief. Nach einigen pseudodiplomatischen Verhandlungen, die Dänemark gegenüber den anderen Großmächten ins Unrecht setzten, reagierte Bismarck mit einem Krieg, der zur Annexion Schleswigs führte. Zwei Jahre später stellte Österreich den Status von Schleswig-Holstein infrage. Bismarck interpretierte das als Vertragsbruch und reagierte umgehend mit einem Krieg. Obwohl sich die meisten deutschen Länder auf die Seite Österreichs stellten, gewann die preußische Fraktion in sieben Wochen. Danach forderte Bismarck von Österreich einen Rückzug aus der deutschen Politik und gründete den Norddeutschen Bund.

Krieg gegen Frankreich

Mit Bayern, Württemberg, Baden und Hessen schloss Bismarck nur geheime Verteidigungsbündnisse. Diese Vorsicht galt Frankreich. Erstens waren die antideutschen Gefühle dort extrem stark. Zweitens hatte Napoleon III. (1808–73) gehofft, vom preußisch-österreichischen Gegensatz zu profitieren, und sah sich von Bismarck getäuscht. Bismarck jedoch wollte sich in einem Krieg der Unterstützung aller deutschen Staaten sicher sein. Durch die sogenannte Emser Depesche gelang es ihm, Frankreich am 19. Juli 1870 zu einer Kriegserklärung zu reizen. Die bereits mobilgemachten, ebenfalls national aufgeputschten deutschen Truppen schlugen Napoleon schon am 1. September (Schlacht von Sedan) entscheidend, mussten aber noch bis 1871 gegen die Kräfte der „Dritten Republik" kämpfen, die Napoleon für abgesetzt erklärt hatten. Unterdessen bereitete Bismarck diplomatisch die deutsche Einigung vor und ließ am 18. Januar 1871 in Versailles das Kaiserreich ausrufen. ■

Napoleon III.

Die Emser Depesche

1870 war einem Prinzen aus einer Seitenlinie der Hohenzollern der spanische Thron angeboten worden, was Frankreich als böswillige Einkreisung durch Preußen interpretierte. Der Regierung genügte es nicht, dass der Prinz verzichtete, sie forderte von König Wilhelm, der sich zur Kur in Bad Ems aufhielt auch eine Erklärung, dass so etwas nie wieder vorkommen würde. Bismarck veröffentlichte lediglich einen verkürzten Bericht des Königs über die Zurückweisung der Forderung. Doch ihm war völlig klar, dass die Franzosen sich in der damaligen national aufgeheizten Stimmung abgekanzelt und beleidigt fühlen würden.

Die Arbeiterbewegung

Karl Marx

Durch die Schriften mancher Philosophen geisterten schon Ende des 18. Jh. sozialistische Ideen. Die Arbeiter jedoch wussten sich gegen die Macht der großkapitalistischen Unternehmer nicht anders zu helfen als durch Aufstände und die Zerstörung von Maschinen. Zu Beginn des 19. Jh. formierten sich dann Widerstandsorganisationen wie die Chartisten in England, die bessere Arbeitsbedingungen und die Zulassung von Gewerkschaften forderten, oder der Pariser „Bund der Gerechten", dem bereits eine komplette Umwälzung der Verhältnisse vorschwebte. Doch die entscheidenden Impulse für die Formierung einer internationalen Arbeiterbewegung gab Karl Marx.

Für Karl Marx (1818–83) waren die Frühsozialisten Idealisten, die keine Ahnung von der Realität hatten. Er hatte in Berlin bei dem Philosophen Friedrich Hegel (1770–1831) dialektisches Denken gelernt und analysierte die Mechanismen des Kapitalismus messerscharf. 1845 entzog er sich der Verfolgung durch den preußischen Staat und siedelte nach England über, wo er in den „Bund der Gerechten" eintrat, dessen Zentrale sich mittlerweile in London befand. Der Bund hatte damals etwa 500 Mitglieder, die in 30 Ortsgruppen über ganz Europa verteilt waren und das Ziel hatten, „Gottes Reich auf Erden zu verwirklichen, gegründet auf

Die Gewerkschaften

Zusammen mit den Arbeiterparteien entstanden auch die ersten Gewerkschaften. Vorreiter war die Association der Cigarrenarbeiter Deutschlands, die schon 1848 in Berlin entstand und der Arbeiterverbrüderung angehörte. Nach dem Verbot war es 1865 wieder der Allgemeine Deutsche Cigarren-Arbeiter Verein, der in Leipzig eine Gewerkschaft gründete, die 1868 schon 10.000 Mitglieder hatte. Bald darauf entstanden auch sozialistische, christliche und die sozialliberalen Hirsch-Dunkerschen Gewerkschaften.

die Ideale von Nächstenliebe, Gleichheit und Gerechtigkeit". Marx sorgte auf zwei Konferenzen im Jahr 1847 für eine materialistisch-politische Ausrichtung, gab das Motto „Proletarier aller Länder vereinigt euch!" aus und begann mit Friedrich Engels (1820–95) das *Kommunistische Manifest* zu schreiben. Im Rahmen der Revolutionen von 1848 wurde es in ganz Europa verbreitet.

Arbeitervereine und kommunistische Internationale

In Deutschland fand im August 1848 ein Kongress verschiedener Arbeiterkomitees statt, die während der Märzrevolution entstanden waren. Sie gründeten die „Arbeiterverbrüderung", der zeitweise 170 Arbeitervereine aus ganz Deutschland mit etwa 15.000 Mitgliedern angehörten. Doch nach dem Scheitern der Paulskirchen-Verfassung wurden auch die Arbeitervereine verfolgt und 1854 ganz verboten. Aber schon einige Jahre später ließ die Repression wieder nach, und 1863 gründete der Journalist Ferdinand Lassalle (1825–64) in Leipzig mit dem Allgemeinen Deutschen Arbeiterverein (ADAV) die erste Arbeiterpartei. Was die Ideologie betraf, war er jedoch kein Anhänger von Marx, sondern propagierte vor allem die Gründung von Genossenschaften, um sich so von den kapitalistischen Arbeitgebern zu befreien.

Marx dagegen wirkte 1864 in London entscheidend an der Gründung der Internationalen Arbeiter-Assoziation (Erste Internationale) mit, in der sich sozialistische Gruppen aus 13 europäischen Ländern und den USA zusammenschlossen. Mit der Zeit setzte er seine Vorstellungen von einer straffen Organisation der Bewegung durch und drängte z. B. anarchistische Gruppen hinaus.

August Bebel und Wilhelm Liebknecht

In Deutschland machten August Bebel (1840–1913) und Wilhelm Liebknecht (1826–1900) aus dem Vereinstag der Arbeitervereine 1869 die deutlich an Marx orientierte Sozialdemokratische Arbeiterpartei (SDAP), aus der später die SPD wurde.

Sozialgesetzgebung

Für den deutschen Reichskanzler Otto von Bismarck waren die Sozialisten „vaterlandslose Gesellen", und 1878 ließ er alle Aktivitäten per Gesetz verbieten. Allerdings agierten diese im Untergrund weiter und wurden auch als Einzelpersonen in Reichs- und Landtage gewählt. Daraufhin versuchte Bismarck, die Arbeiter durch eine Sozialgesetzgebung, die für ganz Europa vorbildlich wurde, für sich zu gewinnen. 1883 führte er die Krankenversicherung ein, ein Jahr später die Unfallversicherung und 1889 eine Invaliditätsversicherung. ■

Die Meiji-Restauration in Japan

Kaiser Mutsuhito

1853 hatte Japan seine Häfen für den Handel mit Europa öffnen müssen. 15 Jahre später beendeten mehrere Adelige gewaltsam die Herrschaft der Shogune und setzten den Kaiser wieder an die Spitze des Staates. Obwohl die Rebellen an mittelalterliche Werte appellierten und manche anfangs sogar eine Vertreibung der westlichen Barbaren propagierten, setzte in der Folge eine rasante Modernisierung des Landes ein, die Japan vom potenziellen Objekt der Begierde in den Augen der westlichen Kolonialmächte selbst zum imperialistischen Machtfaktor machte.

Nach der neuen Verfassung von 1868 hatte der erst 16-jährige Kaiser Mutsuhito (1852–1912), der sich den Thronnamen Meiji (Klare Regierung) gab, die absolute Macht. In Wahrheit regierte er zusammen mit den Fürsten, die ihm diese Macht beschert hatten, den Meiji-Oligarchen. Zusammen schafften sie das feudalistische Ständesystem Japans ab und etablierten eine zentrale Verwaltung. Polizei und Militär wurden nach westlichem Vorbild umgestaltet und eine allgemeine Wehrpflicht wurde eingeführt. Außerdem begann man mit dem Ausbau der Infrastruktur, dem Aufbau von Industrien, einer Privatisierung der Wirtschaft, einer weitgehenden Übernahme des deutschen Bürgerlichen Gesetzbuches und der Einrichtung von öffentlichen Schulen. Dafür hatten führende japanische Politiker mehrere Reisen in den Westen unternommen. Außerdem wurden gezielt japanische Studenten an europäische Hochschulen geschickt und einige Tausend westliche Experten ins Land geholt.

Ringen um eine Verfassung

Der neue Kurs stieß zunächst auf Widerstand. Die Bauern fürchteten vor allem die Auswirkungen von Schul- und Wehrpflicht. Die Samurai sahen ihre Bedeutung schwinden. 1877 wurde mit dem Satsuma-Aufstand die letzte große Rebellion niedergekämpft. Parallel begann sich eine liberale Bewegung für Volksrechte zu formieren, die vor allem politisch eine noch weiter reichende Modernisierung wünschte. Es bildeten sich mehrere Parteien. Am Ende aber setzten sich doch die Meiji-Oligarchen durch. Mit der Verfassung von 1889 bekam Japan zwar ein Parlament nach preußischem Vorbild, doch der Kaiser war in der Lage, jeden Beschluss mit einem Veto zu verhindern, und die hohen Regierungsämter blieben in der Hand der Oligarchen.

Expansion nach Asien

Seine neue militärische Stärke nutzte Japan sehr schnell für eine imperialistische Politik, wie sie auch die Westmächte betrieben. 1874 wurde Taiwan besetzt, 1876 die Öffnung koreanischer Häfen erzwungen, 1894 bis 1895 besiegte man China in einem Krieg, in dem es um den Einfluss über Korea ging. Dabei eroberte Japan auch die chinesische Liadong-Halbinsel, gab sie aber später unter dem Druck der Westmächte an China zurück. Dieses verpachtete sie jedoch an Russland, das dort den Marinestützpunkt Port Arthur baute. Außerdem begann Russland, Einfluss in Korea und der Mandschurei zu nehmen, die auf dem asiatischen Festland gegenüber von Japan liegt.

Japan forderte einen Abzug der russischen Truppen und griff, als dies ignoriert wurde, im Februar 1904 Port Arthur an. Nach äußerst verlustreichen Schlachten ersuchte das Zarenreich im September 1905 um Frieden. Es musste die Liadong-Halbinsel und einen Teil von Sachalin an Japan abtreten und die Mandschurei verlassen, wo nun Japan seinerseits ein Pachtgebiet erhielt. Der Sieg machte Japan zur dominierenden Macht Ostasiens, führte jedoch auch zu einer politischen Isolation und einer Herrschaft der militaristischen und nationalistischen Kräfte im Inneren. ■

Mandschurei

Die Mandschurei-Krise

Russland hatte in der Mandschurei eine Fortführung der Transsibirischen Eisenbahn gebaut, die nach der Niederlage 1905 von Japan übernommen wurde. Nach der chinesischen Revolution wurde die Mandschurei unter Zhang Zuolin (um 1873 – 1928) quasi autonom. Zhang wurde jedoch 1928 durch ein Bombenattentat japanischer Soldaten getötet. Vermutlich waren es auch japanische Offiziere, die 1931 ihre eigene Bahn in die Luft sprengten. Japan machte dafür China verantwortlich, marschierte in die rohstoffreiche Mandschurei ein und etablierte den Marionettenstaat Mandschuko unter Pu Yi (1906 – 67), dem früheren Kaiser Chinas. Der Krieg zwischen Japan und China (ab 1937) ging nahtlos in den Zweiten Weltkrieg über.

Die chinesische Revolution

Die verlorenen Opiumkriege gegen die Westmächte hatten die chinesische Wirtschaft am Ende des 19. Jh. ruiniert und zu weit verbreiteter Armut unter der Bevölkerung geführt. Auch mehrere Versuche, politische, wirtschaftliche und soziale Reformen durchzuführen, waren schnell gescheitert. Dazu kam der „Gesichtsverlust" nach mehreren Niederlagen gegen die Westmächte, wie im Boxeraufstand. Anfang des 20. Jh. sah sich das chinesische Kaisertum einer breiten Opposition gegenüber.

Im Jahr 1911 lag der Umsturz schon in der Luft. Mehrere revolutionäre Gruppen diskutierten nur noch darüber, wann und wo der Aufstand beginnen sollte. Am 10. Oktober explodierte in der Stadt Wuchang eine Bombe. Oppositionelle Gruppen innerhalb der Armee befürchteten eine Entdeckung und reagierten mit einem Aufstand, der sich schnell in ganz Südchina ausbreitete. Militärführer wie in Shanghai Chiang Kai-shek (1887–1925), der auf einer japanischen Militärakademie ausgebildet worden war, übernahmen die Macht. Im Dezember kehrte der Arzt Sun Yat-sen (1866–1925), der schon zuvor an mehreren Aufstandsversuchen mitgewirkt hatte, aus dem amerikanischen Exil zurück und wurde von einem Revolutionskomitee zum Präsidenten einer Übergangsregierung ernannt. Am 1. Januar 1912 rief er die Republik China aus.

Sun Yat-sen

Das Scheitern der Revolution

Noch aber regierte in Peking das Kaiserhaus, und die Revolutionäre wagten nicht, die dort konzentrierte starke Armee anzugreifen. Im Februar jedoch drängte Premierminister und Befehlshaber Yuan Shikai (1859–1916) Kaiser Pu Yi (1906–67) zur Abdankung und wurde dafür Präsident der Chinesischen Republik. In der Folge kam es jedoch zu einer starken Rivalität zwischen Yuan Shikai, der die militärische Macht hatte, und Sun Yat-sen, dessen Partei Kuomintang bei den Nationalratswahlen die meisten Stimmen erhielt. 1913 trieb Yuan Shikai die Führung der Kuomintang ins japanische Exil. Im Dezember 1915 machte er sich selbst zum Kaiser und wurde im März des folgenden Jahres gestürzt. Damit begannen die chinesischen Bürgerkriege.

Sieg der Kommunisten

1917 kehrte Sun Yat-sen nach China zurück und errichtete rund um Kanton eine Machtbasis, während in Peking mehrere Generäle um die Macht kämpften. Dabei schloss Sun auch ein Bündnis mit den 1921 gegründeten chinesischen Kommunisten. Suns Nachfolger Chiang Kai-shek konnte die Macht der nördlichen Generäle brechen, fing aber ab 1927 auch an, die Kommunisten zu verfolgen, sodass sich die beiden Gruppen schließlich vornehmlich gegenseitig bekämpften. 1934 wichen die Kommunisten im „Langen Marsch" nach Nordwestchina aus, wo Mao Tse-tung (1893–76) Parteiführer wurde. Wegen dieser Zerrissenheit nahmen die Chinesen zunächst die japanische Besetzung der Mandschurei hin. 1937, als der offene Krieg gegen Japan ausbrach, schlossen Kuomintang und die Kommunisten noch einmal eine Einheitsfront, an der sich die Kommunisten aber nicht wirklich beteiligten. In den folgenden Jahren eroberten die Japaner große Teile Chinas, wobei zahlreiche Kriegsverbrechen begangen wurden. Dies sowie das diktatorische Regime und die massive Korruption innerhalb der Kuomintang führten dazu, dass sie ihren Rückhalt in der Bevölkerung verlor. Nach dem Zweiten Weltkrieg versuchten die Großmächte zuerst zu vermitteln, dann aber half die Sowjetunion beim Aufbau einer starken kommunistischen Stellung in der Mandschurei. In der Folge gab es überall in China kommunistische Aufstände gegen die Kuomintang. 1949 zog sich Chiang schließlich nach Taiwan zurück, und Mao gründete am 1. Oktober die Volksrepublik China. Insgesamt schätzt man, dass der Bürgerkrieg mehr als eine Million Todesopfer gefordert hat.

Anhänger Maos

Taiwan

Der Status der Regierung von Taiwan ist heute eine der heikelsten diplomatischen Fragen. Die geflohene Kuomintang-Regierung sah sich weiter als legitime Vertretung der Republik China. Für die Kommunisten dagegen war die Republik mit der Gründung der Volksrepublik erloschen, und Taiwan gilt als abtrünnige Provinz. Die meisten Staaten erkennen die mächtigere Volksrepublik diplomatisch als „China" an, und auch die UN gaben den chinesischen Sitz bei den Vereinten Nationen 1971 an die Volksrepublik.

Die Balkankrise

Trotz der Niederlage im Krimkrieg war Russlands Interesse, die Osmanen vom Balkan zu vertreiben, ungebrochen. Zum einen hatte das Zarenreich ein elementares Interesse daran, die strategisch wichtigen Dardanellen zu kontrollieren und so freien Zugang zum Mittelmeer zu haben. Zum anderen hoffte man, den eigenen Einfluss durch eine Oberhoheit über die slawischen Nationen auf dem Balkan zu stärken. Doch im Interesse der anderen europäischen Mächte lag es, genau dies zu verhindern. So stellte das Ringen der Balkanvölker um ihre Unabhängigkeit für die Großmächte eine hochbrisante Angelegenheit dar.

1 1875 kam es in Serbien und Montenegro – im Vertrauen auf russische Hilfe – zu Aufständen gegen die Türken. Russland griff tatsächlich ein und eroberte bis 1878 nahezu den ganzen Balkan. Zuvor hatte es Österreich mit der Versicherung beruhigt, kein slawisches Großreich zu schaffen. Im Frieden von San Stefano annektierte Russland einige Gebiete im Kaukasus und das heutige Moldawien und forderte von der Türkei die Unabhängigkeit für Serbien, Montenegro und Rumänien. Aus dem Rest seiner Eroberungen formte es ein großbulgarisches Reich, das zwei Jahre unter russischer Besatzung stehen und dann ein eigenständiges Fürstentum werden sollte. Das aber ging Österreich und Großbritannien zu weit. Sie beriefen einen Kongress ein.

Berliner Kongress

Der Berliner Kongress

In Berlin einigten sich die Großmächte auf ein unabhängiges, aber verkleinertes Bulgarien. Makedonien und Ostrumelien wurde an die Türkei zurückgegeben. Österreich gestattete man, Bosnien und Herzegowina zu besetzen, um ebenfalls Einfluss auf dem Balkan zu haben. England durfte das bis dato türkische Zypern pachten, um seine Vormachtstellung im Mittelmeer zu wahren. Der deutsche Kanzler Bismarck betätigte sich auf dem Kongress als „ehrlicher Makler“, da Deutschland keine Interessen auf dem Balkan hatte, machte sich aber dennoch

Das Attentat von Sarajewo

Das Attentat von Sarajewo

Am 28. Juni 1914 erschossen bosnische Nationalisten, die einen Anschluss an Serbien anstrebten, in Sarajewo den österreichischen Thronfolger. Das Vielvölkerreich Österreich-Ungarn fürchtete damals um seinen Bestand, da es in nahezu allen nichtdeutschen Gebieten separatistische Bestrebungen gab, die oft durch eine ungeschickte Politik der örtlichen Regierungsbeamten noch geschürt wurden. Die großserbische Bewegung, die eine Vereinigung mit dem habsburgischen Kroatien und dem österreichisch besetzten Bosnien-Herzegowina anstrebte, war dabei eines der Hauptprobleme. Die Regierung in Wien beschuldigte deshalb die serbische Regierung, hinter dem Attentat zu stecken, wofür es jedoch bis heute keine Beweise gibt.

Russland zum Feind, das sich um die Früchte seines Sieges betrogen sah.

Die Balkankriege

Doch nicht nur die Interessen der Großmächte waren ein Problem, sondern auch die der Balkanvölker. Deren Gebietsansprüche waren zum Zeitpunkt der türkischen Eroberung ungeklärt gewesen, sodass sich nun zahlreiche Konflikte auftaten. 1885 gab es – von Bulgarien geschürte – Aufstände in Ostrumelien gegen die Türken und schließlich eine Vereinigung beider Gebiete. Daraufhin eröffnete Serbien, dem der Nachbar zu mächtig wurde – mit österreichischer Rückendeckung – den Krieg gegen Bulgarien. Das konnte sich jedoch militärisch behaupten, stürzte aber seinen russlandfreundlichen Zaren, was zur Feindschaft zwischen Russland und Österreich und dem Ende des geheimen Neutralitätsabkommens (Dreikaiserbund) zwischen diesen beiden und Deutschland führte.

1912 griffen Griechenland, Bulgarien, Serbien und Montenegro das inzwischen von den Aufständen der Jungtürken erschütterte Osmanische Reich an und eroberten den Rest des Balkans. Danach kam es zum Streit um die Aufteilung – sowohl zwischen den Balkanstaaten als auch den Großmächten. Vor allem Österreich hatte ein Interesse, dass Serbien, wo inzwischen eine nationalistische, prorussische Regierung am Ruder war, keinen Zugang zur Adria erhalten sollte, um Österreich nicht eventuell den Weg zum Mittelmeer abzuschneiden. Deshalb setzte es – mit deutscher Rückendeckung und gegen den Willen Russlands – die Gründung eines albanischen Staates durch, während Makedonien unter den Balkanvölkern aufgeteilt wurde. ■

Der Erste Weltkrieg

Wilhelm II.

Im Jahr 1914 war Deutschland in einer prekären Lage. Zwar hatte Bismarck das Verhältnis zu Russland durch einen Rückversicherungsvertrag gekittet, doch Kaiser Wilhelm II. erneuerte ihn – wohl aus Rücksicht auf Österreich – nicht. Gleichzeitig verärgerte er mit seiner betont aggressiven Außenpolitik sowohl den „Erbfeind" Frankreich als auch Großbritannien. Seine Überzeugung, dass weder die französische Republik noch das parlamentarische England sich mit dem „Zarismus" verbünden bzw. Briten und Franzosen ihre Kolonialstreitigkeiten nie beilegen würden, bewahrheitete sich nicht. 1907 wurde die Triple Entente geschlossen. Deutschland blieb als Bündnispartner nur Österreich. Dann geschah das Attentat von Sarajewo.

Früher behauptete man gerne, Europa wäre in den Ersten Weltkrieg „hineingeschliddert". Inzwischen hat die historische Forschung ein anderes Bild ergeben. Die deutsche Regierung befürchtete, dass über kurz oder lang ein Zweifrontenkrieg gegen Russland und Frankreich unvermeidbar sei. Als der österreichische Thronfolger erschossen wurde und Österreich unbedingt gegen Serbien vorgehen wollte, beschloss man, den Krieg lieber jetzt zu riskieren als später, wenn der Gegner weiter aufgerüstet hatte. Österreich stellte Serbien ein bewusst unannehmbares Ultimatum. Deutschland versuchte, das erwartete Eingreifen Russlands zugunsten von Serbien durch diplomatische Manöver zu verhindern.

Doch Russland begann, vorsorglich mobilzumachen. Das Deutsche Reich hatte jedoch nur einen einzigen Kriegsplan, den Schlieffen-Plan. Er sah vor, bei Beginn der russischen Mobilmachung sofort gegen Frankreich loszuschlagen, um später alle Kräfte im Osten einsetzen zu können. Am 1. August erklärte das Deutsche Reich deshalb Russland, am 2. August Frankreich den Krieg. Der Bevölkerung wurde vorgelogen, die Gegenseite hätte den Kampf eröffnet. Der Schlieffen-Plan hatte aber noch eine weitere schwache Stelle. Er sah die Besetzung des neutralen Belgien vor. Dies führte dazu, dass am 4. August Großbritannien Deutschland den Krieg erklärte.

Schützengraben im Ersten Weltkrieg

Im Westen nichts Neues

Das dritte Manko des Schlieffen-Plans war, dass er nicht funktionierte. Russland war schneller gerüstet als erwartet,und im Westen gelang der Durchbruch nicht. Im Herbst 1914 starben Tausende junger Kriegsfreiwilliger bei Ypern und Langemark (Belgien). Danach entwickelte sich auf einer 700 Kilometer langen Frontlinie ein Stellungskrieg im Schützengraben. Eine Offensive im Frühjahr 1916 auf die Festung Verdun forderte auf beiden Seiten je etwa 350.000 Opfer. Im Osten kam die Front nach anfänglichen Erfolgen im Herbst 1915 zum Erliegen. Gleichzeitig sorgte die britische Seeblockade für materielle Not in Deutschland, die im „Kohlrübenwinter“ 1916/17 gipfelte und rund 750.000 Zivilopfer forderte.

Vom europäischen Konflikt zum Weltkrieg

Im Verlauf des Krieges schlugen sich das Osmanische Reich und Bulgarien auf die Seite der Mittelmächte (Deutschland und Österreich), Japan, Italien, Portugal, Rumänien und die USA auf die der Entente. Noch 1914 eroberten Briten und Franzosen die deutschen Kolonien in Afrika, Japan, Australien und Neuseeland die im Pazifik. Die Türkei kämpfte mit Russland um den Kaukasus und vertrieb die Armenier, was etwa eine Million Opfer forderte. Im Mittleren Osten bekämpften sich Briten und Türken.

Das Ende

Im Dezember 1917 schloss das inzwischen kommunistische Russland einen Waffenstillstand mit den Mittelmächten und gab im Frieden von Brest-Litowsk Polen und das Baltikum ab. Danach startete General Erich Ludendorff (1865–1937) eine Großoffensive im Westen, die aber letztendlich – u.a. an den US-Truppen – scheiterte. Am 29. September forderte Ludendorff seine Regierung zu sofortigen Waffenstillstandsverhandlungen auf. Am Ende hatte der Krieg mindestens 8,5 Millionen Soldaten und 1,5 Millionen Zivilisten das Leben gekostet. ■

Materialschlacht

Die europäischen Mächte waren mit einer Vielzahl neuer Waffen – Panzer, U-Boote, Maschinengewehre, Giftgas usw. – für den Krieg gerüstet. Doch die Taktik zeigt, dass sie deren Konsequenzen nicht einschätzen konnten und immer noch mit schnellen Entscheidungsschlachten wie 1870/71 rechneten. Die Soldaten hatten nicht einmal ausreichende Winterbekleidung.

Die russische Revolution

Nikolaus II.

Der russische „Zarismus" galt im beginnenden 20. Jh. im Ausland als das rückständigste und reaktionärste System Europas. Nirgendwo sonst waren bürgerliche Freiheiten so wenig umgesetzt worden. Dazu kamen massive wirtschaftliche Probleme, die zu wiederholten Hungersnöten führten. Sowohl im Volk wie in intellektuellen Kreisen gärte die Unzufriedenheit. 1905 ließ der Zar auf friedliche Demonstranten schießen (Petersburger Blutsonntag), worauf es zu revolutionären Erhebungen kam. Nikolaus II. konnte den Umsturz durch Zugeständnisse abbiegen, die er aber bald wieder zurücknahm. Der Erste Weltkrieg verschärfte die Probleme.

Wie bei vielen Deutschen, so hatte auch bei den Russen zunächst nationale Begeisterung für den Krieg geherrscht, die jedoch angesichts deutscher Erfolge im Osten bis zum Herbst 1915 rasch abnahm. 1916 kamen ein sehr kalter Winter, gravierende Versorgungsmängel und eine Inflation hinzu. Überall im Land kam es zu Streiks und Protesten, und die progressiven Parteien im machtlosen russischen Parlament (Duma) forderten massiv Reformen. Zar Nikolaus II. (1868–1918) reagierte, indem er die Duma einfach auflöste.

Die Februarrevolution

Am 8. März 1917 (nach russischem Kalender: 23. Februar) kam es in St. Petersburg zu einer Hungerrevolte von Arbeiter- und Soldatenfrauen, der sich Streiks und ein allgemeiner Aufstand anschlossen. Der Zar schickte Soldaten, die sich jedoch mit den Streikenden verbrüderten. Abgeordnete der aufgelösten Duma unter Führung des progressiven Blocks erklärten sich zum „Provisorischen Komitee zur Wiederherstellung der öffentlichen Ordnung", ließen die amtierende Regierung und den Zaren verhaften und bildeten eine neue Regierung. Am 15. März dankte Nikolaus zugunsten seines Bruders Michail (1878–1918) ab, der sich jedoch weigerte, die Nachfolge zu übernehmen. Parallel zur provisorischen Duma bildete sich ein Arbeiter- und Soldatenrat (Sowjet), dem sich andere Soldatenkomitees in allen Landesteilen unterstellten. Sowjet und Duma einigten sich auf eine neue Regierung. Sie führte zahlreiche liberale Reformen durch, setzte aber den Krieg fort und war nicht in der Lage, die wirtschaftlichen Probleme in den Griff zu bekommen.

Lenin

Wladimir Uljanov (1870–24), genannt Lenin, der 1903 die radikal-sozialistische Fraktion der Bolschewiki gegründet hatte, befand sich während der Februarrevolution im Exil in der Schweiz. Anfang April ermöglichte es ihm die deutsche Regierung jedoch, in einem versiegelten Zug nach Russland zurückzukehren, da man sich davon eine innenpolitische Schwächung des Kriegsgegners erwartete. In seinen Aprilthesen forderte er die ganze Macht für die Sowjets. Am 7. November (Russland: 25. Oktober) sollte in St. Petersburg der 2. Allrussische Sowjetkongress mit Delegierten von rund 400 örtlichen Sowjets beginnen. In der Nacht besetzten die Bolschewiki, die über eine Kampftruppe von einigen Tausend Soldaten verfügten, strategisch wichtige Punkte der Stadt und verhafteten die Regierung. Am Tag danach setzten sie im Sowjetkongress, wo sie die Mehrheit hatten, die Etablierung einer neuen Regierung (Rat der Volkskommissare) unter Vorsitz von Lenin durch, beschlossen ein sofortiges Kriegsende und die Übernahme der Industriebetriebe durch die Arbeiter sowie eine Verteilung des Bodens durch örtliche Sowjets an alle Landbewohner.

Zarenfamilie Romanow

Kampf um Unabhängigkeit

Im Frieden von Brest-Litowsk hatte die Sowjetregierung Deutschland das Baltikum, Finnland, Polen, Weißrussland, die Ukraine und die Krim überlassen müssen, den Türken Teile des Kaukasus. Dies wurde bis zum Ende des Zweiten Weltkriegs annulliert. Im Zuge des Bürgerkriegs eroberte Russland die Krim zurück, teilte Ukraine und Weißrussland mit Polen und die Kaukasusgebiete 1920 mit der Türkei. Die anderen Länder wurden selbstständig.

Der Bürgerkrieg

Der Machtübernahme in St. Petersburg folgte ein Bürgerkrieg, der bis November 1920 dauerte und rund acht Millionen Opfer forderte. Der ehemalige Zar und seine Familie wurden am 17. Juli 1918 in Jekaterinburg erschossen. Im Laufe des Krieges verloren die Sowjets an Bedeutung, sodass die Macht nicht an die Räte, sondern die kommunistische Partei fiel. ■

Die deutsche Novemberrevolution

Am 3. November 1918 kam es in Kiel zu einem Matrosenaufstand, der bald ganz Deutschland erfasste. Schon wenig später behaupteten nationalistische Kreise, das deutsche Heer wäre im Feld unbesiegt geblieben und der Krieg durch diesen Dolchstoß aus der Heimat verloren gegangen. Dabei hatte die deutsche Regierung auf Drängen der Militärs am 3. November längst um einen Waffenstillstand ersucht.

Der Kriegspatriotismus in Deutschland war schon 1916 geschwunden. Der Kohlrübenwinter und ein Militärregiment der Obersten Heeresleitung (OHL), das Schüler und Frauen zum Arbeitsdienst in der Rüstungsindustrie zwangsverpflichtete, ließen den Unmut wachsen, obwohl die OHL falsche Erfolgsberichte von der Front verbreitete. Am 29. September forderte OHL-Chef Erich Ludendorff (1865–1937) umgehende Waffenstillstandsverhandlungen. Kronrat und OHL beschlossen jedoch, die Verantwortung der Opposition zuzuschieben. Urplötzlich gaben sie dem Verlangen nach einer parlamentarisch gewählten Regierung nach und beauftragten den neuen liberalen Kanzler Max von Baden (1867–1929) und sein aus SPD und katholischer Zentrumspartei bestehendes Kabinett anschließend mit der Aufgabe, die Waffenstillstandsverhandlungen zu führen. Die neue Regierung ließ sich durch einen Appell an die nationale Verantwortung bewegen, dies auch zu tun, da man hoffte, dass eine unbelastete Regierung mildere Friedensbedingungen erzielen würde.

Das Ende des Kaiserreichs

Am 29. Oktober befahl die Admiralität der deutschen Kriegsflotte das Auslaufen für eine Entscheidungsschlacht gegen England. Aus der Weigerung der Matrosen ergab sich der Aufstand von Kiel. In den nächsten Tagen wurden überall in Deutschland Arbeiter- und Soldatenräte gebildet. Am 9. November erklärte Max von Baden eigenmächtig die Abdankung des Kaisers und übergab die Regierungsgewalt an SPD-Chef Friedrich Ebert (1871–1925). Zwei Stunden später rief Staatssekretär Philipp Scheidemann (1865–1939) die Republik aus. Am 10. November ließ Ebert die Berliner Arbeiter- und Soldatenräte einen provisorischen Rat der Volksbeauftragten wählen. Am 11. November unterzeichnete Matthias Erzberger (1875 –1921) im Auftrag von OHL und Regierung in Frankreich die bedingungslose Kapitulation. Im Dezember entschied sich ein Rätekongress mehrheitlich für Parlamentswahlen. Die kommunistischen Spartakisten wollten dies nicht anerkennen, und Ebert entschloss sich, sie mithilfe der Reichswehr zu bekämpfen. Dies spaltete die Linke, vor allem als die Spartakusführer Karl Liebknecht und Rosa Luxemburg am 15. Januar 1919 von Freischärlern ermordet wurden und im Mai auch noch die Münchner Räterepublik gewaltsam zerschlagen wurde. Die Wahlen am 19. Januar jedoch führten zunächst zu einer SPD-Regierung mit Scheidemann als Regierungschef und Ebert als Reichspräsident. Ab dem 6. Februar begannen die Parlamentarier, im ruhigen Weimar eine demokratische Verfassung auszuarbeiten.

Der Vertrag von Versailles

Im Mai 1919 trafen die Friedensbedingungen der Entente Deutschland wie ein Schock. Das Land verlor alle seine Kolonien, einen Großteil der Ostgebiete und Elsass-Lothringen. Dazu kamen Reparationszahlungen, deren Höhe noch nicht feststand, um alle Schäden des durch Deutschland und Österreich verschuldeten Krieges zu begleichen. Die deutsche Öffentlichkeit, die nicht einmal wusste, dass der Krieg 1914 von ihrer Regierung eröffnet worden war, reagierte mit vehementer Empörung. Eine Alternative zur Vertragsunterzeichnung in Versailles gab es aber nicht, da Deutschland bedingungslos kapituliert und bereits alle schweren Waffen abgegeben hatte. ■

Versailler Vertrag und Rat der Vier: Woodrow Wilson (USA), David Lloyd George (Großbritannien), Georges Clemenceau (Frankreich), Vittorio Emanuele Orlando (Italien)

Die Kriegspartner

Österreich wurde am 11. November 1918 Republik und verlor im Vertrag von St. Germain alle nichtdeutschen Gebiete. Auch Bulgarien musste Gebiete an die anderen Balkanstaaten abgeben. Eine vorgesehene Aufteilung der Türkei – u. a. in einen armenischen Staat und eine kurdische Zone – verhinderte ein Aufstand der Jungtürken unter Mustafa Kemal (1881 – 1939), später Atatürk genannt. Im Frieden von Lausanne wurde 1923 die Türkei in ihren heutigen Grenzen anerkannt. Wenig später gründete Atatürk die türkische Republik, die in der Folge modernisiert wurde.

Die Weltwirtschaftskrise

Schwarzer Freitag an der New Yorker Börse

Wirtschaftlich war Nordamerika der große Gewinner des Ersten Weltkriegs, der das geschädigte Europa mit den nötigen Gütern versorgte. Der Export kurbelte auch die Binnenwirtschaft gewaltig an, und viele Amerikaner konnten sich moderne Errungenschaften wie Autos, Radios oder Haushaltsgeräte leisten. Die „Roaring Twenties" waren geprägt von Luxus, Emanzipationsdenken, moderner Kultur und einem überschäumenden Lebensgefühl. Es schwappte auch auf Europa über – bis am 24. Oktober 1929 die New Yorker Börse zusammenbrach.

Der gewaltige Wirtschaftsboom der Nachkriegszeit war an seine Grenzen gekommen. Während immer mehr Unternehmen, inzwischen auch wieder in Europa, Güter produzierten, war der Markt weitgehend gesättigt, und die Nachfrage begann einzubrechen. Viel schlimmer aber war, dass der vorangegangene Aufstieg auch die Aktienkurse rasant in die Höhe getrieben hatte. Jeder wollte an dem Kursfeuerwerk teilhaben und viele nahmen dafür Kredite auf. Im Oktober begannen die Kurse nachzugeben, was bei den Anlegern zu Nervosität führte, am 24. Oktober brach eine Panik aus, die zu Massenverkäufen führte und den Kurs rapide fallen ließ. Einen Tag später erlebten auch die europäischen Börsen einen „Schwarzen Freitag". Zunächst versuchten die Banken, die Entwicklung mit Stützkäufen aufzuhalten, was aber schon am Montag nicht mehr funktionierte. Unzählige Unternehmer und Privatpersonen waren ruiniert.

Der New Deal

In Europa war der Wiederaufbau nach dem Krieg zu einem großen Teil mithilfe amerikanischer Kredite finanziert worden, die nun zurückgezogen wurden. Außerdem belegten die USA, aber auch andere

Länder, nun ihre Importe mit hohen Zöllen, um die angeschlagene einheimische Produktion zu schützen, was den internationalen Handel schädigte. Trotzdem setzte in den USA die „Große Depression“ ein. Die Arbeitslosigkeit lag bei 25 Prozent, und auch die Löhne der Übrigen waren im Durchschnitt nicht einmal mehr halb so hoch wie vor dem Zusammenbruch. 1933 begann der neue Präsident Franklin D. Roosevelt (1882–1945) mit Reformen, die als „New Deal“ bezeichnet wurden. Er legte Mindestpreise für Agrargüter und Industrieprodukte fest, führte eine Arbeitslosen- und Rentenversicherung ein und forcierte staatliche Investitionen wie den Bau von öffentlichen Gebäuden, Dämmen und Brücken. Letztendlich aber führte die 1941 einsetzende Kriegsproduktion die US-Wirtschaft aus der Krise, sodass sich die Experten uneins sind, ob der „New Deal“ auch ohne Krieg funktioniert hätte.

Von einer Krise in die nächste

Neben den USA war vor allem Deutschland von der Krise betroffen. 1921 wurden die Kriegsreparationen auf 226 Milliarden Goldmark festgelegt. Eine Weigerung der Regierung brachte zwar eine Besetzung des Ruhrgebietes, aber auch eine Senkung auf 132 Milliarden. Trotzdem hetzten die Rechten gegen die „Erfüllungspolitiker“, erschossen Finanzminister Matthias Erzberger (1875–1921) und Außenminister Walther Rathenau (1867–1922). Als die Franzosen 1923 wieder das Ruhrgebiet besetzten, weil die Deutschen mit Zahlungen im Rückstand waren, reagierte die Bevölkerung mit einem Streik.

Banknoten in der Hyperinflation

Doch dieser kostete täglich 40 Millionen Mark und hatte eine gigantische Inflation zur Folge, die im November 1923 einen Dollar 4,2 Billionen Mark teuer machte. Nach neun Monaten beendete der neue Kanzler Gustav Stresemann (1878 – 1929) den „Ruhrkampf“ und führte die Rentenmark ein, die die Inflation beendete. Mithilfe amerikanischer Kredite (Dawes-Plan) wurde die Wirtschaft wieder aufgebaut. Die Weltwirtschaftskrise ließ das alles wieder zusammenbrechen. Die Arbeitslosigkeit stieg auf über 30 Prozent und zog Massenelend und politische Radikalisierung nach sich. ■

Die Goldenen Zwanziger

Zwischen 1924 und 1929 erlebte auch Deutschland seine Goldenen Zwanziger Jahre. Überhaupt war die Weimarer Republik kulturell und wissenschaftlich glanzvoll. Film (Lubitsch, Lang, Murnau), Theater (Reinhardt), Literatur (Thomas und Heinrich Mann, Brecht), Architektur (Mies van der Rohe, Gropius), Musik (Schönberg, Furtwängler) und Naturwissenschaften (Einstein, Heisenberg, Planck) hatten Weltniveau. Für die Nationalisten war das alles aber zu modern und damit „entartet“.

Faschismus in Europa

1919 gründete Benito Mussolini die Fasci Italiani di Combattimento, die Italienischen Kampfbünde. 1922 übernahm er mit ihnen die Macht in Italien und errichtete ein totalitäres Regime mit starken ideologischen Elementen, das Namensgeber und Vorbild für den Faschismus werden sollte, der sich in der Folge in verschiedenen europäischen Ländern auszubreiten begann.

Nationalismus, Militarismus und die Sehnsucht nach einem starken Mann gab es nach dem Ersten Weltkrieg in ganz Europa. Die Gründe waren tief greifende soziale Probleme, politische Orientierungslosigkeit, die Angst vor einem Sozialismus sowjetischer Prägung, den die alten Eliten noch schürten, um jedwede Reformen zu diskreditieren – und die Neuziehung der Grenzen in den Friedensschlüssen. In einigen ehemals österreichischen oder deutschen Ostgebieten gab es Abstimmungen, die von heftiger Agitation auf beiden Seiten begleitet wurden. In anderen Gebieten versuchten Freikorps eine Revision der Grenzziehung zu erreichen. Italien hatte zwar mit Südtirol, dem Trentino und Istrien mehr Land erhalten, als die eigenen Truppen eingenommen hatten, trotzdem fühlten sich die Rechten von den anderen Siegermächten betrogen und hetzten gegen den „verstümmelten Sieg".

Benito Mussolini und seine Schwarzhemden

Der Duce

Benito Mussolini (1883–1945) und seine Kampfbünde (auch Squadristen oder Schwarzhemden genannt) verübten – oft unterstützt von Großgrundbesitzern – Terror gegen alle linkspolitischen Aktivitäten. 1921 wurden sie als Nationale Faschistische Partei ins Parlament gewählt, 1922 ließ Mussolini gut 25.000 Faschisten nach Rom marschieren und nötigte König Viktor Emanuel III. (1869–1947), ihn zum Ministerpräsidenten zu ernennen. Zwei Jahre später duldete es der König, dass Mussolini diktatorische Vollmachten an sich riss. 1935 eroberte dieser Äthiopien, 1936 schloss er ein Bündnis mit Hitler (den er allerdings verachtete), 1939 besetzte er Albanien, dann scheiterte er bei der Eroberung Griechenlands. 1943 wurde er deswegen von seinem eigenen faschistischen Großrat abgesetzt, von den Deutschen aber wieder befreit und 1945 von kommunistischen Partisanen erschossen.

Die Kollaborateure

Auch in fast allen anderen europäischen Ländern entstanden in den 1930er-Jahren faschistische Gruppen, die im Zweiten Weltkrieg dann mit den deutschen Besatzern kollaborierten. Dazu gehörten vor allem die kroatische Ustascha, die 1941, nach dem deutschen Einmarsch in Jugoslawien, einen Marionettenstaat gründete, die rumänische Diktatur unter Ion Antonescu (1882 – 1946) ab 1940 und die Diktatur der ungarischen Pfeilkreuzler unter Ferenc Szálasi (1897 – 1946) ab 1944.

Die Diktatoren

Die Grenze zwischen autoritären Regimen und Faschismus ist in der Zwischenkriegszeit oft nicht leicht zu ziehen. 1926 putschten sich Marschall Joszef Pilsudski (1887 – 1935) in Polen und General Antonio Carmona (1859 – 1951) in Portugal an die Macht und ersetzten schwache Demokratien durch autokratische Regime, in denen Opposition und nationale Minderheiten bekämpft und unterdrückt wurden. Gleiches gilt für Österreich, wo Bundeskanzler Engelbert Dollfuß (1892 – 1934) ab 1934 mit Notverordnungen regierte. Dabei stützte er sich auf faschistoide „Heimwehren“, bekämpfte aber neben linken Kräften auch die österreichischen Nationalsozialisten, was 1938 zu einem Einmarsch der deutschen Wehrmacht und dem „Anschluss“ Österreichs führte.

Der spanische Bürgerkrieg

Auch in Spanien putschte 1926 das Militär gegen eine gewählte linke Regierung. An der Spitze stand General Francisco Franco (1892 – 1975), der Oberbefehlshabende der spanischen Marokko-Armee. Von Italien und Deutschland unterstützt eroberten die Putschisten bis 1939 ganz Spanien. Die Sowjetunion dagegen unterstützte nur die spanische kommunistische Partei und trug dadurch noch zu einer Spaltung der Regierungstruppen bei. Nach dem Sieg errichtete Franco eine zumindest faschistoide Diktatur, die erst 1975 mit seinem Tod endete. Doch weder er noch die portugiesischen Diktatoren, die sich bis 1974 (Nelkenrevolution) an der Macht hielten, unterstützten im Zweiten Weltkrieg Deutschland und Italien in nennenswertem Umfang. ■

Francisco Franco

Machtergreifung und Nazidiktatur

Parteiversammlung der NSDAP in München

Ein Problem der Weimarer Republik war, dass jeder, der Regierungsverantwortung übernahm, bei den nächsten Wahlen grundsätzlich abgestraft wurde. So gelang es nach der Weltwirtschaftskrise 1929 auch nicht, sich auf ein Programm zu einigen. Kanzler Heinrich Brüning versuchte, die Krise mit einer rigiden Sparpolitik, einer Senkung der Sozialleistungen und gleichzeitigen Anhebung der Steuern zu bewältigen, was den radikalen Nationalisten großen Zulauf bescherte.

Der arbeitslose Adolf Hitler (1889–1945) wurde nach dem Ersten Weltkrieg erst von der illegalen „Schwarzen Reichswehr", später von der NSDAP (Nationalsozialistische Deutsche Arbeiterpartei) als Hassprediger entdeckt und gezielt gefördert. Sein Erfolg als „Bierkelleragitator" war so groß, dass er 1921 die NSDAP-Führung entmachten konnte. Ein gescheiterter Putsch in München im Jahr 1923 brachte ihm nur eine milde Strafe ein, aber große Popularität unter den deutschen Nationalisten. Der später ermordete Gregor Strasser (1892–1934) organisierte eine bundesweit straff geführte NSDAP, Joseph Goebbels (1897–1945) entwickelte eine Strategie, die Schwäche des Staates sowohl im Straßenkampf wie in den Parlamenten vorzuführen.

Die Kapitulation der Republik

Da sich die Mitglieder einer Großen Koalition 1930 nicht auf wirtschaftspolitische Maßnahmen einigen konnten, griff Reichspräsident Paul Hindenburg (1847–1934) zu den Notverordnungen. Er setzte eine Minderheitenregierung unter Heinrich Brüning (1885–1979) ein und löste das protestierende Parlament auf. Die Neuwahlen machten die NSDAP mit 18 Prozent zur zweitstärksten Fraktion, weshalb die stärkste – die SPD – Brüning bis 1932 tolerierte. Doch dann entzweite dieser sich mit Hindenburg, weshalb der Reichspräsident ihn fallen ließ. Bei den anschließenden Wahlen wurde die NSDAP mit 37,8 Prozent stärkste Partei. Als sich Hindenburg auch mit zwei

Hindenburg macht Hitler zum Reichskanzler

weiteren Kanzlern (Franz von Papen, Kurt von Schleicher) nicht einigen konnte, ließ er sich von seinen Beratern überzeugen, am 30. Januar 1933 Hitler zum Reichskanzler zu machen.

Die Übernahme der Macht

Am 28. Februar 1933 nutzte Hitler einen Brand des Reichstags, um per Notverordnung die wichtigsten Grundrechte außer Kraft zu setzen und die Kommunistische Partei zu zerschlagen. Am 23. März konnte er alle Parteien – außer der SPD – nötigen, einem Ermächtigungsgesetz zuzustimmen, dass ihn für vier Jahre zum alleinigen Gesetzgeber machte. Am 31. März bildete er die Länderparlamente nach den Mehrheitsverhältnissen im Reichstag um und ersetzte die Ministerpräsidenten durch Reichsstatthalter. Am 2. Mai begann er, die Gewerkschaften zu zerschlagen. Am 10. Mai organisierte Joseph Goebbels die Bücherverbrennung. Am 22. Juni verbot Hitler die SPD. Am 14. Juli machte er die NSDAP zur einzigen Partei. Im Juli 1934 beseitigte er nach dem angeblichen „Röhm-Putsch" die innerparteiliche Opposition. Bei der Durchsetzung der Macht halfen ihm die 300.000 Mann starken Schlägertrupps der SA, später auch die Gestapo, das Stillhalten der ebenfalls antidemokratischen Reichswehr und erste Konzentrationslager in Dachau und Oranienburg. Außerdem profitierte er von einem wirtschaftlichen Aufschwung, der im August 1932 eingesetzt hatte, und begann – auf Pump – ein gewaltiges Beschäftigungsprogramm. Dies bescherte den Arbeitern Sicherheit – wenn auch die Gehälter im Schnitt niedriger als 1929 waren. Gleichzeitig baute Hitler NS-Organisationen wie Hitler-Jugend, Arbeitsfront usw. auf, in denen das Selbstwertgefühl der Mitglieder durch die Nazi-Ideologie aufgebläht wurde, während sie gleichzeitig streng kontrolliert wurden und im Grunde keine Rechte hatten. ■

Aufmarsch von Nationalsozialisten

Die Reparationen

Die Reparationen an die Alliierten belasteten die ganze Weimarer Republik. 1929 starteten die Rechtsnationalen eine erneute Hasskampagne gegen die Forderungen, die gerade abgesenkt worden waren, aber bis 1988 laufen sollten. In diesem Rahmen wurde die NSDAP auch von reichen Deutschnationalen gefördert. Da die deutsche Wirtschaft aber immer zahlungsunfähiger wurde und gleichzeitig ausländische Kapitalinvestitionen in Milliardenhöhe vernichtet wurden, verzichteten die Alliierten im Sommer 1932 auf alle ausstehenden Forderungen – wovon aber nur noch Hitler profitierte.

Der Völkermord an den Juden

Während der zwölfjährigen Naziherrschaft in Deutschland wurden etwa zwei Drittel aller Juden in Europa ermordet, zwischen 5,3 und 6,3 Millionen Menschen. Viele Historiker haben schon in Adolf Hitlers Biografie danach geforscht, weshalb er ausgerechnet die Juden mit solch besonderem Hass verfolgte. Doch vermutlich gab es keine persönlichen Gründe.

Verwüstung eines von Juden geführten Geschäfts während der Reichspogromnacht

Das Vorurteil gegen „jüdische Wucherer" zog sich vom Mittelalter bis in die Neuzeit und ist selbst bei aufgeklärten Denkern des 18. und 19. Jh. zu finden – ungeachtet dessen, dass die meisten Juden eher arm waren. Da sie aber erst im 19. Jh. das volle Bürgerrecht bekamen, war ihnen der Zugang zu den meisten anderen Berufen als dem Handel versperrt. Der Nationalismus des 19. Jh. und die damit einhergehende pseudowissenschaftliche Suche nach der „Blut- und Volksgemeinschaft" verstärkten die Vorurteile. Bereits in dieser Zeit findet man Vernichtungsfantasien gegen die Juden, die als Parasiten abgetan wurden. 1819 (Hep-Hep-Unruhen) und im Rahmen der Revolutionen von 1848 gab es in mehreren europäischen Städten antijüdische Ausschreitungen. Da half es auch nicht, dass sich viele Juden der christlich-abendländischen Kultur anpassten. Denn gerade sie waren in der großstädtischen politischen, wirtschaftlichen und kulturellen Avantgarde ihrer Zeit vertreten und standen damit für Neuerungen, die die Nationalisten vehement ablehnten.

Repressalien und Terror

Antisemitismus gehörte in der NSDAP seit 1920 zum Programm. Nach der Machtergreifung inszenierte Joseph Goebbels am 1. April 1933 den ersten Boykott gegen jüdische Geschäftsleute. Am 7. April begann die Entlassung jüdischer Beamter. Am 15. September wurden die Nürnberger Rassengesetze erlassen, die einen Abstammungsnachweis forderten und gemischte Ehen unter Strafe stellten. Die massive Verfolgung begann dann 1938. Juden be-

Die Retter

Nicht alle Regierungen besetzter Länder lieferten ihre Juden an die Deutschen aus. Weigerungen gab es in Bulgarien, Finnland, dem faschistischen Italien und Dänemark. Dies konnte nicht immer durchgehalten werden, reichte aber z. B., um fast alle dänischen Juden nach Schweden zu schmuggeln. Auch die meisten norwegischen und albanischen Juden konnten gerettet werden. Selbst in Polen, wo neben rund 3 Millionen Juden auch über 2 Millionen christliche Zivilisten von den Nazis ermordet wurden, wurden etwa 500.000 Juden durch Privatpersonen gerettet. Einige Diplomaten halfen alleine Zehntausenden von Menschen, der Schwede Raoul Wallenberg (1912 – nach 1947) möglicherweise fast 100.000.

kamen keine Sozialfürsorge mehr, durften kaum noch einen Beruf ausüben und mussten ihren Besitz offenlegen, der dann arisiert wurde. Es kam zur Massenflucht, worauf viele europäische Staaten die Einreise erschwerten. Als ein gewisser Herschel Grynszpan einen deutschen Diplomaten erschoss, inszenierten die Nazis am 9. November 1938 die Reichspogromnacht, in der rund 400 Juden starben, etwa 7000 Geschäfte und fast alle Synagogen zerstört wurden. Am nächsten Tag wurden rund 36.000 Juden in Konzentrationslager gebracht. Allerdings waren von den knapp 600.000 deutschen Juden schon mehr als die Hälfte geflohen.

Die Vernichtung der europäischen Juden

Nach Beginn des Zweiten Weltkriegs begann die Deportation der Juden in polnische Gettos in Warschau oder Lodz. Während die deutsche Armee nach Osten vorstieß, führten SS-Einsatzgruppen Massenerschießungen durch. Im Schatten des Russlandfeldzugs 1941 wurden in Auschwitz und Chelmno die ersten Vernichtungslager gebaut. Am 20. Januar 1942 wurde auf der sogenannten Wannseekonferenz die restlose Vernichtung der europäischen Juden geplant. Die viel zitierte Einzigartigkeit des Holocaust (neuerdings eher als „Shoah" oder „Völkermord an den Juden" bezeichnet) beruht vor allem darauf, wie „fabrikmäßig" die Opfer in den Vernichtungslagern getötet und beseitigt und ihre Hinterlassenschaften bis hin zu den Haaren wirtschaftlich verwertet wurden. Außer den Juden wurden auch Sinti und Roma (200.000–800.000 Opfer), Behinderte (200.000–300.000), Kommunisten (rund 100.000), Homosexuelle (10.000–25.000) und Zeugen Jehovas (2500–5000) systematisch vernichtet. ■

Getto in Warschau

Der Zweite Weltkrieg

Am 7. März 1936 besetzten deutsche Truppen das Rheinland. Das war laut Versailler Vertrag verboten, und Hitler sagte später, die zwei Tage danach seien die aufregendsten seines Lebens gewesen. Doch für Großbritannien war das kein Kriegsgrund, und auch Frankreich konnte sich nicht entschließen, alleine vorzugehen, obwohl es Deutschland damals noch militärisch überlegen war. Doch in den nächsten Jahren rüstete Hitler auf und wurde immer aggressiver.

Neville Chamberlain beharrt auf seiner Beschwichtigungspolitik.

Auch der Anschluss Österreichs im Jahr 1938 war ein Bruch des Versailler Vertrags, den das Ausland hinnahm. Im März 1938 stellte Adolf Hitler (1889–1945) der Tschechoslowakei ein bewusst unerfüllbares Ultimatum bezüglich der Sudetendeutschen. Diesmal reagierten die Mächte aufgeschreckt, doch der britische Premier Neville Chamberlain (1869–1949) wollte einen Krieg um jeden Preis vermeiden und setzte das Münchner Abkommen durch, das Deutschland die Besetzung der Sudetengebiete erlaubte. Im März 1939 okkupierte Hitler auch den Rest der Tschechoslowakei. Daraufhin gaben Großbritannien und Frankreich Garantieerklärungen für Polen, Rumänien, Griechenland und die Türkei ab. Hitler schloss im August mit Josef Stalin (1878–1953), der sich von den Westmächten benachteiligt fühlte, ein Abkommen und marschierte am 1. September 1939 in Polen ein.

Blitzkrieg gegen Europa

Am 3. September 1939 erklärten Frankreich und Großbritannien Deutschland den Krieg, griffen aber zunächst nicht ein. Am 18. September begann die Sowjetunion mit der verabredeten Besetzung Ostpolens, und am 28. September kapitulierte das Land. Großbritannien plante, Deutschland durch die Besetzung des norwegischen Hafens Narvik von Erzlieferungen abzuschneiden. Doch Hitler war schneller und besetzte im April Dänemark und Norwegen. Am 10. Mai marschierten die deutschen Truppen in die Beneluxstaaten ein. Die Franzosen erwarteten denselben Angriff wie im Ersten Weltkrieg, wurden dann aber im Süden durch eine massive Panzeroffensive über die Ardennen überrascht. Trotz britischer Hilfe musste Frankreich am 22. Juni kapitulieren. Im eroberten Norden und Wes-

Deutsche Truppen in Stalingrad

ten des Landes errichteten die Deutschen das Marionettenregime von Vichy. Als Nächstes begann Hitler einen Luftkrieg gegen England und hoffte, die Briten damit zu einem Bündnis zu zwingen. Doch der neue Premierminister Winston Churchill (1874–1965) schwor Landsleute und Alliierte auf die Vernichtung Hitler-Deutschlands ein. Im Juni 1941 half Hitler Benito Mussolini (1883–1945) auf dem Balkan und eroberte Jugoslawien und Griechenland. Alle besetzten Länder ließ er systematisch ausplündern, um damit die immens hohen deutschen Schulden abzubauen und die „Heimatfront" bei Laune zu halten. Ansonsten erlegte Hitler den Soldaten im Westen Zurückhaltung und Höflichkeit auf, während im Osten äußerste Rücksichtslosigkeit gepredigt wurde.

Entscheidung in Stalingrad

Am 22. Juni 1941 marschierte Hitler in das Land ein, das von Anfang an sein Hauptziel gewesen war: die Sowjetunion. Bis zum August des nächsten Jahres hatten die deutschen Truppen Stalingrad an der Wolga erreicht, wurden dort aber von den Russen eingekesselt. Die Kapitulation am 2. Februar 1943 markierte den Wendepunkt des Krieges. Nun rückte die Rote Armee gegen Deutschland vor und begann mit der Befreiung des Balkans. Am 10. Juli landeten die Alliierten in Sizilien und zwangen die italienische Regierung zur Kapitulation. Am 6. Juni 1944 landeten Briten und US-Amerikaner in der Normandie. Am 25. April 1945 trafen sich britische und sowjetische Truppen in Torgau/Elbe. Am 30. April beging Hitler Selbstmord. Am 2. Mai kapitulierte Berlin vor der Roten Armee, am 8. Mai Deutschland. ■

Der Pazifikkrieg

In Asien hatte Japan seit 1937 einen Eroberungsfeldzug gegen China geführt. 1940 verbündete es sich mit Deutschland und Japan. Als die USA und Großbritannien wichtige Rohstofflieferungen blockierten, reagierte Japan am 7. Dezember 1941 mit einem Angriff auf Pearl Harbour auf Hawaii, der wiederum die USA zum Kriegseintritt bewegte. Trotzdem gelang es Japan in der Folge, weite Teile Südostasiens zu erobern. Am 6. und 9. August 1945 erzwangen die USA mit den Atombombenabwürfen auf Hiroshima und Nagasaki die Kapitulation.

D-Day: alliierte Truppen landen in der Normandie

Europa nach 1945

Churchill, Roosevelt, Stalin

Der Zweite Weltkrieg hatte schätzungsweise 55 bis 60 Millionen Menschen das Leben gekostet, von denen gut die Hälfte Zivilisten waren. Russland war mit mehr als 20 Millionen Opfern am stärksten betroffen. Aber auch Deutschland, Jugoslawien, Litauen und Lettland verloren über zehn Prozent ihrer Bevölkerung, Polen sogar über 16. Etwa sieben Millionen Menschen starben in Konzentrations- und Vernichtungslagern. Dazu kamen etwa 14 Millionen Flüchtlinge und Vertriebene, vor allem aus den ehemals deutschen Ostgebieten, mehrere Millionen vergewaltigte Frauen und Mädchen, bis zu zehn Millionen ehemalige Zwangsarbeiter und eine halbe Million KZ-Überlebende. Doch der Krieg änderte auch die politische Landkarte Europas.

Bereits vor Kriegsende hatten Josef Stalin, Winston Churchill und US-Präsident Franklin D. Roosevelt auf mehreren Konferenzen die Aufteilung Europas in „Interessenzonen" abgesprochen. Die Sowjetunion sollte Ostpolen annektieren dürfen, wofür die ehemals deutschen Gebiete jenseits der Oder unter polnische Verwaltung gestellt wurden. Außerdem sollte Stalin aus dem Baltikum, Polen, der Tschechoslowakei und Teilen des Balkans einen „Sicherheitsgürtel" verbündeter Staaten formen dürfen. Diese Vereinbarung hielt auch, als die Anti-Hitler-Koaltition unter Roosevelts Nachfolger Harry S. Truman (1884–1972) zerbrach. Manche Historiker sehen jedoch in den Atombombenabwürfen Trumans über Japan vor allem eine Warnung an die Sowjetunion, nicht darüber hinaus zu gehen und etwa noch Teile Österreichs, Griechenlands oder der Türkei zu beanspruchen.

Nürnberger Prozesse und Entnazifizierung

Für Deutschland hatten die Alliierten eine konsequente Entnazifizierung und Entmilitarisierung beschlossen. Am 20. November 1945 begann in Nürnberg der Prozess gegen die Hauptkriegsverbrecher. Er führte Deutschland und der Welt erstmals das wahre Ausmaß des Naziterrors vor Augen. Dieser Prozess endete mit zehn Hinrichtungen. Danach folgten zahlreiche Prozesse gegen weniger prominente Nazis.

Parallel dazu begann die „Entnazifizierung" der Bevölkerung. Allerdings missbrauchten die Sowjets das Verfahren, um einen kommunistischen Umbau der Gesellschaft voranzutreiben, und ließen Zehntausende von Menschen in ehemaligen Konzentrationslagern sterben. Die Amerikaner dagegen begannen mit den leichten Fällen und stellten das Verfahren 1948 wegen des beginnenden Kalten Krieges ein, sodass zahlreiche NS-Größen davonkamen.

Nürnberger Prozesse

Der Eiserne Vorhang

Währenddessen begann die Abschottung der „Interessensphären". Am 5. März 1946 drückte Churchill in einem Telegramm an Truman die Sorge aus, dass sich quer durch Europa zwischen Stettin und Triest ein „Eiserner Vorhang" senke. Vor allem in den baltischen Staaten und Polen wurde die Errichtung einer Sowjetrepublik bzw. die Einsetzung einer prosowjetischen Führung sehr brutal durchgesetzt. Im Juni 1947 stellten die Amerikaner dann den Marshall-Plan vor, der Kredite zum Wiederaufbau des zerstörten Europa vergab. Die Sowjetunion sah darin – zu Recht – eine versuchte Einflussnahme auf

Die Luftbrücke

Nach der Währungsreform wollten die Westalliierten die D-Mark auch in den Westsektoren Berlins einführen, was die Sowjetunion mit der Blockade der Stadt zu verhindern versuchte. Die Alliierten schafften deshalb vom 24. Juni 1948 bis zum 12. Mai 1949 in fast 200.000 Flügen rund 1,5 Millionen Tonnen Hilfsgüter in die Stadt.

ihre Satellitenstaaten und verbot ihnen die Teilnahme. Für Deutschland stellte sich das Problem, dass es keine stabile Währung gab. Doch die Alliierten konnten sich nicht einigen. Am 20. März 1948 verließen die Sowjets den Alliierten Kontrollrat, der das Land regierte. Am 20. Juni führten die Westalliierten in ihren Zonen die D-Mark ein, drei Tage später folgte die Währungsreform in der Sowjetzone. Im Herbst begannen beide Seiten mit der Ausarbeitung einer provisorischen Verfassung für ihre Zone. Die des Westens (Grundgesetz) trat am 24. Mai 1949 in Kraft, die des Ostens 7. am Oktober. Damit gab es endgültig zwei deutsche Staaten. 1951 wurden die Grenzen geschlossen, 1961 mit dem Bau der Berliner Mauer auch das letzte Schlupfloch. ■

Letzte Schlupflöcher werden geschlossen: Bau der Berliner Mauer 1961

Vereinte Nationen und Europäische Gemeinschaft

Flagge der Vereinten Nationen

1918 regte US-Präsident Woodrow Wilson angesichts der Schrecken des Ersten Weltkriegs die Gründung eines friedlichen Völkerbundes an. Allerdings zeigte sich beim Ausbruch des Zweiten Weltkriegs die Machtlosigkeit dieses Bündnisses. Wilsons Nachfolger Roosevelt beschloss deshalb, einen wirksameren Nachfolger aus der Taufe zu heben. 1945 wurden die UN gegründet. Primär wirtschaftliche Gründe gaben dagegen 1957 den Ausschlag für die Gründung der EG, die aber trotzdem zur Aussöhnung zwischen der BRD und Westeuropa beitrug.

Am 14. August 1941 stellten US-Präsident Franklin D. Roosevelt (1882–1945) und der britische Premier Winston Churchill (1874–1965) mit der Atlantik-Charta ihre Vorstellungen von einem künftigen Völkerbund vor. Am 1. Januar 1942 unterzeichneten 26 Staaten, darunter auch die Sowjetunion und China, eine „Erklärung der Vereinten Nationen“, in der sie die Prinzipien der Atlantik-Charta anerkannten und sich sowohl zum weiteren Kampf gegen die Achsenmächte (Deutschland, Italien, Japan) als auch zum Aufbau einer friedlichen Nachkriegsordnung verpflichteten. Bis Kriegsende schlossen sich weitere 19 Staaten an.

Poker der Mächtigen

Auf der Konferenz von Jalta auf der Krim im Februar 1945 konnten sich Churchill, Roosevelt und Stalin über das letzte wichtige Detail, den Sicherheitsrat, einigen. Denn um die neue Organisation stärker als den Völkerbund zu machen, sollte der Sicherheitsrat nicht nur Empfehlungen geben, sondern Beschlüsse fassen können, die für alle Mitgliedsstaaten bindend sind, z. B. die Verhängung eines Embargos oder sogar das militärische Eingreifen in einen Konflikt. Da dieser Sicherheitsrat damit das stärkste Gremium der künftigen Organisation darstellte, sicherten

Gründung der EG: Unterzeichnung der Römischen Verträge in den Musei Capitolini

sich die fünf starken Nationen der Anti-Hitler-Koalition, die USA, Großbritannien, Frankreich, die Sowjetunion und China, einen ständigen Sitz, während die übrigen sechs (ab 1966 zehn) Sitze im Wechsel vergeben wurden. Allerdings machte die Sowjetunion ihre Zustimmung zur UN-Gründung davon abhängig, dass jedes ständige Mitglied ein Vetorecht erhielt. Praktisch hatte das zur Folge, dass während des Kalten Krieges Beschlüsse entweder von der einen oder der anderen Seite blockiert wurden. Am 26. Juni 1945 unterzeichneten 50 Staaten die Charta der Vereinten Nationen. Am 10. Dezember 1948 wurde die Allgemeine Erklärung der Menschenrechte verabschiedet. 1973 traten die beiden deutschen Staaten der UNO bei, die heute 192 Mitglieder hat.

Einigung in Europa

Im Gegensatz zur UNO entstand die Europäische Union aus viel profaneren Gründen. Nach dem Zweiten Weltkrieg war das Ruhrgebiet mit seinen Ressourcen einer internationalen Kontrollbehörde unterstellt worden. Bundeskanzler Konrad Adenauer (1876–1967) und der französische Außenminister Robert Schuman (1886–1963) erweiterten das zu einer Koordinationsbehörde für den Bergbau ihrer Länder, der „Europäischen Gemeinschaft für Kohle und Stahl", der 1952 auch Italien und die Beneluxländer beitraten. 1957 gründeten diese Staaten die ebenfalls primär wirtschaftlich ausgerichtete Europäische Gemeinschaft (EG).

Eine „Europäische Verteidigungsgemeinschaft" dagegen war 1952 am Vorbehalt des französischen Parlaments gescheitert. Als Ersatz wurde 1954 von Großbritannien und den EG-Staaten die Westeuropäische Verteidigungsunion (WEU) gegründet, deren Funktion aber weitgehend von der NATO übernommen wurde. Mit der Erweiterung der EG zur EU im Vertrag von Maastricht (7. Februar 1992) wurde die Idee, ein europäisches Bündnis mit gemeinsamer Außen- und Sicherheitspolitik zu schaffen, wiederbelebt. Vieles davon ist jedoch noch nicht umgesetzt. ■

Die Unterorganisationen

Während die Sicherheitspolitik der UN oft an politischen Uneinigkeiten scheitert, hat die Arbeit vieler UN-Unterorganisationen große, wenn auch teils kritisch gesehene Bedeutung: Zu den wichtigsten Unterorganisationen gehören der internationale Währungsfonds (IWF) und die Weltbank, der Internationale Gerichtshof in Den Haag, das Kinderhilfswerk UNICEF, die UNESCO (Organisation der Vereinten Nationen für Bildung, Wissenschaft, Kultur und Kommunikation), die Welternährungsorganisation (FAO) und die Weltgesundheitsorganisation (WHO).

Der Stalinismus

Eigentlich hatte der real existierende Sozialismus eine Herrschaft des internationalen Proletariats sein sollen. Josef Stalin machte daraus die nationale Herrschaft genau eines Mannes. Vor dem Zweiten Weltkrieg setzte er in der Sowjetunion eine absolutistische Diktatur durch und nach dem Krieg sorgte er dafür, dass in den Staaten des Ostblocks genau das Gleiche passierte.

Josef Stalin

Stalin (1878–1953) war als Josef Dschugaschwili in einfachen Verhältnissen in Georgien aufgewachsen. Manche seiner Biografen meinen, sein prügelnder, alkoholkranker Vater sei schuld gewesen, dass Stalin später keinerlei Autorität neben oder über sich ertragen konnte. Während der russischen Revolution war er ein entschiedener Parteigänger Lenins (1870–1924), im Bürgerkrieg Befehlshaber der Roten Armee. 1922 wurde er zum Generalsekretär der kommunistischen Partei gewählt und zog sich durch seinen diktatorischen Regierungsstil das Misstrauen des kranken Lenin zu.

Der rote Absolutist

Nach Lenins Tod warf ihm Leo Bronstein (1879–1940), genannt Trotzki, der militärische Anführer der Oktoberrevolution und Gründer der Roten Armee, eine Abkehr von der Arbeiterdemokratie und eine Hinwendung zu Nationalismus und Totalitarismus vor. Stalin gelang es jedoch, Trotzki zu isolieren, zu diskreditieren und 1929 auszuweisen. 1940 wurde er von einem Sowjetagenten ermordet.

Stalins großes Ziel war, die Sowjetunion zu industrialisieren und auf Westniveau zu bringen. Um die Versorgung der Arbeiter sicherzustellen, führte er rücksichtlose Zwangskollektivierungen in der Landwirtschaft durch und löste dadurch große Hungersnöte aus. 1934 begannen seine berüchtigten „Säuberungen“. Die trafen ganze Gruppen wie nationale Minderheiten, Juden, Priester, Ärzte oder Kulaken (Bauern mit eigenem Besitz), die in Arbeitslager (Gulags) deportiert und zur Sklavenarbeit bei großen Bauprojekten herangezogen wurden. Innerparteiliche Gegner, darunter fast alle „Veteranen“ der Oktoberrevolution, wurden oft unter der Folter zu „Geständnissen“ gebracht und dann in Schauprozessen hingerichtet. Während des Zweiten Weltkriegs ließ Stalin Gruppen, die er als potenzielle Kollaborateure

Gulag

ansah, wie Balten, Krimtataren, Armenier, Tschetschenen oder Russlanddeutsche, zur Zwangsarbeit nach Sibirien deportieren.

Die Nachkriegsära

Nach dem Gewinn des Krieges ließ Stalin den schon vorher großen Kult um seine Person noch einmal steigern. In den neuen Volksrepubliken Osteuropas setzten sich nach einigen Jahren ebenfalls stalinistische Führer durch. Nur Jugoslawien, das nicht von der Roten Armee, sondern von kommunistischen Partisanen befreit worden war, ging einen Sonderweg. 1948 kam es deshalb zum Bruch zwischen Stalin und Josip Broz Tito (1892–1980). Daraufhin sorgte Stalin in den anderen Ostblockstaaten, vor allem in Ungarn, der Tschechoslowakei und Bulgarien, für Schauprozesse und fing auch in Russland wieder mit den Säuberungen an. Viele Biografen gehen davon aus, dass er spätestens jetzt an krankhafter Paranoia litt.

Die Nachahmer

Die Entstalinisierung war nicht das Ende des Stalinismus. Sowohl Mao Tse-tung (1893 – 1976) in China wie Enver Hoxha (1908 – 85) in Albanien, Nicolae Ceausescu (1918 – 89) in Rumänien und Kim Il-Sung (1912 – 94) und sein Sohn Kim Jong-Il (geb. um 1942) in Nordkorea betrieben oder betreiben einen stalinistischen Nationalismus und Personenkult.

Die Entstalinisierung

Nikita Chruschtschow

Insgesamt kostete Stalins Herrschaft wohl mindestens zehn bis 20 Millionen Menschen das Leben, davon vier Millionen durch die Säuberungen, sechs Millionen durch die Hungersnöte und weitere durch Deportationen und Arbeitslager. Nach seinem Tod leitete der neue Staatschef Nikita Chruschtschow (1894–1971) 1956 die Entstalinisierung ein. Stalinisten wurden aus ihren Ämtern verdrängt, kommunistische Opfer rehabilitiert und der Personenkult verdammt. In Polen und Ungarn kam es daraufhin zu Volksaufständen gegen die eigenen stalinistischen Regierungen. Diese wurden jedoch blutig niedergeschlagen. Der ungarische Ministerpräsident Imre Nagy (1896–1958), der innenpolitische Reformen und außenpolitische Neutralität proklamierte hatte, wurde hingerichtet. Dennoch kam es sowohl in Ungarn wie in Polen danach innenpolitisch zu Verbesserungen. ■

Die Entkolonialisierung

Nach dem Ende des Zweiten Weltkriegs waren noch fast ganz Afrika, Indien, Indonesien und diverse Inselstaaten im Besitz der Kolonialmächte. Doch in den meisten dieser Länder gab es bereits eine Unabhängigkeitsbewegung, die nun verstärkt um ihre Rechte kämpfte. Eine der ältesten und ungewöhnlichsten war die des Mahatma Gandhi in Indien.

Mahatma Gandhi

Britisch-Indien, das die heutigen Staaten Indien, Pakistan, Myanmar (Birma) und Bangladesh umfasste, galt als „Kronjuwel“ des britischen Empire. Doch 1885 gründeten die Inder den Indischen Nationalkongress, der für die Unabhängigkeit des Landes eintrat. Die britische Regierung stellte eine stärkere Selbstverwaltung in Aussicht, beließ es aber bei Zusagen.

Mahatma Gandhi

Mohandas Gandhi (1869–1948), später „Mahatma“ (Große Seele) genannt, lebte von 1893 bis 1914 als Rechtsanwalt in Südafrika, wo auch die Inder Opfer der Apartheid waren. Er entwickelte sein Konzept des gewaltlosen Widerstandes und erreichte 1914 rechtliche Zugeständnisse für die Inder. Als er im gleichen Jahr nach Indien zurückkehrte, wurde er dort begeistert empfangen.

1920 übernahm er die Führung des Indischen Nationalkongresses und forderte alle Inder zur Nichtzusammenarbeit mit den Briten und zum Boykott britischer Waren auf. Seine spektakulärste Aktion war der Salzmarsch 1930, als fast 100.000 Menschen das britische Salzmonopol brachen, indem sie Salz aus dem Meer gewannen. Der Marsch erregte genauso die Aufmerksamkeit der Weltöffentlichkeit wie die harte Bekämpfung der friedlichen Rebellen. Als der Zweite Weltkrieg ausbrach, verweigerten die Inder den Briten wieder jegliche Unterstützung. 1944 signalisierte Großbritannien ein Einlenken, und 1947 wurde Indien unabhängig. Allerdings gelang es Ghandi nicht, Hindus und Muslime zu versöhnen, sodass ein muslimisches Pakistan und ein hinduistisches Indien entstanden. Dafür wurden Hunderttausende von Menschen umgesiedelt. Zwei Jahre später kam es zum ersten Krieg um das unabhängige Fürstentum Kaschmir.

Der Algerienkrieg

Der Erfolg Indiens beflügelte andere Unabhängigkeitsbewegungen. 1949 gaben die Niederlande ihren Anspruch auf Indonesien auf, wo sich bereits 1945 unabhängige Provinzen gebildet hatten. Frankreich musste 1954 den Indochinakrieg verloren geben und Vietnam, Laos und Kambodscha die Unabhängigkeit gewähren. Im selben Jahr begann die algerische Befreiungsfront (FLN) den Kampf gegen die französischen Besatzer. Der sehr grausam geführte und verlustreiche Krieg war in Frankreich äußerst unpopulär, wurde aber von einer Minderheit umso fanatischer unterstützt. Das führte zu Unruhen in Frankreich selbst. Deshalb gewährte Frankreich Marokko und Tunesien 1956 die Unabhängigkeit, Algerien schließlich 1962.

Das Commonwealth

Die vornehmlich europäisch besiedelten britischen Überseegebiete Kanada, Australien, Neuseeland und Südafrika wurden nicht als Kolonien angesehen, sondern erhielten als „Dominions" eine weitgehende Selbstverwaltung. 1931 gestand ihnen Großbritannien die volle Unabhängigkeit zu, gründete aber das Commonwealth of Nations als gemeinsames Band. 1947 entschied man sich, auch die ehemaligen Kolonien aufzunehmen. Allerdings wird kein Land zum Beitritt gezwungen, genauso wie 1995 Mosambik beitreten durfte, das nie britisch war.

Die Mau-Mau-Unruhen

In Kenia begannen 1948 die sogenannten Mau-Mau-Unruhen, die sich 1952 zu einem Guerillakampf gegen weiße Siedler steigerten. Obwohl nur 33 Siedler getötet wurden, war die psychologische Wirkung des Terrors enorm. Dazu kam, dass die Bekämpfung des Aufstandes sehr teuer war und dabei Grausamkeiten begangen wurden, die die Öffentlichkeit empörten.

Jomo Kenyatta: Der moderate Realpolitiker und Vorsitzende der Kenya African Union wurde 1952 wegen Anstiftung der Mau-Mau-Unruhen angeklagt und musste für sieben Jahre ins Gefängnis.

Großbritannien begann mit einer Entlassung seiner afrikanischen Kolonien in die Unabhängigkeit. Den Anfang machten der Sudan 1956 und Ghana 1957. Den Abschluss bildete 1980 Simbabwe, wo zuvor weiße Siedler versucht hatten, eine Apartheid-Regierung zu etablieren.

Abgeschlossen ist die Entkolonialisierung jedoch bis heute nicht. Zum einen besitzen die meisten Kolonialmächte noch kleinere Überseegebiete. Zum anderen schuf der Prozess neue Probleme. So wurde z. B. Osttimor 1975 nach der Unabhängigkeit von Portugal durch Indonesien besetzt und kam erst 2002 frei. ■

Der Kalte Krieg

Während des Zweiten Weltkriegs hatten die Alliierten den deutschlandfreundlichen Schah von Persien gestürzt und das Land besetzt. Allerdings war ein Abzug nach Kriegsende vereinbart. 1946 jedoch unterstützte die Sowjetunion sowohl die kurdische als auch die aserbaidschanische Minderheit bei der Proklamation eines eigenen Staates. US-Präsident Truman drohte mit dem Einsatz von Atomwaffen und bewirkte so einen Rückzug der Roten Armee. Ein Jahr später verkündete er, die USA würde allen Staaten, deren Freiheit von militanten Minderheiten oder durch äußeren Druck bedroht werde, Beistand leisten. Im gleichen Jahr tauchte erstmals das Wort „Kalter Krieg" in den politischen Diskussionen auf.

Am 4. April 1949 schlossen die USA, Kanada und zehn europäische Staaten ein Verteidigungsbündnis, den Nordatlantik-Pakt (NATO). Kern ist die Beistandsverpflichtung, wenn ein Mitglied des Paktes militärisch angegriffen wird. Noch bevor der Vertrag im November in Kraft trat, führten die Sowjets am 29. August ihren ersten Atomtest durch. Damit standen sich endgültig zwei verfeindete Blöcke gegenüber, die zwar viele Interessenkonflikte hatten, aber im Grunde keinen Krieg führen durften, da dieser zu einer atomaren Eskalation führen konnte.

Der Koreakrieg

In der Folge mischten sich USA und Sowjetunion in zahlreiche regionale Konflikte ein, um den Einfluss der jeweils anderen Macht zu verhindern. Der erste „Stellvertreterkrieg" fand in Korea statt. Nach der Befreiung von den Japanern hatte die Sowjetunion den Norden, die USA den Süden besetzt. Sie konnten sich aber genauso wenig einigen wie in Deutschland. 1950 ließ der nordkoreanische Staatschef Kim Il-Sung (1912–94) mit sowjetischer Hilfe seine Truppen in den Süden einmarschieren. Der Sicherheitsrat der UNO, der damals von der Sowjetunion boykottiert wurde (da die anderen Mitglieder der Volksrepublik China den chinesischen Sitz vorenthielten), beschloss ein Eingreifen zugunsten des Südens, was wiederum ein chinesisches Eingreifen aufseiten des Nordens zur Folge hatte. Am 27. Juli 1953 wurde ein Waffenstillstand vereinbart. Die Tei-

Koreakrieg

lung blieb bestehen. Der Krieg hatte jedoch rund vier Millionen Menschen das Leben gekostet, davon etwa 70 Prozent Zivilisten. Außerdem wurde das Land noch schlimmer verwüstet als später Vietnam.

NATO und Warschauer Pakt

Einer der Gewinner des Kalten Krieges war Westdeutschland. Angesichts der politischen Lage waren die Westalliierten mehr an einem verlässlichen Verbündeten als an Rache und Reparationen interessiert. 1955 wurde die BRD sogar Mitglied der NATO, allerdings um den Preis der Wiederbewaffnung. Sechs Tage später trafen sich die Führer der Ostblockstaaten in Warschau und erarbeiteten die Grundlagen für ein eigenes Bündnis, den Warschauer Pakt. Dieser wurde jedoch nicht nur bei Angriffen von außen aktiv, sondern schlug z. B. auch den ungarischen Volksaufstand 1956 und den „Prager Frühling" 1968 nieder.

Der heiße Draht

Die Kubakrise hatte allen Beteiligten deutlich gemacht, wie gefährlich die Lage zwischen den hochgerüsteten Supermächten war. Deshalb wurde in der Folge eine Fernschreiberverbindung zwischen Kreml und Weißem Haus eingerichtet, um sich in Krisen direkt beraten und Missverständnisse vermeiden zu können. Außerdem wurde mit Verhandlungen zur Rüstungskontrolle begonnen.

Chruschtschow und Kennedy

Die Kubakrise

1962 wäre der Kalte Krieg fast zu einem „heißen" geworden. Drei Jahre zuvor hatten die Kommunisten unter Führung von Fidel Castro (geb. 1926) in Kuba die Diktatur beendet und mit einer Verstaatlichung aller Unternehmen begonnen. Die USA verhängten ein Handelsembargo und unterstützten Exil-Kubaner bei einem Invasionsversuch, der jedoch scheiterte. Daraufhin begannen die Sowjets, Atomraketen auf Kuba zu stationieren, worauf US-Präsident John F. Kennedy (1917–63) mit einer Seeblockade reagierte – obwohl viele „Hardliner" eine Invasion forderten. Gleichzeitig begann er Verhandlungen mit Nikita Chruschtschow (1894–1971), an denen er auch festhielt, als ein sowjetisches Atom-U-Boot aufgebracht und ein US-Aufklärungsflugzeug abgeschossen wurden. Nach einer Woche erklärte Chruschtschow sich bereit, die Raketen abzuziehen, wenn die USA Gleiches mit ihren in der Türkei täten.

Der Nahost-Konflikt

Angesichts des europäischen Antisemitismus waren bereits im 19. Jh. einige Zehntausend Juden nach Palästina ausgewandert. Richtig populär wurde die „Rückkehr ins Land der Väter" 1896 durch das Buch *Der Judenstaat* des österreichischen Journalisten Theodor Herzl. So war es kein Wunder, dass während der Nazidiktatur viele Flüchtlinge ihr Heil im Nahen Osten suchten. Doch damit tat sich ein neues politisches Problem auf.

Der Nahe Osten war bis zum Ende des Ersten Weltkriegs Teil des Osmanischen Reiches gewesen. Danach übertrug der Völkerbund den Libanon und Syrien den Franzosen als Mandatsgebiet, den Irak, Ägypten, Jordanien und Israel-Palästina den Briten. Im Gegensatz zu den Franzosen, die ihre Gebiete erst 1943 und 1946 in die Unabhängigkeit entließen, setzten die Briten arabische Monarchen ein. Der Irak und Jordanien wurden 1921 unter den Brüdern Faisal I. (1883–1933) und Abdullah I. (1882–1952) teilweise, später ganz selbstständig, Ägypten 1922 unter Fuad I. (1868–1936). Mit Israel-Palästina jedoch gab es ein Problem. 1915 hatten die Briten Abdullahs und Faisals Vater Hussein (1856–1931) als Gegenleistung für die militärische Unterstützung durch die Araber ein unabhängiges Palästina zugesagt. 1917 versprach Außenminister Arthur Balfour (1848–1930) den Juden eine „nationale Heimstätte". In den folgenden Jahren wanderten immer mehr Juden ein, die arabischen Großgrundbesitzern Land abkauften, auf dem aber meist Menschen lebten, die dann verjagt wurden. Bereits vor dem Zweiten Weltkrieg kam es zu mehreren arabischen Aufständen, worauf die Juden, die sich von den Briten nicht geschützt fühlten, Kampforganisationen gründeten.

Der Staat Israel

Während des Zweiten Weltkriegs gelang etwa 200.000 Juden die Flucht nach Palästina, obwohl die Briten eine Einwanderung zu verhindern suchten. Im November 1947 beschloss die UNO dann eine Teilung des Landes in ein jüdisches und ein arabisches Gebiet. Obwohl dieser Plan von den Arabern abgelehnt wurde, verließen die britischen Truppen am 14. Mai 1948 das Land. Unmittelbar darauf rief David Ben Gurion

David Ben Gurion

Terror im Westen

In den 1970er-Jahren gab es auch zahlreiche Terrorakte palästinensischer Gruppen im Westen, u. a. die Geiselnahme und Ermordung von elf israelischen Athleten und Trainern während der Olympischen Spiele in München 1972 durch die Gruppe „Schwarzer September". Die PFLP (Volksfront zur Befreiung Palästinas) entführte mehrere Flugzeuge, um Inhaftierte freizupressen, darunter 1977 die deutsche Maschine „Landshut".

(1886–1973) den Staat Israel aus. Noch in der Nacht griffen – wie erwartet – die arabischen Staaten an. Der Krieg endete im Juli 1949 mit einem Sieg Israels. Im Rahmen dieses Krieges flohen rund 700.000 palästinensische Araber in die arabischen Länder, wo sie größtenteils heute noch als Flüchtlinge leben, und etwa 600.000 arabische Juden nach Israel.

Die Nahost-Kriege

1967 kam es zu massiven Drohgebärden der arabischen Länder, vor allem durch eine ägyptische Truppenkonzentration auf dem Sinai. Israel griff am 5. Juni an und eroberte innerhalb von sechs Tagen den Sinai, den Gazastreifen, das Westjordanland und die Golanhöhen. 1973 schlugen Ägypten und Syrien am jüdischen Feiertag Jom Kippur zurück. Der Krieg wurde jedoch auf Druck der USA beendet. Die arabischen Staaten reagierten daraufhin mit einem Ölembargo und lösten eine Energiekrise im Westen aus. 1978 erzwangen die USA in Camp David die Rückgabe des Sinai an Ägypten und im Gegenzug die Anerkennung Israels durch Ägypten.

Camp David I: Friedensabkommen zwischen Anwar as-Sadat (Ägypten) und Menachem Begin (Israel) unter der Vermittlung von Jimmy Carter

Unterdessen kämpften auch mehrere Guerilla-Organisationen, vor allem die 1964 gegründete PLO, für eine Befreiung Palästinas. Da die PLO in Jordanien jedoch begann, einen Staat im Staat zu bilden, wurde sie 1970 dort vertrieben und siedelte in den Libanon über, wo sie 1975 mitbeteiligt am Ausbruch des Bürgerkriegs war. 1982 griff Israel in den Libanonkrieg ein, worauf die PLO-Führung nach Tunesien floh. Bereits 1974 aber hatten die UN, die weiter auf eine Umsetzung der Teilungsresolution von 1947 hinarbeiteten, die PLO als Vertretung der Palästinenser anerkannt. Seit 1993 haben einige Gebiete Autonomiestatus und unterstehen einer palästinensischen Autonomiebehörde. ■

Weltmacht China

Mao Tse-tung

Mit seiner Einmischung in den Koreakrieg 1951, die die UNO-Truppen den Sieg kostete, und dem Bau einer chinesischen Atombombe 1964 machte Mao China zur militärischen Großmacht und erreichte 1971 sogar die Aufnahme in die UNO anstelle der Republik China. Seine innenpolitischen Kampagnen dagegen kosteten zwischen 35 und 70 Millionen Menschen das Leben. Erst durch die Hinwendung seines Nachfolgers Deng Xiaoping zum Kapitalismus, begannen sich auch die wirtschaftlichen Kräfte des Großreichs zu entfalten – allerdings um den Preis teils katastrophaler Arbeitsbedingungen und einer gewaltigen Umweltzerstörung.

1958 rief der chinesische Staatschef Mao Tse-tung (1893–1976) zum „Großen Sprung nach vorn“ auf. Er wollte innerhalb von 15 Jahren die Stahlproduktion von Großbritannien übertreffen und sich aus der Abhängigkeit von der Sowjetunion lösen, der er wegen ihrer Abkehr vom Stalinismus zu misstrauen begann. Wie Stalin in den 1930er-Jahren beschaffte er sich die finanziellen Mittel durch eine rücksichtlose Ausbeutung der Landwirtschaft. Historiker schätzen, dass während des „Großen Sprungs“ 20 bis 40 Millionen Chinesen verhungerten, während Mao gleichzeitig Getreide ins Ausland verkaufte. Den Stahl ließ er vor allem in vielen Hinterhofbetrieben fertigen, weshalb er schlechte Qualität hatte. Zudem wurde die angestrebte Menge nicht erreicht. 1961 wurde der „Große Sprung“ deshalb beendet.

Die Kulturrevolution

Ein Grund für den missglückten „Sprung“ lag auch darin, dass Mao die Fachleute fehlten. 1956 hatte er sie unter dem Motto „Lasst hundert Blumen blühen“ erst zu konstruktiver Kritik aufgefordert und dann als „Rechtsabweichler“ verfolgen lassen. Dazu hatte er auch selbst keine Ahnung von Wirtschaftspolitik. Nach dem „Großen Sprung“ sorgten pragmatischere Spitzen der Kommunistischen Partei für eine wirtschaftliche Erholung. Mao sah sowohl seinen Ein-

Tibet

Während seiner frühen Geschichte war Tibet teils selbstständig gewesen, teils gehörte es zu mongolischen oder chinesischen Reichen. 1904 wurde es von den Briten besetzt. 1907 billigten Großbritannien und Russland, die den Einfluss der jeweils anderen Seite verhindern wollten, eine chinesische Oberherrschaft. Doch schon 1912 vertrieben die Tibeter die Chinesen. 1951 eroberten wiederum die Chinesen Tibet. Während der Kulturrevolution wurden fast alle Tempel zerstört und Hunderttausende von Mönchen und Nonnen gelyncht.

Potalapalast in Lhasa, Hauptstadt von Tibet

fluss schwinden als auch den wahren sozialistischen Weg gefährdet und rief zur Revolution gegen alte Bräuche und Denkmuster auf. Dabei stützte er sich auf die schon gegen die „Rechtsabweichler" eingesetzte Jugendorganisation der Roten Garden, die gegen alles vorging, was als Feind der „klassenlosen Gesellschaft" betrachtet wurde, von Kulturgütern über örtliche Honoratioren bis hin zu den eigenen Eltern und Lehrern. Meist wurden die Opfer öffentlichkeitswirksam gequält, viele zur „Umerziehung" aufs Land geschickt, aber auch gelyncht. Im Rahmen dieser Ausschreitungen beseitigte Mao auch seine parteiinternen Feinde. Allerdings formierten sich Gegenbewegungen zu den Roten Garden, sodass 1969 Bürgerkrieg herrschte. Diesen ließ die KP schließlich durch die Armee niederschlagen, löste die Roten Garden auf und schickte auch sie zur „Umerziehung".

Deng Xiaoping

Einer von Maos früheren Parteigängern, der während der Kulturrevolution verbannt wurde, war Deng Xiaoping (1904–97). Er wurde jedoch später zurückgeholt, nach Maos Tod rehabilitiert und wieder zum stellvertretenden Parteisekretär gemacht. In der Folge festigte er seine Stellung, entmachtete 1980 den Premierminister und sorgte für die Wahl eines seiner Gefolgsleute. Er trieb wirtschaftliche Reformen voran, die Stück für Stück kapitalistischer wurden, wie Privatisierungen oder die Freigabe von staatlich festgesetzten Preisen. Protest kämpfte er brutal nieder, wie 1989 den der Studenten auf dem Platz des Himmlischen Friedens. Da Deng nur indirekt regiert hatte, wurde sein Kurs nach seinem Tod fortgesetzt. Heute wird China zwar immer noch von der Kommunistischen Partei regiert, hat aber ein kapitalistisches Wirtschaftssystem. ■

Die Diktaturen in Lateinamerika

Die ehemaligen spanischen Kolonien in Süd- und Mittelamerika hatten schon zu Beginn des 19. Jh. ihre Unabhängigkeit erlangt. Doch in den wenigsten war es gelungen, eine stabile politische Ordnung herzustellen. Einige Länder haben bis heute über 200 Regierungen und über 100 Putsche in ihrer Geschichte zu verzeichnen.

Stürzte Salvador Allende und errichtete eine Militärdiktatur in Chile: Augusto Pinochet

Die spanischen Kolonialherren waren durch Militärführer gestürzt worden, und so blieb meist auch nach der Unabhängigkeit die Macht in den Händen der Militärs. Außerdem gab es keine klaren Grenzen, sodass es zu einer Vielzahl von Kriegen kam. Besonders hart traf es Paraguay. Zwischen 1864 und 1870 starben fast 95 Prozent der Männer und 60 Prozent der Frauen. Außerdem fiel die Hälfte des Territoriums an Argentinien und Brasilien. Das zweite, noch größere Problem war die Dominanz weniger reicher Großgrundbesitzer über die weitgehend land- und rechtlosen Massen. Das galt sowohl für Länder, die ihre indianische Bevölkerung nahezu ausrotteten, wie Chile und Argentinien, wie auch für die anderen.

Die „Bananenrepubliken"

Ein drittes Problem war die Einmischung des Auslands. Im 20. Jh. unterstützten die USA eine Vielzahl rechter Diktaturen und Guerillabewegungen gegen linke Gruppen und Regierungen, weil man einen kommunistischen Umsturz, aber auch ganz konkret die Enteignung von US-Firmen befürchtete. Eine besonders unrühmliche Rolle spielte dabei die United Fruit Company, die in vielen Ländern das Bananenmonopol besaß, ihre Arbeiter ausbeutete und für diverse Unruhen und sogar Umstürze mitverantwortlich war. In Guatemala z.B. wurde 1954 eine sozialistische Regierung, die Landreformen ankündigte, mithilfe der USA gestürzt. Es folgte ein Bürgerkrieg, der bis 1986 dauerte. In El Salvador ermordete eine US-gestützte Diktatur den Priester Oscar Romero (1917–80), was zu einem Bürgerkrieg bis 1991 führte.

Verschwundene und Folteropfer

Die wohl schlimmsten Diktaturen gab es in Argentinien, Chile und Paraguay. Dort wurden Hunderttausende von Oppositionellen inhaftiert und gefoltert, außerdem gibt es Zehntausende von Verschwundenen und einige Tausend Todesopfer. In Argentinien putschten 1955 Großgrundbesitzer gegen den populistischen Reformer Juan Perón (1895–74). Erst nach dem verlorenen Falklandkrieg 1982 setzte wieder eine Demokratisierung ein. In Paraguay regierte Alfredo Stroessner (1912–2006) von 1954 bis 1989. In Chile wurde 1970 der sozialistische Präsident Salvador Allende (1908–73) von seinem Heerführer Augusto Pinochet (1915–2006) gestürzt. Allende hatte amerikanische Kupferbetriebe verstaatlicht, worauf die USA mit Wirtschaftssanktionen reagierten, die das Land in den Ruin trieben. Pinochet dagegen wurde mit Wirtschaftshilfen unterstützt. 1988 stellte er sich einer Volksabstimmung, die er verlor.

Nicaragua

In Nicaragua stürzten 1977 die Sandinisten die Diktatorenfamilie Somoza, die das Land seit 1927 ausgebeutet hatte. Das westliche Ausland erkannte sie jedoch nicht an. Auch hier verhängten die USA eine Wirtschaftsblockade und finanzierten die Contra-Rebellen mit Geldern aus geheimen Waffenverkäufen an den Iran (Iran-Contra-Affäre), wofür sie 1982 sogar vom Internationalen Gerichtshof in Den Haag verurteilt wurden. Dagegen strömten viele „Achtundsechziger“ als Aufbauhelfer in das Land oder vertrieben wenigstens fair gehandelten Nicaragua-Kaffee, um die Regierung zu stützen. Doch 1990 wurde diese wegen der schlechten wirtschaftlichen Lage abgewählt. Der ehemaligen Verbündeten der Sandinisten, Violeta Chamorro (geb. 1929) gelangen ein Wiederaufbau und eine nationale Versöhnung, aber nicht die Beseitigung der Massenarmut. ■

Che Guevara

Ernesto „Che“ Guevara

Die Revolutionsikone der 68er-Bewegung, Ernesto Guevara (1928–67), stammte aus dem liberalen argentinischen Großbürgertum. Eine Reise durch die ländlichen Gebiete Lateinamerikas 1952 und der Putsch 1954 in Guatemala machten ihn zum linken Befreiungskämpfer. Er nahm 1956 an der Revolution in Kuba teil und wurde Industrieminister, ruinierte aber durch missglückte Planwirtschaft fast die Zuckerindustrie. 1956 versuchte er, Rebellen im Kongo zu unterstützen, 1957 auch in Bolivien, wo er erschossen wurde.

Der Vietnamkrieg und die Protestbewegung

Am 2. März 1965 entschlossen sich die USA, in den Bürgerkrieg in Vietnam einzugreifen, um einen Sieg der Kommunisten zu verhindern. Der Krieg wurde zum größten Debakel der US-amerikanischen Nachkriegsgeschichte und löste eine Protestbewegung in allen westlichen Ländern aus.

1940 hatten die Japaner die französische Kolonie Vietnam besetzt. Nach ihrer Kapitulation 1945 übernahmen die Kommunisten unter Ho Chi Minh (1890–1969) im Norden die Macht. Im Indochina-Krieg versuchte Frankreich – gedrängt und unterstützt von den USA – vergeblich, seinen Status wiederherzustellen. 1954 wurde das Land in einen kommunistischen Norden und einen prowestlichen Staat im Süden geteilt. Dort errichtete Ngo Dinh Diem (1901–63) eine Diktatur, die die USA lange stützten. Nach seinem Sturz 1963 brach ein Bürgerkrieg aus, in dem die kommunistische Guerilla-Organisation FNL (oder Vietcong) zunehmend Boden gewann.

US-Soldaten in Vietnam

Der Krieg im Dschungel

US-Präsident Lyndon B. Johnson (1908–73) begann 1965 mit Luftangriffen auf Vietcong-Stellungen, die jedoch wenig Wirkung hatten, da die Kommunisten sich eingruben. Auch zunehmend mehr Bodentruppen konnten keine nennenswerten Erfolge erzielen. Im Januar 1968 nahmen die Kommunisten mit der Tet-Offensive sogar kurzzeitig fast den gesamten Süden ein. In der Folge weiteten die Amerikaner den Krieg auf die Nachbarländer Kambodscha und Laos aus, um dort Versorgungswege nach Nordvietnam zu zerstören. Das führte dazu, dass die maoistischen Roten Khmer in Kambodscha die Bevölkerung auf ihre Seite ziehen und einen Bürgerkrieg mit anschließendem Terrorregime auslösen konnten, der knapp zwei Millionen Menschen das Leben kostete. Aus Vietnam zogen sich die Amerikaner im Januar 1973 zurück. Zwei Jahre später eroberten die Nordvietnamesen den Süden. Der Krieg hatte knapp 60.000 US-Soldaten und 1,5 bis vier Millionen Vietnamesen das Leben gekostet. Die USA setzten 15 Millionen Tonnen Sprengstoff, Napalm und das Entlaubungsmittel Agent Orange ein, unter dessen Spätfolgen heute noch eine Million Menschen leiden. Ihre Soldaten aber waren vom Dschungelkrieg letztendlich völlig überfordert und konnten oft nicht zwischen Freund und Feind, Soldaten und Zivilisten unterscheiden. Im Nachbarland Kambodscha wurden die Roten Khmer 1979 von vietnamesischen Truppen in den Untergrund gedrängt, aber der Bürgerkrieg wurde erst 1992 unter UNO-Aufsicht beendet.

Martin Luther King

Vorbild für die großen Friedensmärsche von 1967/68 waren die Protestmärsche der schwarzen Bürgerrechtsbewegung, vor allem der Marsch von 250.000 Menschen 1963 nach Washington, wo Martin Luther King (1929–68) seine berühmte Rede *I have a dream* hielt. King war 1955 mit einem Massenboykott gegen Buslinien zum Vorkämpfer gegen die Rassentrennung geworden. 1964 wurde die Rassentrennung aufgehoben, und King erhielt den Friedensnobelpreis.

Hippies und 68er

Die USA betrieben anfangs eine offene Informationspolitik, sodass die hohen Opferzahlen, aber auch die Grausamkeiten der amerikanischen Soldaten in der Öffentlichkeit bekannt wurden. Ausgehend von den Universitäten, wo Bürgerrechtsbewegung und Hippiekultur schon seit einigen Jahren Fuß gefasst hatten, kam es 1967 zu Massenprotesten gegen den Krieg, an denen Hunderttausende teilnahmen. Diese Proteste machten wiederum die Hippiekultur zur Massenbewegung und brachten Konsumkritik, sexuelle Freizügigkeit, asiatische Religionen und Marihuana in Mode.

Dies griff auf ganz Europa über, am stärksten auf Paris, wo es im Mai 1968 Barrikadenkämpfe gab. In Deutschland wurden vor allem die Studenten aktiv, die gleichzeitig gegen reaktionäre Studieninhalte und die unaufgearbeitete Nazi-Vergangenheit ihrer Eltern protestierten. Da seit 1966 eine große Koalition regierte, sahen sie sich auch als Außerparlamentarische Opposition. Der Tod von Benno Ohnesorg (1940–67), der auf einer Anti-Schah-Demonstration von der Polizei erschossen wurde, und das Attentat auf Studentenführer Rudi Dutschke (1940–79), radikalisierten viele. Letztlich ging die RAF (Rote Armee Fraktion), die in den 1970er-Jahren zahlreiche Politiker und Wirtschaftsführer ermordete, aus Splittergruppen der 68er-Bewegung hervor. ■

Wettrüsten und Rüstungskontrolle

Die Raketen, die 1962 die Kubakrise auslösten, waren atomare Mittelstreckenraketen, die bis zu 2400 Kilometer weit fliegen konnten. Damit hätten die amerikanischen Raketen in der Türkei Moskau treffen können, die sowjetischen auf Kuba Washington. Die ganze Politik der beiden Supermächte war darauf ausgelegt, der anderen Seite ja keinen militärischen und strategischen Vorteil zu gönnen. Doch mit der Zeit stieß der Rüstungswettlauf auf immer mehr Unverständnis bei der Bevölkerung.

Bereits während des Zweiten Weltkriegs hatte es ein „Rennen" um die Atombombe gegeben. Immerhin war 1938 in Deutschland die erste Kernspaltung gelungen, und die Alliierten befürchteten, Hitler könne durch eine Atomwaffe unbesiegbar werden. Die Abwürfe über Hiroshima und Nagasaki mit etwa 200.000 Toten offenbarten die schreckliche Potenz der Atomkraft. Einige der westlichen „Atomspione", die der Sowjetunion halfen, eine Atombombe zu bauen, taten dies mit der Motivation, ein militärisches Gleichgewicht herzustellen. In der Folge drehte sich die Rüstungsspirale sehr schnell. Schließlich waren die Atommächte so hochgerüstet, dass sie den Gegner mehrmals komplett hätten vernichten können (Overkill).

Atompilz

Der Atomwaffensperrvertrag

Die Kubakrise führte erstmals vor Augen, dass kleinere Zwischenfälle, ja sogar Missverständnisse die Katastrophe auslösen konnten. Zwei Jahre später drehte Stanley Kubrick (1928–99) mit *Dr. Seltsam oder Wie ich lernte, die Bombe zu lieben* eine böse Parodie, in der es US-Amerikanern und Sowjets nicht gelingt, gemeinsam das einmal gestartete atomare Szenario aufzuhalten. Im Atomwaffensperrvertrag von 1968 verpflichteten sich die Atommächte USA, UdSSR, Großbritannien, Frankreich und China dann, ihr militärisches Know-how wenigstens nicht weiterzugeben und Wege zur Abrüstung zu suchen. Die anderen Unter-

Unterzeichnung der Salt-II-Verträge nach den Gesprächen zur Rüstungsbegrenzung 1969 – 1979

zeichnerstaaten (derzeit 184) verpflichteten sich zum Verzicht auf nukleare Waffen und zur Kontrolle ihrer zivilen Kernnutzung durch die Internationale Atomenergieorganisation der UNO (IAEO). Allerdings traten nicht alle Staaten bei. Indien, Pakistan, Nordkorea und vermutlich auch Israel bauten eigene Bomben. Die Atommächte wiederum rüsteten nicht entscheidend ab. In ab 1969 stattfindenden Gesprächen einigten sich USA und Sowjetunion zwar auf einige Begrenzungen, z.B. bei den Langstreckenraketen, rüsteten jedoch im Bereich der Mittelstreckenraketen weiter auf.

Friedliche Koexistenz

Dieses Schlagwort hatte schon Nikita Chruschtschow, von 1953 bis 1964 sowjetischer Staatschef, ausgegeben. Anfang der 1970er-Jahre erkannte die BRD die Nachkriegsgrenzen an und erreichte dafür einige humanitäre Verbesserungen zwischen den beiden deutschen Staaten. 1973 fand auf Initiative des Warschauer Paktes in Helsinki eine „Konferenz für Sicherheit und Zusammenarbeit in Europa" (KSZE) statt, die ebenfalls den Status quo anerkannte und Zusammenarbeit in Wirtschaft, Wissenschaft, Umweltschutz und auf humanitärem Gebiet beschloss.

Der NATO-Doppelbeschluss

1979 glaubten die NATO-Staaten, den neuen sowjetischen SS-20-Mittelstreckenraketen etwas entgegensetzen zu müssen. Sie boten dem Warschauer Pakt jedoch Verhandlungen über eine beidseitige Reduktion an. Die Verhandlungen scheiterten aber schon im Vorfeld am Einmarsch der Sowjetunion in Afghanistan und dem Regierungswechsel in Washington, wo Ronald Reagan (1911–2004) zum neuen Präsidenten gewählt worden war. In Deutschland zerbrach die sozialliberale Koalition unter anderem an der Nachrüstungsfrage, und erst der neue schwarz-gelb dominierte Bundestag stimmte 1983 der Stationierung der Pershing-II-Raketen in Deutschland zu. Doch große Teile der Bevölkerung betrachteten das Wettrüsten mittlerweile als „atomaren Irrsinn". Allein in einer Aktionswoche im Oktober 1983 protestierten in Deutschland etwa 1,5 Millionen Menschen. Auch der Protest gegen die friedliche Nutzung der Kernkraft wurde vehementer, erst recht, nachdem am 26. April 1986 das Atomkraftwerk im ukrainischen Tschernobyl explodierte. 1987 einigten sich USA und Sowjetunion im INF-Vertrag darauf, Kurz- und Mittelstreckenraketen, darunter SS 20 und Pershing II, innerhalb von drei Jahren zu verschrotten. ■

Pershing-Rakete

Der Iran und Khomeini

1980 schockte der schiitische Geistliche Ayatollah Khomeini die westliche Welt, indem er im Iran einen islamischen Gottesstaat etablierte. Vorausgegangen war eine Öffnung des Landes nach Westen durch die persischen Schahs, von der die großen Massen des Volkes wenig hatten. Als 1925 der frühere Minister Reza Pahlevi neuer Schah geworden war, verschärfte sich die Kluft.

Reza Pahlevi (1878–1944) verordnete der Gesellschaft eine Zwangsverwestlichung, zu der z.B. das Verbot traditioneller Kleidung gehörte. Außerdem sympathisierte er mit den faschistischen Ländern Deutschland und Italien. 1935 taufte er Persien in Iran (Land der Arier) um, wobei Persisch – im Gegensatz zu Deutsch – jedoch tatsächlich eine arische Sprache ist. Im Zweiten Weltkrieg blieb er neutral. Trotzdem besetzten Großbritannien und Russland das Land wegen seiner Erdölreserven. Sie zwangen Reza Pahlevi zugunsten seines Sohnes Mohammad (1919–80) abzudanken.

Schah Mohammad Reza Pahlevi

Der Weg zur Revolution

1949 kam es zum Streit um die Anglo-Iranian Oil Company (AIOC). Das Unternehmen war enorm profitabel, aber der Iran hatte wenig davon. Als die Briten Vertragsänderungen blockierten, beschloss der iranische Premierminister Mohammad Mossadegh (1882–1967) 1951 die Verstaatlichung. Großbritannien reagierte mit einem Embargo, das dem Iran große wirtschaftliche Probleme brachte. Trotzdem war Mossadegh, der auch die Rechte des Schahs beschnitt und eine Landreform durchführte, sowohl bei Intellektuellen als auch bei Nationalisten, islamistischen Fundamentalisten und Sozialisten enorm populär. Letzteres schürte die Ängste der USA vor einem sowjetischen Einfluss auf die wichtigen Ölländer. Die CIA ließ Mossadegh verhaften und installierte eine monarchistische Regierung. Außerdem setzte Washington durch, dass der Iran künftig die Hälfte der Öleinnahmen bekam. Das Konzept ging jedoch nicht auf, da der Schah ein

Die OPEC

Zu große Fördermengen, die die Preise verfallen ließen, und dazu der dominierende Einfluss der westlichen Mineralölkonzerne führten 1960 dazu, dass sich Saudi-Arabien, der Iran, der Irak, Kuwait und Venezuela zur Organisation Erdöl exportierender Länder (OPEC) zusammenschlossen, eine Verstaatlichung der Produktion einleiteten und Förderquoten festlegten, um stabile Preise zu erzielen. Anders als heute agierte die OPEC in den 1970er-Jahren auch politisch. Heute fördern die elf OPEC-Mitglieder etwa 40 Prozent des Rohöls, verfügen aber über 65 – 75 Prozent der weltweiten Reserven.

brutales Regime errichtete und die Ölgewinne nur einer reichen Elite zugute kamen.

1977 wurde der Demokrat Jimmy Carter (geb. 1924) neuer US-Präsident und begann, vom Schah abzurücken. Parallel dazu formierte sich eine sehr heterogene Opposition aus Intellektuellen, schiitischen Fundamentalisten und marxistischen Volksmudschaheddin. Der Schah versuchte ein paar halbherzige Reformen, die jedoch die Unruhen nur noch größer werden ließen. Daraufhin setzte er sich am 16. Januar 1979 ab.

Drohgebärden gegen den Westen

Am 1. Februar kam der 1964 verbannte Schiitenführer Ruhollah Khomeini (um 1907–89) aus dem Exil zurück und konnte den Großteil der Iraner und die Armee auf seine Seite bringen. Nach einem Volksentscheid am 31. März gründete er die Islamische Republik, in der das islamische Gesetz Scharia gilt und ein Geistlicher – bis zu seinem Tod Khomeini selbst – als „Oberster Rechtsgelehrter" die höchste Machtposition einnimmt. Nach und nach schaltete er jegliche Opposition aus und setzte eine strenge Islamisierung des ganzen Lebens durch.

Am 4. November 1980 besetzten iranische Studenten die US-amerikanische Botschaft, nahmen 66 Personen als Geiseln und forderten eine Auslieferung des Schahs sowie eine Erklärung der USA, sich künftig nie mehr im Iran einzumischen. Erst nach über einem Jahr und nachdem der Irak gegen den Iran den ersten Golfkrieg eröffnet hatte, kamen die Geiseln frei. Nach Khomeinis Tod wurde sein Schüler Seyyed Ali Chamenei (geb. 1939) oberster Revolutionsführer. Seit 2005 wird die Außenpolitik allerdings durch den neuen Präsidenten Mahmud Achmadinedschad (geb. 1956) mit seinen antiisraelischen Äußerungen und seinem Atomprogramm bestimmt.

Ruhollah Khomeini, Plakat

Die Golfkriege

In und um den persischen Golf finden sich die größten Ölfelder der Welt. Öl war jedoch nicht der einzige Grund für den ersten Golfkrieg, der 1980 ausbrach. Es war auch der Krieg des eher unreligiösen Saddam Hussein, der eine Hegemonie über die arabische Welt erringen wollte, gegen den fanatischen Schiiten Ayatollah Khomeini, der vorhatte, seinen Gottesstaat in allen islamischen Ländern zur verwirklichen.

Der Irak war nach dem Ersten Weltkrieg aus den Trümmern des Osmanischen Reiches gebildet worden. Obwohl das Land 1923 selbstständig wurde, war der Einfluss der Briten noch groß und bei der Bevölkerung verhasst. 1958 wurde die Königsfamilie von Offizieren gestürzt. 1968 putschte sich die Baath-Partei an die Macht. Ahmad Hasan al-Bakr (1914–82) verstaatlichte die Ölgesellschaften, die dafür allerdings Kompensationen erhielten, und sorgte für einen Wirtschaftsboom. Seine Regierung wurde jedoch zunehmend autoritärer, nicht zuletzt durch seinen Stellvertreter Saddam Hussein (1937–2006), der 1979 neuer Regierungschef wurde und sofort mit einer Säuberung der Baath-Partei begann. Am 22. September 1980 griff er den Iran mit dem Ziel an, die ölreichen Provinzen am Persischen Golf zu erobern.

Saddam Hussein

Der erste Golfkrieg

Der Krieg zog sich bis 1988 hin, führte zu keinen territorialen Veränderungen, kostete aber bis zu einer Million Menschen das Leben. Anfangs hatte der Irak Erfolge, doch der vermeintlich durch die Revolution geschwächte Iran konnte zunehmend dagegenhalten. Ab 1982 war der Iran in der Offensive, ignorierte Friedensangebote des Irak und versuchte, Saddams Regierung zu stürzen. Der neue US-Präsident Ronald Reagan (1911–2004), der einen Sieg des Ayatollah-Regimes fürchtete, leistete nun Militärhilfe für Saddam Hussein, obwohl dieser gezielt iranische Städte mit Raketen angriff und damit vor allem Zivilisten tötete, Giftgas einsetzte, sogar gegen die eigene kurdische Bevölkerung, und auch neutrale Tanker zerstörte. Aber auch aus europäischen Staaten erhielt Saddam Hussein Waffen und militärtechnisches Know-how, z. B. deutsche Hilfe bei der Produktion von Giftgas.

Der zweite Golfkrieg

Am 2. August 1990 besetzten Saddams Truppen Kuwait mit der Behauptung, der Staat würde illegal irakische Ölfelder anzapfen, und erklärten das Land zur irakischen Provinz. Vermutlich ging es aber eher darum, Kuwait und andere arabische Staaten zu einem Verzicht auf die Rückzahlung der Kriegskredite zu bewegen, die sie Saddam im ersten Golfkrieg gewährt hatten. Die UN verurteilten die Aktion umgehend, Gleiches tat am 10. August die Arabische Liga. Die USA schickten Militär an den Golf, um Saudi-Arabien zu schützen, und begannen ein internationales Bündnis zu schmieden. Saddam bot einen Rückzug an, falls gleichzeitig alle ausländischen Truppen den Nahen Osten und Israel die Palästinenser-Gebiete räumen würden. Während dieser Verhandlungen ließ er die bei der Invasion genommenen ausländischen Geiseln frei. Unterdessen verbreitete eine US-amerikanische PR-Agentur erfundene Gräueltaten der irakischen Soldaten in Kuwait. Am 12. Januar 1991 begannen die Alliierten einen massiven Luftangriff, der die militärische und zivile Infrastruktur des Irak weitgehend zerstörte. Darauf kam es vom 29. Januar bis zum 27. Februar 1991 zum Bodenkrieg. Unterdessen erhoben sich die Kurden und Schiiten im Irak, im Vertrauen darauf, dass die Koalition Saddam Hussein stürzen würde. Da diese sich aber mit einem Rückzug aus Kuwait und einer künftigen Überwachung irakischer Waffenprogramme begnügte, wurden die Aufständischen Opfer von Saddams Vergeltungsaktionen. Außerdem führte der Krieg zu einer beträchtlichen Vergiftung der Umwelt, da Hunderte von Ölquellen in Brand geschossen wurden und die USA Munition mit angereichertem Uran benutzten. ■

Die Baath-Partei

Die Partei des Saddam Hussein war 1940 von christlichen und muslimischen Syrern gegründet worden und heißt mit vollem Namen „Arabische Sozialistische Partei der Wiedererweckung". Ihr Ziel war eine Vereinigung von ganz Arabien. 1961 putschte sie aber gegen eine seit 1958 bestehende Koalition Syriens mit Ägypten, da ihr Ägypten zu dominant war. 1963 übernahmen Baath-Politiker in Syrien die Macht, verfeindeten sich aber mit der irakischen Baath-Partei.

Brennende Ölfelder in Kuwait

Die Wiedervereinigung Europas

1985 wurde Michail Gorbatschow neuer Regierungschef der Sowjetunion und begann unter dem Schlagwort Perestroika (Umgestaltung) einen Strukturwandel und propagierte mit Glasnost (Transparenz) die Meinungsfreiheit. 1988 verkündete er, dass sich die Sowjetunion künftig nicht mehr in die inneren Angelegenheiten der Warschauer-Pakt-Staaten einmischen werde. In Polen und Ungarn nahm man ihn prompt beim Wort. Doch dass am Ende die vollkommene Auflösung des Ostblocks stehen würde, glaubte damals noch kaum einer.

Solidarność. Mitglieder feiern Lech Walesa

In Polen standen die Massen – trotz Verfolgung und Verhängung des Kriegszustandes – seit 1980 hinter der unabhängigen Gewerkschaft Solidarność. Auch zwei Besuche des polnischen Papstes Johannes Paul II. (1920–2005) waren zum Triumph für die Opposition geworden. 1988 nahmen die Reformer innerhalb der Regierung deshalb Gespräche mit der Opposition auf, am 6. Februar 1989 traf man sich am runden Tisch und vereinbarte Reformen. Halbfreie Wahlen am 4. Juni bescherten der Solidarność 99 von 100 Sitzen im Senat und das ihr maximal zugestandene Drittel im Parlament. Zusammen mit den Blockparteien wählten sie am 25. August den Solidarność-Journalisten Tadeusz Mazowiecki (geb. 1927) zum Ministerpräsidenten und am 9. Dezember 1990 Solidarność-Führer Lech Walesa (geb. 1943) zum Staatspräsidenten.

Flucht nach Ungarn

In Ungarn leiteten Ministerpräsident Miklós Németh (geb. 1948) und sein Außenminister Gyula Horn (geb. 1932) Reformen ein, begannen im Mai 1989 mit dem Abbau der Überwachungsanlagen an der Grenze zu Österreich und erlaubten am 19. August 1989 für ein „Paneuropäisches Picknick" der Friedensbewegung für drei Stunden die Öffnung des „Eisernen Vorhangs". Bereits vorher waren Hunderte von DDR-Bürgern nach Ungarn geflohen und gelangten nun in den Westen.

Parallel dazu flüchteten andere in die BRD-Botschaften in Prag, Warschau und Budapest. Die Ungarn-Flüchtlinge durften im August, die anderen nach langen Verhandlungen des westdeutschen Außenministers Hans-Dietrich Genscher (geb. 1927) am 30. September ausreisen.

Der Fall der Mauer

Im Gegensatz zu den Regierungen Polens und Ungarns hatte DDR-Regierungschef Erich Honecker (1912–94) auf den Gorbatschow-Kurs mit Abwehr reagiert. Dies führte ab dem 4. September in Leipzig und in der Folge auch in anderen Städten jeden Montag zu großen Demonstrationen. Parallel dazu entstanden Bürgerbewegungen wie „Neues Forum" und „Demokratie jetzt". Durch Polizeigewalt ließen sich die Demonstrationen nicht stoppen, und vor einem Einsatz der Armee scheute die DDR-Führung dann doch zurück. Nachdem er auch noch von Michail Gorbatschow (geb. 1931) anlässlich des 40. Jahrestages der DDR (7. Oktober) gerügt worden war, übergab Honecker am 18. Oktober seine Ämter an Egon Krenz (geb. 1937), der Reformen versprach. Am 9. November verkündete Politbüromitglied Günter Schabowski (geb. 1929) im Fernsehen eine sofortige Reisefreiheit, was in der Nacht zu einem Ansturm auf die Berliner Grenzübergänge und schließlich zu einer Öffnung führte.

Fall der Mauer

Der Tod Ceauşescus

Nachdem im November 1989 auch in der Tschechoslowakei und Bulgarien der Systemwechsel stattgefunden hatte, bekämpfte der rumänische Regierungschef Nicolae Ceauşescu die Opposition umso härter. Als er am 17. Dezember Demonstranten niederschießen ließ, brachen im ganzen Land Unruhen aus, während derer das Militär von Ceauşescu abfiel. Am 25. Dezember wurden der Diktator und seine Frau von Soldaten erschossen. Daraufhin gab auch die Geheimpolizei Securitate den Kampf auf.

Die Wiedervereinigung

Am 28. November 1989 präsentierte Bundeskanzler Helmut Kohl (geb. 1930) einen Zehn-Punkte-Plan zur Wiedervereinigung und begann im Februar 1990 Verhandlungen mit den Siegermächten des Zweiten Weltkriegs (Zwei-plus-vier-Gespräche). Im März fanden die ersten freien Wahlen in der DDR statt, bei der die Befürworter einer Wiedervereinigung eine deutliche Mehrheit errangen. Am 1. Juli 1990 trat die Währungs-, Wirtschafts- und Sozialunion in Kraft. Darauf gingen die DDR-Unternehmen, die Löhne nun in Westmark auszahlen mussten, reihenweise bankrott. Deshalb wurde der Vereinigungsprozess beschleunigt und am 3. Oktober vollzogen. ■

Die Auflösung der Sowjetunion

Michail Gorbatschow

Hinter der Wahl von Michail Gorbatschow zum neuen sowjetischen Regierungschef im Jahr 1985 stand eine jüngere Generation von Funktionären, die die Notwendigkeit sah, die alten, verkrusteten Strukturen des Landes zu reformieren. Vor allem war die wirtschaftliche Lage aufgrund nicht funktionierender Planwirtschaft, teils veralteter Technologien und der enormen militärischen Kosten katastrophal. Doch die neuen Freiheiten, die Gorbatschow gewährte, führten auch dazu, dass die einst in die Union gezwungenen Sowjetrepubliken aufbegehrten.

Bereits 1988 kam es im Baltikum zu großen Demonstrationen, bei denen vor allem das Singen der verbotenen Nationalhymnen eine Rolle spielte. Am 50. Jahrestag des Hitler-Stalin-Paktes (23. August 1989) demonstrierte eine Million Menschen in einer Kette von Tallinn bis Vilnius. Anfang 1990 fanden freie Wahlen zu den nationalen Parlamenten statt, nach denen sich die baltischen Länder für unabhängig erklärten, was Moskau aber weder anerkannte noch energisch bekämpfte. Michail Gorbatschow (geb. 1931) plante, die UdSSR in einen Bund innenpolitisch unabhängiger, außenpolitisch gemeinsam agierender Staaten umzuwandeln. Einen Tag vor der Unterzeichnung des Abkommens, am 19. August 1991, kam es zu einem Putsch konservativer Kräfte. Während Gorbatschow auf der Krim unter Hausarrest gehalten wurde, organisierte der russische Präsident Boris Jelzin (1931–2007) den Widerstand der Massen. Da auch das Militär den Putschisten nicht beistand, scheiterte das Unternehmen nach drei Tagen.

Die Gründung der GUS

Nach dem Putsch wurde die Unabhängigkeit der baltischen Staaten anerkannt. Mittlerweile war die wirtschaftliche Situation so schlecht, dass gerade die großen Sowjetrepubliken Russland, Ukraine und Weißrussland keine gemeinsame Zukunft der UdSSR mehr sahen. Am 8. Dezember traten sie aus der Sowjetunion aus und gründeten die Gemeinschaft Unabhängiger Staaten (GUS). Am 21. Dezember traten Armenien, Aserbaidschan,

Tschetschenien

Russische Panzer in Tschetschenien

Tschetschenien war eine „autonome" Teilrepublik der russischen Sowjetrepublik. Es erklärte sich 1991 für unabhängig, was aber nicht anerkannt wurde. Auf zunehmende Unruhen reagierte Russland 1994 mit Krieg. 1986 schloss Jelzin ein Friedensabkommen mit dem als gemäßigt geltenden Präsidenten Aslan Maschadow (1951–2005). Maschadow konnte den Einfluss radikaler Gruppen, darunter zunehmend ausländischer Islamisten, aber nicht eindämmen, weswegen Wladimir Putin (geb. 1952) 1999 den zweiten Tschetschenienkrieg begann. Der Krieg wird mit extremer Grausamkeit geführt und hat bislang zwischen 50.000 und 250.000 Zivilisten das Leben gekostet.

Kasachstan, Kirgisistan, Moldawien, Tadschikistan, Turkmenistan und Usbekistan bei, die ohne die Anbindung an Russland noch größere wirtschaftliche Probleme befürchteten. Vier Tage später wurde die Sowjetunion aufgelöst, und Gorbatschow trat zurück.

Die GUS hatte jedoch keine große Bedeutung. Die politische Macht lag nun in den Händen der Präsidenten der einzelnen Sowjetrepubliken, die teilweise bis heute andauernde Diktaturen oder doch stark autoritäre präsidiale Systeme errichteten.

Sezessionskriege und Revolutionen

Mit der Unabhängigkeit der Staaten traten aber auch interne Konflikte zutage. So kämpft die von Armeniern bewohnte Region Bergkarabach um ihre Unabhängigkeit von Aserbaidschan, die Gebiete Abchasien und Südossetien von Georgien und Transnistrien von Moldawien. Nach jahrelangen Bürgerkriegen herrscht aktuell Waffenstillstand, wobei die Gebiete mehr oder weniger autonom sind.

Daneben gab es mittlerweile in mehreren Ländern Revolutionen für eine Demokratisierung. In Georgien nötigten die Massen nach zweifelhaften Wahlen Präsident Eduard Schewardnadse (geb. 1928) in der „Rosenrevolution" zum Rücktritt, 2004 passierte Vergleichbares in der „Orangen Revolution" in der Ukraine. In Kirgisistan kam es 2005 nach einer irregulären Wahl zu Unruhen, die den bisherigen kommunistischen Präsidenten Askar Akajew (geb. 1944) zum Rücktritt zwangen. (Tulpenrevolution). Dabei hatten sowohl Schewardnadse wie Akajew einst als Hoffnungsträger gegolten.

Die Bürgerkriege in Afrika

Jean-Bédel Bokassa

Während der Kolonialzeit wurden in Schwarzafrika die traditionellen sozialen Strukturen großenteils zerstört und willkürliche Grenzen gezogen. Die Wirtschaft wurde oft ganz bewusst auf wenige Weltmarktprodukte wie Kakao oder Kaffee ausgerichtet. Zudem waren die ausbeuterischen und gewaltsamen Kolonialregime kein Vorbild für die nach der Unabhängigkeit plötzlich geforderte Demokratie.

Viele afrikanische Länder kennen seit der Unabhängigkeit nichts als ständige politische Unruhen. In anderen sorgten Diktatoren für eine schreckliche Stabilität. Die bekanntesten sind Idi Amin (1928–2003), der von 1971 bis 1979 in Uganda regierte, und Jean-Bédel Bokassa (1921–96), von 1966 bis 1979 erst Präsident, dann Kaiser der Zentralafrikanischen Republik. Beide lebten extrem prunkvoll und regierten ebenso grausam – und beide wurden als Exoffiziere der Kolonialarmeen zunächst vom Westen protegiert.

Die Kongokrisen

Patrice Lumumba (1925–61) dagegen, der 1958 die Wahlen im Kongo gewonnen hatte, wurde kommunistischer Sympathien verdächtigt, weshalb die frühere Kolonialmacht Belgien und die USA seine Gegner unterstützten, was ab 1965 zu einer 32-jährigen Diktatur durch Joseph Mobutu (1930–97) führte. Seit seiner Entmachtung herrscht Bürgerkrieg in der Demokratischen Republik Kongo. Er kostete bislang wohl vier Millionen Menschen das Leben und ist vor allem im Osten des Landes, wo „Warlords" die reichen Rohstoffquellen ausbeuten (und mit dem Westen Geschäfte machen), noch nicht beendet.

Erbe der Kolonialzeit

In der Sahel-Zone wurden arabisierte muslimische Nomadenkulturen im Norden und traditionell lebende Schwarzafrikaner im Süden von den Kolonialherren in Staaten zusammengefasst. Im Sudan herrschte deswegen von 1955 bis 1972 und von 1983 bis 2005 Bürgerkrieg, und seit 2003 terrorisieren muslimische Reitermilizen die östliche Provinz Darfur. Auch im Tschad gibt es einen noch immer schwelenden Bürgerkrieg zwischen Nord und Süd.

Im ehemaligen Deutsch-Ostafrika dagegen stützten sich die Kolonialherren auf die Angehörigen der Tutsi-Oberschicht, von denen viele nach der Unabhängigkeit Ruandas nach Uganda vertrieben wurden. 1990 versuchte die Tutsi-Organisation RPF, eine Rückkehr zu erzwingen. Ein Friedensvertrag von 1993 löste den Konflikt nicht, und 1994 eskalierte die Situation in Ruanda. Radikale Hutu töteten innerhalb von 100 Tagen etwa eine Million Tutsi und gemäßigte Hutu. Sie wurden schließlich von der RPF besiegt und flüchteten in den Kongo und nach Burundi, was dort zu Bürgerkriegen führte.

Kindersoldaten und Blutdiamanten

Liberia war 1821 von den USA als Heimat für befreite Sklaven gegründet worden. Dafür wurden die einheimischen Afrikaner unterdrückt. 1980 kam es zu einer Revolution, die in einen Bürgerkrieg mündete. Um sich zu finanzieren, unterstützte Warlord Charles Taylor (geb. 1948) die Rebellenorganisation RUF im Nachbarland Sierra Leone und eroberte mit dieser die Diamantengebiete. Dabei wurden besonders viele Kindersoldaten eingesetzt und systematische Verstümmelungen praktiziert. 2002 konnte der Krieg in Sierra Leone von außen (UNO, Großbritannien, afrikanische Friedenstruppen) beendet und ein Jahr später Taylor aus Liberia vertrieben werden.

In Somalia, wo seit 1991 Bürgerkrieg zwischen verschiedenen Clanführern herrscht, scheiterte dagegen der Versuch der UNO, von 1992 bis 1995 mit Blauhelmtruppen die Ernährung der Bevölkerung sicherzustellen und den Konflikt beizulegen. Dabei wurden im Oktober 1993 18 US-amerikanische Soldaten getötet und ihre Leichen durch die Straßen von Mogadischu geschleift. ■

Apartheid in Südafrika

In Südafrika errichtete Großbritannien nach der Eroberung der Kapkolonie (1795) und der Burenrepubliken (1899 – 1902) ein von Weißen regiertes Dominion, das 1931 selbstständig wurde. Als die Apartheid 1948 verschärft wurde, indem z. B. Nichtweiße die Staatsbürgerschaft verloren und nur in eng begrenzten Homelands und Townships wohnen durften, wurde das Land international geächtet. Erst 1990 leitete der neue Präsident Frederik Willem de Klerk (geb. 1936) ein Ende der Apartheid ein. 1994 wurde der 27 Jahre lang inhaftierte Widerstandskämpfer Nelson Mandela (geb. 1918) erster schwarzer Präsident Südafrikas.

Nelson Mandela und Frederik Willem de Klerk

Die Jugoslawienkriege

Während die meisten Europäer noch das Ende des Kalten Krieges feierten, brachen in Jugoslawien die schlimmsten Kämpfe auf europäischem Boden seit dem Ende des Zweiten Weltkriegs aus. Der Krieg zwischen den „Brudervölkern", die in Wahrheit nie Brüder gewesen waren, zerstörte das Land, insbesondere Bosnien, kostete 150.000 bis 250.000 Menschen das Leben und machte Millionen heimatlos.

Das erste Jugoslawien war 1918 gegründet worden. Es krankte jedoch von Anfang an daran, dass die Serben sich als Befreier der Slowenen und Kroaten vom „österreichisch-ungarischen Joch" sahen, während diese die politische und kulturelle Dominanz der Serben nicht akzeptieren wollten. Nach dem Zweiten Weltkrieg propagierte Staatschef Josef Broz Tito (1892–1980) den gemeinsamen Freiheitskampf aller jugoslawischen Partisanen, obwohl es in Wahrheit auch viele Nazi-Kollaborateure und Kämpfe der Partisanengruppen untereinander gegeben hatte. Zudem stabilisierte der Widerstand gegen Moskau den neuen Staat. Bereits nach Titos Tod verschärften sich die Gegensätze aber wieder.

Slowenien und Kroatien

Als die Serben unter Slobodan Milošević (1941–2006) nach den ersten demokratischen Wahlen im jugoslawischen Parlament nicht nur Reformen, sondern auch noch die verfassungsgemäße Ablösung von Milošević durch den kroatischen Präsidenten Stjepan Mesić (geb. 1934) blockierten, erklärten sich Slowenien und Kroatien am 25. Juni 1991 für unabhängig. Slowenien ergriff auch umgehend Verteidigungsmaßnahmen und konnte einen Angriff der jugoslawischen Armee am 27. Juni innerhalb weniger Tage abwehren. Den Slowenen kam aber zugute, dass Milošević und seine Verbündeten alle Kräfte auf Kroatien konzentrieren wollten. Dort hatten die Habsburger während der Türkenkriege gezielt Serben an der Grenze angesiedelt. Diese Krajina-Serben begannen nun, unterstützt von der jugoslawischen Armee, einen Krieg gegen Kroatien.

Josef Broz Tito

Slobodan Milošević

Der Kosovo

Der Kosovo hatte im Mittelalter zum serbischen Königreich gehört. Während der osmanischen Herrschaft hatten jedoch viele Serben die Gegend verlassen, während Albaner dorthin gezogen waren. Obwohl in Jugoslawien mehr Albaner als Montenegriner oder Mazedonier gelebt hatten, hatte man ihnen aber den Status einer Nationalität verweigert.

Gräuel in Bosnien

Unterdessen meldeten sowohl Kroaten wie Serben Ansprüche auf Teile Bosnien-Herzegowinas an, wo 44 Prozent muslimische Bosniaken, 31 Prozent Serben und 17 Prozent Kroaten lebten. In einem Referendum, das jedoch von den Serben boykottiert wurde, entschieden sich am 1. März 1992 zwei Drittel der Bevölkerung für die Unabhängigkeit. Die bosnischen Serben hatten jedoch schon zuvor eine serbische Republik ausgerufen. Es kam zu einem erbittert geführten Krieg, in dem vor allem Milizen und Söldner Massaker an der Zivilbevölkerung, ethnische Säuberungen ganzer Gebiete oder die systematische Vergewaltigung von Zehntausenden von Frauen und Mädchen begingen. Sarajewo wurde fast vier Jahre lang belagert. Nach dem Massaker an 7500 muslimischen Männern und Jungen durch serbische Freischärler in Srebrenica im Juli 1995 griff die NATO ein und bombardierte serbische Stellungen. Im November stimmten die Kriegsparteien dem Vertrag von Dayton zu, der Kroatien und Bosnien die Unabhängigkeit gewährte.

Ungeklärte Verhältnisse im Kosovo

Auch die serbische Provinz Kosovo hatte sich 1990 für unabhängig erklärt. 1996 begann die Befreiungsorganisation UÇK den bewaffneten Kampf, den Serbien mit aller Härte niederzuschlagen versuchte. Als sich im Herbst 1998 Anzeichen für eine gezielte Vertreibung aller Albaner aus dem Kosovo mehrten, stellte die UNO ein Ultimatum. Am 24. März begann die NATO mit Luftangriffen. Da sie dafür kein UN-Mandat hatte, wird der Krieg von vielen Seiten als völkerrechtswidrig angesehen. Die NATO jedoch argumentierte mit der Nothilfe für die Kosovo-Albaner. Am 10. Juni kam es zum Waffenstillstand. Seitdem ist der Kosovo ein UN-Protektorat, über dessen Zukunft noch keine Einigung erzielt werden konnte.

Mazedonien wurde im Schatten der Kriege 1992 unabhängig. Im Jahr 2000 kam es zu Unruhen mit der albanischen Minderheit, die jedoch ohne Krieg beigelegt werden konnten. 2006 wurde auch Montenegro unabhängig. ■

Der 11. September und seine Folgen

Am Vormittag des 11. September 2001 wurden zwei entführte Flugzeuge in die Türme des World Trade Center in New York gelenkt, die daraufhin zusammenbrachen, ein weiteres in das US-Verteidigungsministerium. Dabei kamen 3000 Menschen ums Leben. Die US-Regierung machte schnell den arabischen Terroristen Osama bin Laden und sein Netzwerk El Kaida für die Anschläge verantwortlich – Namen, die den meisten Menschen bis dahin unbekannt waren. Inzwischen bestimmt der „Kampf gegen den Terror" weite Bereiche der internationalen Politik.

Anschlag auf das World Trade Center am 11. September 2001

Osama bin Laden (geb. um 1957) engagierte sich ab 1980 im Kampf der afghanischen Mudschaheddin gegen die Rote Armee, wobei er vermutlich von den USA unterstützt wurde. Dabei errichtete er vor allem Trainingslager für Kämpfer. In den 1990er-Jahren soll er islamische Söldner in den Bosnienkrieg geschickt haben. Wie über ihn selbst, so existieren auch über El Kaida nur Mutmaßungen. Wahrscheinlich handelt es sich um ein eher loses Netzwerk. Aber weder sind die Strukturen bekannt, noch weiß man, hinter welchen Anschlägen El Kaida wirklich steckt.

Der Krieg gegen Afghanistan

Nach den Anschlägen vom 11. September forderte die US-Regierung von den afghanischen Taliban eine Auslieferung bin Ladens, was diese jedoch verweigerten. Die NATO sah den Terroranschlag als einen Angriff auf ein Mitgliedsland an und rief erstmals in ihrer Geschichte den Bündnisfall aus. Am 7. Oktober 2001 begann der Krieg gegen die Taliban. Er wurde von 70 Ländern unterstützt, darunter auch islamischen wie Saudi-Arabien oder Pakistan. Am 12. November wurde Kabul eingenommen, im Dezember eine Übergangsregierung installiert, die 2004 in freien Wahlen bestätigt wurde. Im Norden üben allerdings noch immer lokale Machthaber die Kontrolle aus, im Süden teilweise die Taliban. Das Ziel, Osama bin Laden dingfest zu machen, wurde nicht erreicht.

Der Krieg gegen den Terror

Nach den Anschlägen von New York haben nahezu alle westlichen Staaten unter dem Schlagwort „Krieg gegen den Terror" ihre Gesetze verschärft. Vor allem die Überwachung und Erfassung von Daten wurden stark ausgeweitet. Keine rechtliche Basis gibt es dagegen für das Gefangenenlager Guantanamo-Bay auf Kuba, in dem die USA Terrorverdächtige inhaftierten und ihnen weder die Rechte eines Straftatverdächtigen noch eines Kriegsgefangenen einräumten. Außerdem soll es noch diverse heimliche Gefängnisse geben, in denen Terrorverdächtige festgehalten werden. Exhäftlinge berichten auch über Folter.

Die Maßnahmen konnten weitere Terroranschläge radikaler Islamisten aber nicht verhindern. Die schlimmsten waren ein Anschlag auf eine Diskothek in Bali im Oktober 2002 (202 Tote), in Istanbul im November 2003 (57 Tote), auf Züge in Madrid im März 2004 (191 Tote), auf Londoner U-Bahnen und Busse (56 Tote) und Touristeneinrichtungen in Ägypten (88 Tote) im Juli 2005 sowie auf Hotels in Jordanien im November 2005 (67 Tote).

George W. Bush

Der Krieg gegen den Iran

Im Verlauf des Jahres 2002 beschuldigte US-Präsident George W. Bush (geb. 1946) den Irak, El Kaida zu unterstützen und Massenvernichtungswaffen herzustellen – allerdings ohne dafür Beweise zu liefern. Trotz großer internationaler Proteste sowie zahlreicher Stimmen, die vor einem Bürgerkrieg und einer Destabilisierung der ganzen Region warnten, und Bemühungen der UNO, den Irak zur Wiederaufnahme von Waffeninspektionen zu bewegen, begann eine US-geführte Koalition am 20. März 2003 den dritten Golfkrieg. Im Mai erklärte Bush die Kämpfe nach dem Sturz Saddam Husseins für beendet. Seitdem herrschen im Irak sowohl Bürgerkrieg wie ein Guerillakrieg gegen die Besatzer. ■

Afghanistan

Afghanistan wurde 1925 als Königreich unabhängig. Nach dem Sturz der Monarchie 1973 kämpften verschiedene Gruppen um die Macht. 1979 marschierte die Sowjetunion ein, um die Kommunisten zu unterstützen. Die Rote Armee konnte sich aber nicht gegen die islamischen Widerstandskämpfer (Mudschaheddin) durchsetzen und zog sich 1989 zurück. Darauf kam es zum Machtkampf verschiedener Warlords. Um 1993 begannen sich die extrem religiösen Taliban zu formieren. 1996 hatten sie nahezu das ganze Land unter Kontrolle, ohne dass es eine zentrale Regierung gab.

Mudschaheddin in Afghanistan